Philosophische Lebenskunst Band 4

Lutz von Werder

# Eigenwillig

## Lebensphilosophie für Individualisten

Schibri-Verlag Berlin • Milow

Bestellungen über
den Buchhandel
oder direkt beim Verlag


Milow 60
17337 Uckerland
Tel. 039753 22757
www.schibri.de

Umschlaggestaltung: Iris van Beek


Printed in Germany

ISBN 3-937895-11-6

# Inhaltsverzeichnis

# 1. Einleitung

## 1.1 Vom Krieger zum Rätselrater

Mit den ersten drei Bänden unserer Reihe „Philosophische Lebenskunst“ wurden wichtige Teilaspekte einer philosophischen Lebenskunst dargestellt. Viele Leserinnen und Leser werden aufgrund der vielen Übungen schon ihre ersten Journale und Schreibhefte zu ihrer Liebes-, Mystik- und Lachphilosophie ausgearbeitet haben.

Der neue Band leitet nun zur umfassenden Aufgabe der Entwicklung einer eigenen Lebensphilosophie an, die die vorherigen Aspekte Liebe, Mystik und Lachen nicht nur integriert, sondern im Rückgriff auf den Begriff „Leben“ als Basiskategorie jedes denkenden Menschen der Postmoderne vertieft und ausbaut.

Leben wird damit zum Versuch, die eigene individuelle Einsamkeit im Rückbezug auf den Lebensursprung zu fundieren und zugleich zur Kommunikation mit den Anderen zu entfalten.

Das philosophische Überleben kann sich auf die – immer schon bei jedem sich naturwüchsig entwickelnde – Vorstellung von einem Leben stützen, das sich immer schon selbst interpretiert. Dieses naturwüchsige Lebensdenken wird in diesem Buch zur Lebensphilosophie und Lebenshermeneutik tiefer fortentwickelt. Angesichts der Situation der augenblicklichen Weltperiode hat dieses Unterfangen seine guten Gründe. Denn das Leben selbst steht ja heute durch Massenvernichtungswaffen und Terrorkrieg auf dem Spiel. Zugleich zeigt die gegenwärtige Lebensphilosophie aber auch noch eine neue Morgenröte.

**Mit der eigenen Lebensphilosophie – ist sie denn nur genügend tief entwickelt – kann sich jede/r zur Mitarbeiterin bzw. zum Mitarbeiter des Lebens machen.**

Der Kulturprozess hat heute einen hohen Grad an Individualismus und Vermassungsgefahr erreicht. Die Individualisierung und ihre Abkehr von der Vermassung kann sich aber nur in der Entwicklung einer eigenen Lebensphilosophie produktiv ausdrücken. Nur die Entwicklung einer eigenen Lebensphilosophie ist ein Bollwerk gegen die Wiederkehr von Dogmatismus und totalitären und fundamentalistischen Ideologien im Kontext von autoritären

Staatsformen. Denn die alten Megatheorien, wie Kommunismus und Faschismus sind entwertet und haben einen Nihilismus der Werte zur Folge gehabt, die heute autonome Lebensentwürfe notwendig machen.

Außerdem wird die Innenlenkung des Lebens durch die Herrschaft der Medien in Außenlenkung verwandelt und führt in unserer pluralen Gesellschaft häufig zur Werteindifferenz, besonders gegenüber dem Leben. Die Massen können leicht Lebensekel und Lebensangst mit entsprechenden Panikreaktionen entwickeln. Das hat die Hitler-Geschichte uns Deutsche besonders intensiv gelehrt.

Die Ehrfurcht vor dem Leben (Albert Schweitzer), die Biophilie (Erich Fromm) als Verantwortung für das Leben kann sich nur entwickeln, wenn eine eigene Lebensphilosophie dieses Lebensvotum unterstützt.

**Die eigene Lebensphilosophie führt zur Distanzierung von der Vermassung, zur Selbstübernahme der Lebensführung, zur Selbstinterpretation und Selbstentschlossenheit, ein eigenes Selbst zu sein und damit zum existentiellen Denken aus dem eigenen Lebensurgrund.**

Die eigene Lebensphilosophie tritt in vielen typischen Haltungen zum Leben auf, die sich in der Geschichte der Lebensphilosophie schon ausdifferenziert hat und zur Bildung eigener Entwürfe anregen kann. Es gibt deshalb in der Philosophie eine lange Tradition der Lebensdeuter. Sie haben unterschiedlichen Sinn im Leben gefunden. Das Wichtigste aber: Sie haben individuelle Grundhaltungen zum Leben herausgearbeitet. Diese Grundhaltungen waren Ursache und Resultat ihrer Lebensphilosophie. So entwarfen sie die Lebensform des Aristokraten, des Beobachters, aber auch des Romantikers, des Übermenschen, des Rätselraters, des Vitalisten, des Geldentlarvers, des Rebellen, des Ökologen, des Existentialisten, des Transpersonalen, des Magiers, des Gnostikers, des Erdenliebhabers usw.

Wir Heutigen können und müssen uns bei der Arbeit an unserer Lebensphilosophie an diesen Lebenstypen orientieren. Ihre Lebensphilosophien interpretiert auch unsere Lebenslage. Ihre Lebenshaltung fordert uns existentiell und lebenskünstlerisch heraus. Wir müssen unsere Wahl treffen. Wir reisen durch die Deutungswelten des Lebens und erscheinen wieder als Entschlossene, als Individualisten, als typische Krieger des Lebens. Denn alle Haltungen zum Leben stehen im Zeichen des Widerstandes, der Rebellion gegen die Zerstörung des Lebens, gegen die Erniedrigung des Lebens, gegen die Entfremdung des Lebens.

Denn Leben ist Krieg. „Krieg ist aller Vater Dinge, aller Dinge König, die einen erweist er als Götter, die anderen als Menschen, die einen macht er zum Sklaven, die anderen zu Freien.“ (Heraklit zit. n. H. Diels: Die Fragmente der Vorsokratiker. Reinbek 1957, S. 26) Um den Sinn und um die Macht im Leben wird gekämpft. Jeder Mensch nimmt an diesem Kampf teil. Jeder ist ein Krieger der Lebenskunst. Aber jeder hat eine andere Strategie des Überlebens. Über diese Strategie entscheidet jeder Lebenstypus und jedes Individuum anders. Aber im Kampf um das Leben kommt es auf die Strategie an. Jedes Individuum muss aus den historischen und aktuellen Strategien des Lebenskampfes die für ihn passende, d.h. für seine Lebenskunst am besten geeignete Strategie herausfinden.

Dabei gliedert sich die Geschichte der Lebensphilosophie in drei Phasen:

- In der **Antike** erleben wir noch die kosmische Harmonie von Leben und Welt.
- In der Lebensphilosophie des **19. und 20. Jahrhunderts** tauchen wir in die Dunkelheit der Weltnacht ein, in der es zu einer intensiven Differenzierung von Leben und Welt kommt.
- In der **gegenwärtigen** Lebensphilosophie zeigt sich allerdings eine neue Morgenröte der Verbindung von Leben und Kosmos wieder.

**Es gilt also heute im Durchgang durch kosmische Harmonie und Differenz eine fundierte Lebensphilosophie der Lebenskunst und Hoffnung zu entwickeln.**

Dazu dient das vorliegende Buch in seinen zwei Teilen:

- **Der erste Teil** stellt die philosophischen Lebenstypen und Lebensstrategien vor,
- **der zweite Teil** ist eine Anleitung, die eigene Lebensphilosophie und -strategie als Basis der eigenen Lebenshaltung zu entwickeln.

Wie immer gilt Frau Iris van Beek mein Dank für die Betreuung des Textes. Für Anregungen zum Thema sei besonders den Teilnehmern meiner Philosophischen Cafés und Frau Gundi Große vom WDR 5 gedankt.

Berlin, Herbst 2005 Lutz von Werder

## 1.2 Mein Vorverständnis vom eigenen Leben

Die Erkenntnis der eigenen Lebensphilosophie vollzieht sich nach vier Prinzipien:

1. Die philosophische Verarbeitung von Lebenserfahrungen gelingt in der nachträglichen Verarbeitung von enttäuschenden oder ekstatischen Lebenserwartungen und Lebensveränderungen.
2. Für diese nichtalltäglichen Lebenserfahrungen gibt es kein Sinnkriterium. Sie sind oft nicht wiederholbar. Sie sind immer an die Sinndeutung des eigenen Lebenslaufes und seiner Lebensphilosophie gebunden.
3. Solche Lebenserfahrungen führen oft zur Einstellungsveränderung der Person, die sich auch in der Veränderung der Lebensphilosophie niederschlägt.
4. Philosophisch relevante Lebenserfahrungen verändern immer die Lebensphilosophie und sind deshalb so, dass sie den Menschen in seiner Existenz treffen und zum Nachdenken anregen.

(Vgl. O. F. Bollnow: Philosophie der Erkenntnis. Stuttgart 1970, S. 180ff.)

Aus diesen Prämissen ergeben sich für unsere Erarbeitung eines Vorverständnisses unseres Lebens folgende Konsequenzen: Wir müssen unsere Lebensbegriffe kreativ vergegenwärtigen. Der Prozess der Vergegenwärtigung muss in vorläufiger Form in Gestalt von **Denkübungen** geschehen. Diese Denkübungen ergeben einen Überblick über unsere eigene Lebensphilosophie. Das bedeutet:

**Unsere Denkübungen ...**

- versuchen Lebensveränderungen und -erwartungen im Kontext des eigenen Lebenslaufes und seiner Philosophie einzuordnen.
- provozieren die nachträgliche Verarbeitung der Durchbrechung dieser Erfahrungen im Lebenslauf.
- können Einstellungsveränderungen und -erweiterungen der Lebensphilosophie animieren.
- wollen eine existentielle Grenzsituation erzeugen, in der alte Deutungsmuster als beschränkt und neue Deutungsmuster des Lebens als notwendig erscheinen.

**Für diese Übungen zur eigenen Lebensphilosophie gilt:**

Nicht das vorzeitige Abbrechen der Arbeit am Denken über das Leben, nicht ein plötzlicher Durchbruch zum wahren Ich, sondern nur die Verwandlung des Erlebens im eigenen Denken und durch eigene Denkmethoden bringt den Menschen sich selbst, seinem Leben und seinem Lebensverständnis näher.

Die Geschichte der klassischen und gegenwärtigen Lebensphilosophie ist dabei aber zugleich der Rahmen, in dem sich die eigene Lebensgeschichte und das eigene Denken über das Leben artikulieren kann und muss.

Im Blick auf die Geschichte der Lebensphilosophie gehen wir von folgenden fünf Feldern der Lebensphilosophie aus:

**Subjektive Seite:** **Objektive Seite:**

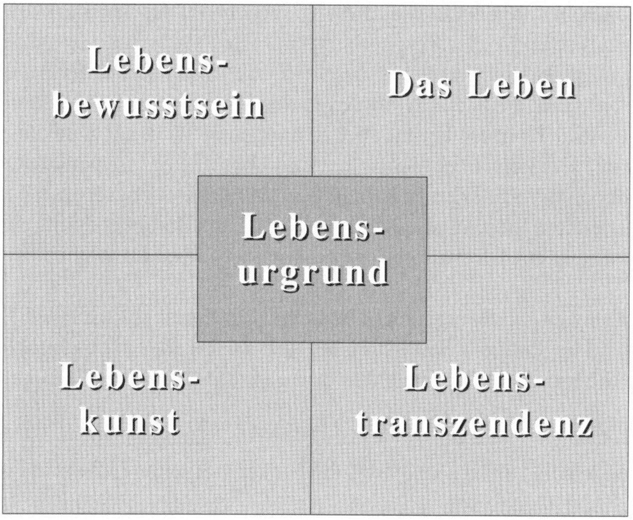


Das Leben zerfällt analytisch in eine subjektive und in eine objektive Seite:

**Subjektiv**, als Produkt des eigenen Bewusstseins, erscheinen die Lebenserkenntnisse und die daraus resultierende Lebenskunst.

**Objektiv**, als Ausdruck des Lebens selbst, sind die Daten des Lebens und der Lebenstranszendenz.

Alle vier Aspekte werden durch den Lebensurgrund zusammengehalten. Der Gang durch die Lebensphilosophie wird zeigen, dass diese vier Felder mit dem fünften zusammenhängen.

Leben wird philosophisch im Ausgang von der Lebenserkenntnis über die Lebensorientierung und die Entdeckung der Lebenstranszendenz zu einer individuellen Lebenskunst weiterentwickelt, die einem Begriff vom Lebensurgrund letztendlich auch entspricht.

Die Rekonstruktion der eigenen Lebensphilosophie als wichtiger Weg der Selbstverwirklichung besitzt Ähnlichkeiten und Unterschiede zu anderen Verfahren der Selbsterkenntnis: Sie hat z. B. deutliche Ähnlichkeiten mit Karl Jaspers' Konzept der „Existenzerhellung" (K. Jaspers: Philosophie. Berlin 1956, Bd. 2) Allerdings stellt Jaspers keine konkreten Denkmethoden zur Vertiefung des Prozesses der Existenzerhellung zur Verfügung. Das versucht aber unser Konzept der Entwicklung der eigenen Lebensphilosophie.

Unser Konzept unterscheidet sich auch deutlich von der Selbsterkenntnis der Psychoanalyse und vieler Psychotherapien. Die Psychoanalyse reduziert das Denken auf bloße Sublimation asozialer Triebe und widmet der Analyse des Denkens nur einen aus den Komplexen des Unbewussten abgeleiteten Stellenwert. Unser Konzept betont aber den eigenen Wert des Denkens, insbesondere des Denkens über sich selbst und über alles Transpersonale, das in der Psychoanalyse überhaupt keinen Stellenwert hat. Dieser transpersonale Bereich, der dem Individuellen und dem Leben überhaupt erst Sinn gibt, steht im Zentrum unseres Konzeptes der eigenen Lebensphilosophie.

Unsere Konzeption der eigenen Lebensphilosophie ist politisch, weil sie zum Widerstand gegen die Vermassung aufruft. Sie ist aber auch philosophisch, weil sie die Existenz des Einzelnen und ganzer Gruppen stärken kann.

Beginnen wir also unser Vorverständnis unseres eigenen Lebens in Form von kleinen Begriffsanalysen.

## 1.3 Kleine Begriffsanalysen

Folgende Begriffe der Lebensphilosophie sollten am Anfang aus Ihrer eigenen Lebenserfahrung mit kreativen Schreib- und Denk-Methoden* erschlossen werden. Nehmen Sie sich dazu Zeit für folgende Übungen:

***Übung 1: Meine Geburt***
***Schließen Sie die Augen und stellen Sie sich als Phantasiereise Ihre Geburt vor. Was erleben Sie während des Geburtsvorgangs? Schreiben Sie diese Erlebnisse auf.***

***Übung 2: Mein Leben***
***Benutzen Sie die Methode des Freewritings, um zum Begriff „Leben" alle Einfälle zu sammeln. Unsinnige Einfälle können Sie später wegstreichen.***

***Übung 3: Meine Selbsterfahrung***
***Meditieren Sie über den Begriff der Selbsterfahrung. Unterstützen Sie diese Meditation durch eine Aufzeichnung Ihrer Gedanken und Gefühle im Laufe eines Tages oder eines Monats oder eines Jahres oder im Laufe Ihres bisherigen Lebens. Ganz sicher werden Sie hier auswählen müssen.***

***Übung 4: Mein Lebensurgrund***
***Clustern Sie zum Begriff „Lebensurgrund" nach der Methode von G. L. Rico und schreiben Sie aus dem Cluster einen kleinen Text zum Thema „Lebensurgrund".***

***Übung 5: Meine Kreativität***
***Entwickeln Sie ein Mind-Map zum Begriff „Kreativität" und verfassen Sie auch zu diesem Begriff einen Text.***

***Übung 6: Mein Lebensziel***
***Visualisieren Sie alle Bilder, die Ihr Lebensziel erfassen können und halten Sie das schriftlich fest.***

---

* Die Methoden des keativen Schreibens und Denkens spechen sowohl die linke als auch die rechte Gehirnhälfte, also das Bewusstsein wie auch das Unbewusstsein an und unterstützen damit auf keative Weise die Visualisierung und Verschriftlichung Ihres Denkens.
Sollten Sie noch keine Erfahrungen mit den aufgeführten kreativen Schreib- und Denkmethoden haben, empfehlen wir Ihnen die Bücher „*Brainwriting & Co. Die 11 effektivsten Methoden des kreativen Schreibens*" und „*Creative Thinking. Die Ideenfabrik*" von Lutz von Werder.

***Übung 7: Meine Grenzsituationen***
***Listen Sie alle Situationen Ihres Lebens auf, mit denen Sie bisher nicht fertig geworden sind und beschreiben Sie sie möglichst genau.***

***Übung 8: Meine Utopien***
***Benutzen Sie das Tagträumen, um alle individuellen und kollektiven Utopien, die Ihr Bewusstsein berühren, niederschreiben zu können.***

***Übung 9: Meine Metaphysik des Lebens***
***Beschreiben Sie die Wandlung Ihrer metaphysischen Vorstellung vom Leben in den verschiedenen Lebensphasen. Dabei können Sie durchaus auf die Wandlung Ihres Gottesbildes im Rahmen Ihres Lebens verweisen.***

***Übung 10: Mein Glück***
***Stellen Sie in leichtem Trancezustand eine innere Beziehung zu Ihrem Lieblingsphilosophen her. Stellen Sie diesem inneren Philosophen die Frage nach Ihrem Glück. Schreiben Sie die Ergebnisse dieser Unterredung dann auf.***

***Übung 11: Mein Schicksal***
***Beschreiben Sie Ihr Schicksal nach der Logik des philosophischen Schreibens: Sammeln Sie zuerst Einfälle zum Begriff „Schicksal". Gliedern Sie diese Einfälle. Schreiben Sie dann einen Text nach Ihrer Gliederung. Revidieren Sie abschließend diesen Text.***

***Übung 12: Mein Tod***
***Schreiben Sie alle Sprichwörter und Redewendungen über den Tod auf, die Sie schon im Alltag gehört haben. Fassen Sie die gefundenen Sätze zu einem Text zusammen.***

***Übung 13: Mein Bild von der menschlichen Evolution***
***Machen Sie eine kleine Zukunftswerkstatt.***
***1. Phase: Der Mensch heute. Fassen Sie eine Imagination und schreiben Sie sie auf.***
***2. Phase: Der Mensch am Ende der Geschichte. Bewältigen Sie das Thema durch meditatives Schreiben.***
***3. Phase: Die Übergangszeit des Menschen bis 2100. Beschreiben Sie die Veränderung des Menschen, die Sie im 21. Jahrhundert erwarten.***

***Übung 14: Meine vorläufige Lebensphilosophie***
***Lesen Sie die Resultate Ihrer 13 Übungen noch einmal durch und fassen Sie Ihre Kernerkenntnisse in 13 Sätzen zusammen.***

# Teil I

# Lebensprobleme im Lichte der Lebensphilosophie

# 1. Der Ursprung der Lebensphilosophie in der Antike

## 1.1 Leben im heiligen Kosmos

Die Griechen von Heraklit bis Aristoteles besaßen ein grundständiges Weltvertrauen. Sie dachten das All geordnet und harmonisch. Oftmals erschien ihnen das All und der Kosmos pantheistisch.

Die Betrachtung des Kosmos war die schönste Aufgabe für die Philosophie. Das Leben war gut in den Kosmos eingepasst. Es gehörte für den antiken Philosophen in das Ganze der Natur hinein. Alles Leben war mit all seinen Aspekten der Natur verwandt. Das menschliche Leben hatte im Kosmos und in der Natur seine Heimat. Der menschliche Geist war der göttlichen All-Natur ähnlich und durfte deshalb göttlich genannt werden. (W. Schadewaldt: Die Anfänge der Philosophie bei den Griechen. Frankfurt 1978)

In der Lebensphilosophie der Antike hatte das Leben in seinen verschiedenen Äußerungen das eine Ziel, mit den Zielen des Kosmos und seinem Werden überein zu stimmen. (T. Gomperz: Griechische Denker. Berlin 1999, Bd. 3, S. 106ff.)

## 1.2 Heraklit (etwa 544-483 v. Chr.): Leben als Krieg verstehen

Viele Lebensphilosophen des 19. und 20. Jahrhunderts haben sich auf den griechischen Philosophen Heraklit als Ahnherrn bezogen. Friedrich Nietzsche würdigt die Erkenntnis Heraklits, dass das Leben einem Strom, einem ewigen Werden gleicht, mit folgenden Worten: „Ich sehe wie Heraklit nichts als Werden. Lasst euch nicht täuschen! In eurem kurzen Blick liegt es, nicht im Wesen der Dinge, wenn ihr irgendwo festes Land im Meer des Werdens und Vergehens glaubt. Ihr braucht Namen der Dinge, als ob sie eine starre Dauer hätten: aber selbst der Strom, in den ihr zum zweiten Mal steigt, ist nicht derselbe als beim ersten Male." (F. Nietzsche: Die Philosophie im tragischen Zeitalter der Griechen. In: Ders. Werke in drei Bänden. München 1960, Bd. 3, S. 369f.)

Für Nietzsche hatte schon Heraklit erkannt, dass das Werden des Lebens, „als das Auseinandertreten einer Kraft in zwei qualitativ verschiedene, entgegengesetzte und zur Wiedervereinigung strebende Tätigkeiten zu fassen ist." (F. Nietzsche, a.a.O., S. 371)

Die Folge des so gefassten Lebens ist bei Nietzsche wie bei Heraklit die Idee der **ewigen Wiederkehr des Lebens**. „Heraklit glaubt an einen periodisch sich wiederholenden Weltuntergang und an ein immer erneutes Hervorsteigen einer anderen Welt aus dem alles vernichtenden Weltenbrande." (F. Nietzsche, a.a.O., S. 375)

Noch im „Ecco homo", am Ende seines Lebens, schreibt Nietzsche über Heraklit: „In Heraklits Nähe wird überhaupt mir wärmer, mir wohler zumute als irgendwo sonst. Die Bejahung des Vergehens und der Vernichtung …, das Werden mit radikaler Ablehnung auch selbst des Begriffs Sein – darin muss ich unter allen Umständen das mir Verwandteste anerkennen, was bisher gedacht worden ist." (F. Nietzsche, a.a.O., Bd. 2, S. 1111)

Die Erkenntnis, dass Leben als **Werden** gegen das statische Sein steht, also Heraklit mehr Gültigkeit hat als Parmenides, sieht Nietzsche deutlich. „Für Parmenides hat das Nicht-Seiende Schuld am Werden, das Sein aber ist ewig." (F. Nietzsche, a.a.O., S. 383) Das Absehen vom ewigen Werden des Lebens aber ist für Nietzsche pure leere Abstraktion.

Die Berufung auf Heraklit vollziehen viele Lebensphilosophen, denen das Leben unter dem Aspekt der Zeit, besonders der inneren erlebten und gelebten Zeit erscheint. So schreibt der Lebensphilosoph Oswald Spengler eine Dissertation über „den metaphysischen Grundgedanken der heraklitschen Philosophie". Dort schreibt Spengler: „Der Gedanke eines seit Ewigkeiten währenden und nie aufhörenden Kampfes, der den Inhalt des Lebens im

Kosmos bildet … ist eine hohe Schöpfung Heraklits." (O. Spengler: Reden und Aufsätze. München 1937, S. 46f.)

Für den Lebensphilosophen Ludwig Klages ist „Parmenides der Philosoph des starren Seins, während das fluktuierende Weltbild Heraklits … als letzte Orientierung der Lebensphilosophie gilt." (P. Lersch: Lebensphilosophie der Gegenwart. Berlin 1932, S. 61)

Die Umstellung von der statischen Idee des Seins auf die Idee des dynamischen Lebens wird zu einem Charakteristikum der Lebensphilosophie überhaupt. Diese Umstellung tritt auch in der Lebensphilosophie der Romantik auf. „Was den heraklitschen Charakter des lebensphilosophischen Weltbildes betrifft, so spiegelt er sich vor allem im Lebensstil der Romantiker wider." (P. Lersch, a.a.O., S. 87)

Der Romantiker überlässt sich ganz dem Werden und Vergehen. Es geht dem Romantiker nicht um Lebensresultate, sondern um den reinen Lebensprozess und seine Bewegung. In der Romantik wird schon der Fluss des Lebens als letzter Wert und als oberste Gottheit erkannt. Die Lebensphilosophie versucht, wie Heraklit, im Werden den Urgrund zu erfassen. Die Lebensphilosophen denken mystisch mit dem Ziel, „dass das Ich des Einzelnen sich zur Universalität des Lebensganzen erweitert." (K. Albert: Lebensphilosophie. Freiburg 1995, S. 42)

Der Gegenstand der Lebensphilosophie ist das innere geistige Leben in seiner ganzen Fülle, das höchste Aufschwünge wie tiefste Abgrunderfahrungen umfasst. So wird dann auch bei vielen Lebensphilosophen „das Verlöschen des Ichs in der Ekstase und in der Kontemplation gepriesen als ein Weg, der uns in die ursprüngliche Lebensgemeinschaft mit dem Kosmos zurückführt." (P. Lersch, a.a.O., S. 73)

Also sollte die Lebensphilosophie immer mit **Heraklit** beginnen.

Heraklit lebte um 500 v. Chr. in Ephesus in Kleinasien. Er war Zeitzeuge des Aufstandes der griechischen Städte gegen die Perserherrschaft. Er verachtete seine Mitbürger, die im Leben nur an Geld und Macht dachten. Er war als Lebensphilosoph Aristokrat, der von der Masse nicht viel hielt. „Die vielen freilich liegen da, vollgefressen wie das Vieh." (Heraklit zit. n. H. Diels: Die Fragmente der Vorsokratiker. Hamburt 1957, Fragment 29)

Heraklit hat, aus der Ablehnung seiner Mitbürger begründet, Ephesus und seine Funktion als designierter Herrscher hinter sich gelassen. Er wurde zum heroischen Einsiedler und spielte oft lieber mit Knaben, als Politik zu betreiben. Seine Gedanken über das Leben standen in einem Buch, das er im Tempel der Artemis versteckte. Für Nietzsche waren Heraklits Augen „lodernd nach innen gerichtet." (F. Nietzsche, a.a.O., Bd. 3, München 1960,

S. 269) Seine Lebenserkenntnisse gewann Heraklit durch Selbstanalyse. So sagte er: „Ich durchforsche mich selbst.“ (H. Diels, a.a.O., Fragment 29) Die Erkenntnisse seiner Selbstanalyse gaben Heraklit folgende Einsichten in das Wesen des Lebens: „Der Seele Grenzen kannst du im Gehen nicht ausfindig machen und ob du jegliche Straße abschrittest, so tiefen Sinn hat sie.“ (Heraklit, a.a.O., Fragment 45)

Das seelische Leben ist ein **endloser Strom**: „In die selben Flüsse steigen wir und steigen wir nicht, wir sind und wir sind nicht.“ (H. Diels, a.a.O., Fragment 49a) Alles im Leben verändert sich ständig, obwohl wir oft die Veränderungen gar nicht beobachten können.

***Übung:***
***Versuchen Sie mal den Augenblick – jetzt – ganz genau zu beschreiben.***

Aber im ewigen Werden des inneren Lebens herrschen auch Gesetze: Es gibt das Auf und Ab, die Gipfel- und die Abgrunderfahrung, und an ihr gewinnen wir die Erkenntnis des Lebens. Heraklit: „Der Weg hinauf und hinab, ein und der selbe.“ (H. Diels, a.a.O., Fragment 60)

***Übung:***
***Beschreiben Sie Ihre Lebenswege hinauf auf den Gipfel des Glücks und hinab in den tiefsten Abgrund der Angst. Stellen Sie fest, worin sich beide Wege gleichen.***

So erscheint Heraklit das Leben als eine Art **Tod** und der Tod als Leben: „Unsterbliche: Sterbliche, Sterbliche: Unsterbliche. Das Leben dieser ist der Tod jener, das Leben jener der Tod dieser.“ (H. Diels, a.a.O., Fragment 61) Damit erkannte Heraklit den grundsätzlichen Widerspruch zwischen Leben und Tod und zugleich die Aufhebung dieses Widerspruchs. Kein Wunder, dass Hegel in Heraklit den Erfinder der Dialektik erkannte.

***Übung:***
***Warum sind die Unsterblichen sterblich und die Sterblichen unsterblich? Widmen Sie sich einmal diesem Paradox.***

Der Tod wird für Heraklit zum Augenblick tiefster Erkenntnis, weil der Mensch schon in seinem Leben als Schlafender an den Tod gerührt hat. „Der Mensch zündet sich in der Nacht ein Licht an, wenn sein Augenlicht erloschen. Lebend rührt er an den Toten im Schlaf, im Wachen rührt er an den Schlafenden.“ (H. Diels, a.a.O., Fragment 26)

***Übung:***
***Was vermittelt Ihnen die Schlaferfahrung an Erkenntnissen über das Leben und über den Tod?***

Deshalb gibt es für Heraklit kein Ende des Lebens, sondern die ewige heroische **Wiedergeburt**. „Die Menschen erwartet, wenn sie gestorben, was sie nicht hoffen noch wähnen." (H. Diels, a.a.O., Fragment 27)

***Übung:***
***Wie stellen Sie sich die Wiedergeburt vor?***

„Die Menschen sehen wach nur überall den Tod, im Schlaf aber erkennen sie, dass der Tod ein Leben ist." (H. Diels, a.a.O., Fragment 21)

***Übung:***
***Was erkennen Sie im Schlafen besser als im Wachen über das Leben?***

Aus diesen Erkenntnissen des inneren Lebens konnte Heraklit auch seine Ideen vom kosmischen Leben ableiten. Das Leben des **Kosmos** ist ein ewiger Feuerstrom, der sich entfaltet und wieder vernichtet, „erglimmend nach Maßen und erlöschend nach Maßen." (H. Diels, a.a.O., Fragment 30) Die Entwicklung des kosmischen Lebens geschieht nach dem Gesetz der Gegensätze: „Alles Geschehen erfolge in Form des Gegensatzes und alle Dinge seien im steten Wandel begriffen." (W. Capelle: Die Vorsokratiker. Stuttgart 1968, S. 140) Die Gottheit, der Logos, der diesen Wandel leitet, ist selbst ein Widerspruch und zugleich der Zusammenfall der Gegensätze: „Gott ist Tag, Nacht, Winter, Sommer, Krieg und Frieden, Sattheit und Hunger. Er wandelt sich aber gerade wie das Feuer." (H. Diels, a.a.O., Fragment 67) Die Negation des Krieges ist der Vater aller Dinge: „Die einen erweist er als Götter, die anderen als Menschen." (H. Diels, a.a.O., Fragment 53)

***Übung:***
***Begründen Sie, warum die Gottheit sich in Widersprüchen bewegen muss.***

„Eines, das allen weise, will nicht und will doch mit dem Namen des Zeus benannt werden." (H. Diels, a.a.O., Fragment 32) Zeus ist nicht identisch mit dem olympischen Gott gleichen Namens, aber doch identisch mit diesem Gott, der aus „einem Haufen aufs Geratewohl hingeschütteter Dinge die schönste Weltordnung macht." (H. Diels, a.a.O., Fragment 124)

***Übung:***
***Welchen Namen haben Sie für das widersprüchliche Leben des Kosmos und des Menschen?***

Das Gesetz des Kosmos lautet: „Aus allem eins und aus einem alles.“ (H. Diels, a.a.O., Fragment 50) Der Sinn des Lebens des Menschen besteht also darin, sich mit dem Sinn des Kosmos in Übereinstimmung zu bringen. Die *unio mystica* mit dem Leben ist die Aufgabe des vereinzelten aristokratischen Lebens.

Sehen wir uns noch mal ein Bild von Heraklits Lebensphilosophie an:

**Die Lebensphilosophie von Heraklit**

***Übung:***
***Beschreiben Sie die Lebensphilosophie Heraklits in fünf Sätzen zu den fünf Feldern.***

**Literatur zu Heraklit**

*Capelle, W. : Die Vorsokratiker. Stuttgart 1968*
*Diels, H.: Die Fragmente der Vorsokratiker. Hamburg 1957*
*Röd, W.: Die Philosophie der Antike. München 1976*

## 1.3 Aristoteles (383-322 v. Chr.): Leben in der Bewegung erleben

Bei Aristoteles wird die Betrachtung des Lebens empirisch.

Aristoteles verbrachte seine Kindheit am makedonischen Königshof, an dem sein Vater als Arzt tätig war. Mit 17 Jahren ging Aristoteles nach Athen und trat 367 v. Chr. in Platons Akademie ein. 20 Jahre, bis zum Tode Platons, arbeitete er an dieser Akademie. 342 wurde Aristoteles als Erzieher des jungen Alexander des Großen nach Mazedonien berufen. 335 kehrte Aristoteles nach Athen zurück und gründete seine eigene Philosophen-Schule: das „Lyzeum".

Auch Aristoteles wurde, wie Sokrates, wegen Religionsfrevel angeklagt. Er wählte aber die Flucht aus Athen und vor dem Schierlingsbecher mit den Worten: „Athen soll sich nicht zum zweiten Mal an der Philosophie versündigen." Er ging ins Exil nach Chalkis auf der Insel Euböa. Dort ist er im Jahr 322, erst 61 Jahre alt, gestorben.

Dem Phänomen des Lebens näherte sich Aristoteles, ganz anders als Heraklit, auf der Basis genauer biologischer Beobachtungen. Er entwickelte eine Philosophie des Lebens, die in ihren Grundzügen bis heute große Beachtung gefunden hat. Aristoteles lehnte mit Platon die atomistische Erklärung des Lebens nach Demokrit ab. Leben ist alles, was „in sich selbst einen Anfang von Veränderung und Bestand hat." Leben wird aus einer immanenten Dynamik bewegt, über die schon Heraklit spekuliert hatte.

Die **Seele** ist Grund und Ursache des Lebens. Jedes Lebewesen strebt auf der Basis seiner Seele nach der Verwirklichung seines Wesens. Die Entelechie der Seele gibt dem Ermittlungsprozess des Lebens eine Richtung, wobei Entelechie heißt, das Ziel, die Vollendung in sich haben.

***Übung:***
***Welches Ziel hat Ihr Leben?***

„Die Seele ist weder ein Körper, noch ist sie ohne Körper. Die Seele ist Bewegungsanstoß, Endzweck und Wesen des beseelten Körpers. Sie organisiert die Materie des Körpers und gibt ihm die entsprechende Gestalt." (Aristoteles: Über die Seele. Hamburg 1995, S. 81, Abschnitt 415b)

„Die Seele ist Ursache und Prinzip des lebenden Körpers … Die Seele ist nämlich sowohl Ursprung der Bewegung als auch Zweck als auch Wesen des beseelten Körpers." (Aristoteles, a.a.O., S. 81) Und weiter: „Alle natürlichen Körper und Organe der Seele, und wie die Körper der Lebewesen, so sind auch die der Pflanzen, um der Seele willen." (Aristoteles, a.a.O., S. 81)

***Übung:***
***Können Sie in Pflanzen Eigenschaften erkennen?***

Grundlage der Seele ist die **Ernährung**. Alles, was lebt, lebt durch Ernährung. „Wenn das Beseelte seiner Nahrung beraubt ist, kann es nicht weiter bestehen. Da drei Faktoren vorliegen: das Ernährte, das, wodurch es ernährt wird und das Ernährende, ist das Ernährende die erste unter der Form von Seele, das Genährte aber der Körper, der sie besitzt, und die Nahrung das, wodurch er genährt wird.“ (Aristoteles, a.a.O., S. 85)

***Übung:***
***Kennen Sie Nahrungsmittel, die Ihre Seele fördern oder solche, die ihr schaden?***

Dazu kommt die **Erzeugung**. Die Seele muss mittels des Körpers zur „Erzeugung eines Artgleichen befähigt sein.“ (Aristoteles, a.a.O., S. 87)

***Übung:***
***Welchen Stellenwert hat die Zeugung für Ihr Leben?***

Die Seele ist das Lebensprinzip des Körpers. „Beseelt sein und lebendig sein sind für Aristoteles identisch.“ (R. Kather: Was ist Leben? Darmstadt 2003, S. 26)

***Übung:***
***Welche Seelenkräfte wirken auf Ihr Leben ein? Legen Sie eine Liste an.***

Die Seele verfügt über **Affekte**. Aristoteles schreibt: „Wie es scheint, sind auch alle Affekte der Seele mit dem Körper verbunden: Mut, Sanftmut, Furcht, Mitleid, Wagemut, ferner Freude, Lieben und Hassen.“ (Aristoteles, a.a.O., S. 9) Dabei treten unterschiedliche Verhältnisse in der Seele auf: Heftige Affekte erscheinen und regen die Seele nicht auf – schwache Affekte bringen aber die Seele oft in deutliche Wallungen.

Aristoteles ist der Meinung, dass die das Leben bewegende Seele dreiteilig ist. Die Seele hat einen ernährenden, einen wahrnehmenden und einen vorstellenden Teil. (Aristoteles, a.a.O., S. 89) Jedem dieser Teile kommt die Qualität des Strebens zu. Das Streben bedarf aber der Führung durch die Vernunft, die von außerhalb der Welt in die Seele gelangt. (Aristoteles, a.a.O., S. 276)

Auf der Basis seiner Seelenlehre kann Aristoteles sechs Bestimmungen des Lebens aufstellen: Vernunft, Wahrnehmung, Bewegung, Ernährung, Wachstum und Tod.

***Übung:***
***Welche Bestimmungen des Lebens kennen Sie außerdem?***

Aristoteles unterscheidet auch eine **hierarchische Gliederung** der Lebensformen:

- **Pflanzen** sind belebt. Sie werden in ihrem Wachstum und ihrem Tod durch eine Grundkraft angetrieben. Sie können sich auch fortpflanzen.
- Die **Tiere** sind zu Sinneswahrnehmung, Ortsbewegung und Streben in der Lage. (Aristoteles, a.a.O., Abschnitt 413b) Tiere empfinden Schmerz und Lust. Sie haben Ansätze eines Selbstbewusstsein. Sie erleben das Leben in Ansätzen bewusst.
- Der **Mensch** hat alle Lebenseigenschaften wie die Tiere und Pflanzen. Aber er besitzt noch einen vernünftigen Seelenanteil. Mit diesem Seelenanteil verfolgt der Mensch den Vollzug seiner wesensmäßigen Tätigkeiten. Der Mensch kennt auf der Basis seiner Vernunft die *vita activa* und *kontemplativa*, das aktive und das meditative Leben. Im aktiven Leben richtet er sich nach den Tugenden Freigebigkeit, Mut, Gerechtigkeit und Freundschaft. (Aristoteles: Nikomachische Ethik. Hamburg 1985) Mit der mittleren Verfolgung dieser Tugenden gewinnt der Mensch die Möglichkeit der Steigerung seiner Lebensqualität in seinen sozialen Beziehungen.

***Übung:***
***Mit welchen Methoden steigern Sie Ihre soziale Lebensqualität?***

Im meditativen Leben, der *vita kontemplativa*, richtet sich die Seele auf das zeitlose und unveränderliche Wesen der Dinge. Mit seiner Vernunft kann der Mensch auch die **Gottheit** als Ursprung aller Bewegung des Lebens denken. Soweit die Seele die Gottheit denkt, ist sie vom Körper geschieden. Die Seele hat die Tendenz der Selbstüberschreitung. Höchstes Ziel der Seele ist ihre Teilhabe am zeitlosen Leben. „Ist nun die Vernunft im Vergleich mit dem Menschen etwas Göttliches, so muss auch das Leben nach der Vernunft im Vergleich mit dem menschlichen Leben göttlich sein." (Aristoteles: Nikomachische Ethik, a.a.O., S. 250) Das menschliche Leben wird durch die Vernunft motiviert „unsterblich zu sein und alles zu dem Zweck zu tun, dem Besten, was in uns ist, nachzuleben." (Aristoteles, a.a.O., S. 251)

Wenn Leben Bewegung ist, muss etwas vorhanden sein, was diese Bewegung verursacht. Für Aristoteles ist klar: „Es gibt etwas, das sich immer in unaufhörlicher Bewegung bewegt." Und es muss einen Grund für diese Bewegung des Lebens geben, „es muss also etwas geben, das ohne bewegt zu werden, selbst bewegt, das ewig und Wesenheit und wirkliche Tätigkeit ist." (Aristoteles: Metaphysik. Reinbek 1966, S. 276) Dieser unbewegte Beweger setzt eine unendliche Zeit hindurch das Leben in Bewegung. Dieser Bewegung entspricht auch das menschliche Denken in seiner höchsten Bewegung: der Erfassung des Ursprungs des Lebens.

Die vollkommene Tätigkeit Gottes und des menschlichen Lebens ist Denken: „Und so muss denn die Tätigkeit Gottes, die an Seligkeit alles übertrifft, die denkende Tätigkeit sein." (Aristoteles, a.a.O., S. 253) Gott selbst ist reines Denken, unbewegte Bewegung. Er denkt nur das höchste Gut. Doch gerade im Denken des höchsten Gutes hat er das höchste Leben. Das göttliche Denken ist von keiner äußeren Ursache abhängig. Er denkt sich selbst. Er ist der reine selbsttätige Lebensschöpfungsakt. Das Leben Gottes „ist das trefflichste und wie es bei uns nur kurze Zeit stattfindet, da beständige Dauer bei uns unmöglich ist, so ist es beim ihm immerwährend." (Aristoteles: Metaphysik. Reinbek 1966, S. 278)

***Übung:***
***Stellen Sie sich das Leben des unbewegten Bewegers allen Lebens vor, das sich nur selber denkt. Welches Bild stellt sich bei Ihnen ein?***

Das göttliche Leben als Ursprung allen Lebens verleiht dem menschlichen Leben seine Orientierung.

***Übung:***
***Wodurch erhält Ihr Leben seine Orientierung?***

Aber es gibt die vom Ursprung des Lebens gesetzte „**Kette** der Lebewesen", auf die in der Gegenwart Ken Wilber gerne hinweist. Diese Kette führt von den Organismen und den Pflanzen, die eine vegetative Seele haben, bis zur vernünftigen Seele des Menschen. Der Mensch ist zwar ein „*animal rationale*", aber er teilt mit anderen lebendigen Wesen die Grundfunktionen des Lebens. Durch Sprache und Vernunft kann der Mensch allerdings das Leben in Gemeinschaftsformen gestalten. Das Leben ist für den Betrachter Aristoteles also vitale Funktion, soziale Gestalt und vernünftige Erkenntnis. „Anders als bei vielen Denkern der Neuzeit und der Gegenwart sind bei Aristoteles Geist und Leben auf keiner Lebensstufe getrennt, ist das Leben nicht auf die Vitalsphäre und der Geist nicht auf die Erkenntnisfunktion beschränkt." (R. Kather, a.a.O., S. 33) Allerdings knüpfen die ganzheitlichen Philosophen der Gegenwart, wie wir später sehen werden, wieder an Aristoteles an.

***Übung:***
***Neigen Sie auch dazu, Geist und Leben zu trennen?***

Betrachten wir nun ein Bild von Aristoteles' Lebensphilosophie:

**Die Lebensphilosophie von Aristoteles**

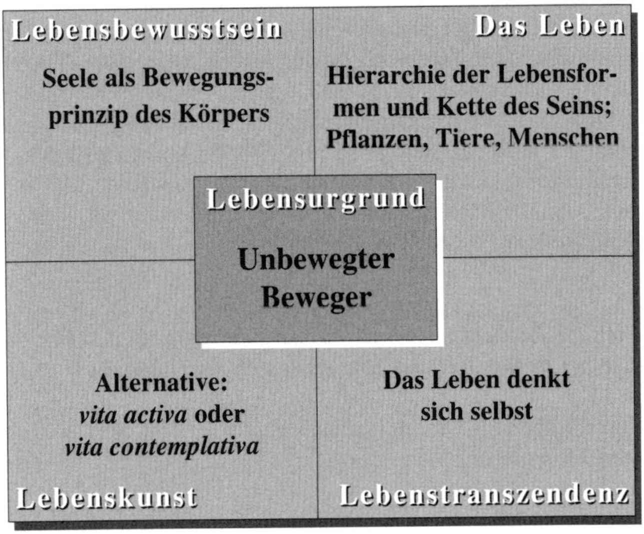


***Übung:***
***Beschreiben Sie Aristoteles' Lebensphilosophie in fünf Sätzen.***

**Literatur zu Aristoteles:**

*Aristoteles: Über die Seele. Hamburg 1995*
*Aristoteles: Metaphysik. Reinbek 1966*
*Aristoteles: Nikomachische Ethik. Hamburg 1985*

*Gomperz, T.: Griechische Denker. Frankfurt 1999, Bd. 3*
*Kather, R.: Was ist Leben? Darmstadt 2003*

# 2. Die Lebensphilosophie in der Neuzeit

## 2.1 Leben in der Weltnacht

**2.2 Friedrich Schlegel:** Lebensphilosophie aus dem eigenen Leben entwickeln

**2.3 Arthur Schopenhauer:** In den Abgrund des Lebens blicken

**2.4 Wilhelm Dilthey:** Die Rätsel des Lebens lösen

**2.5 Friedrich Nietzsche:** Aus dem Leben ein Fest machen

**2.6 Georg Simmel:** Den Wert des Lebens berechnen

**2.7 Henri Bergson:** Die Energie des Lebens erfassen

**2.8 Theodor Lessing:** Das Leben in der Weltnacht schauen

**2.9 Ludwig Klages:** Die Urbilder des Lebens meditieren

**2.10 Oswald Spengler:** Dem Untergang des Lebens widerstehen

**2.11 Martin Heidegger:** Das Ende des Lebens bedenken

# 2. Die Lebensphilosophie in der Neuzeit

## 2.1 Leben in der Weltnacht

Eine völlige Neubestimmung des Lebens erfolgte mit der Durchsetzung der Naturwissenschaft seit der wissenschaftlich-technischen Revolution im 17. und 18. Jahrhundert. Die Naturwissenschaften wollen nur das akzeptieren, was sich messen, quantifizieren und benutzen lässt. Die Naturwissenschaft geht von Labor- und Experimenterfahrungen aus, die mit der lebendigen Selbsterfahrung des Menschen im Selbstbewusstsein nichts mehr zu tun haben. Im Leben drückt sich nun nicht mehr eine Seele aus, die nach ihrer Verwirklichung strebt, sondern eine Ansammlung von Atomen in einem Raum, deren Beziehungen mathematisch beschrieben werden können. Das philosophisch Interessante wird eingeschränkt auf das in Raum und Zeit Vorhandene. Das subjektiv Wahrgenommene wird abgewertet und das objektiv Nachweisbare wird aufgewertet. Der Geist mit seinen Plänen, Zielen und Empfindungen wird im Lebensbegriff, z.B. der Biologie, zur Seite geschoben. (T. Junker: Geschichte der Biologie. München 2004) Geistige Aspekte des Lebens werden von den materiellen Prozessen entweder völlig getrennt oder Geist wird zum Epiphänomen der Materie. Dafür gibt es in der neueren Philosophie gute Beispiele.

Bei Descartes werden Körper und Geist radikal getrennt. Mit den Sinnen kann man keine Aussagen über das Leben gewinnen. Das ist seine Meinung. Der Körper erscheint bei Descartes als *res extensa* (als ausgedehnte Sache) und konsequenterweise betrachtet er dann auch diesen Körper als Maschine. Die Gesetze des Lebens und der Natur werden nun identisch mit denen der Mechanik und der Physik. Die Tiere werden deshalb bei Descartes zu empfindungslosen Gliedermaschinen.

Während man in der Antike das Belebte von der aktiven Seele her verstehen wollte, versucht man seit Descartes umgekehrt das Leben vom Unbelebten her zu verstehen. Angesichts der Abwertung des Lebens auf bloße Materie, beginnt sich das Leben zu ängstigen. Die Angst entwickelt sich nach der kopernikanischen Wende als Angst vor einem leeren Universum, mit dem der Mensch und sein Leben nichts zu tun hat.

Pascal schreibt: „Das ewige Schweigen dieser unendlichen Räume macht mich schaudern.“ Oder: „Wenn ich sehe …, dass das ganze Weltall stumm und der Mensch ohne Einsicht sich selbst überlassen ist wie ein Verirrter in diesen Winkel des Weltalls …, dann wundere ich mich …, dass man ob solcher elender Lage nicht verzweifelt.“ (Blaise Pascal: Werke. Heidelberg 1978, Fragment 206, 205, 693)

Ludwig Feuerbach sah deshalb das Leben „als bloße Verschwendung, als zwecklosen Aufwand an." (L. Feuerbach: Werke. Frankfurt 1975, Bd. 1, S. 144)

Diese Angst des Lebens vor der Weltnacht zeigt sich auch bei Nietzsche: „Irren wir nicht wie durch ein unendliches Nichts? Haucht uns nicht der leere Raum an? Ist es nicht kälter geworden? Kommt nicht immerfort die Nacht und mehr Nacht?" (F. Nietzsche: Kritische Studienausgabe. München 1989, Bd. 3, S. 481)

J. Monod erkennt die „gleichgültige Leere des Universums" und meint, der Mensch ist ein „Zigeuner am Rande des Universums, das für seine Musik taub ist und gleichgültig gegen seine Hoffnungen, Leiden oder Verbrechen." (J. Monod: Zufall und Notwendigkeit. München 1983, S. 211)

Auch für den Existentialisten Jean-Paul Sartre ist die Welt ohne Sinn. Der Ekel packt das Leben, wenn wir die Welt als unheimlich und uns selbst als heimatlos erfahren. (J.-P. Sartre: Der Ekel. Reinbek 1978, S. 138ff.)

Albert Camus ergänzt: „In einem Universum, das plötzlich der Illusion und des Lichtes beraubt ist, fühlt der Mensch sich fremd. Aus diesem Verstoßensein gibt es kein Entrinnen." (A. Camus: Der Mythos von Sisyphos. Hamburg 1975, S. 11)

Es ist deshalb nicht überraschend, dass im 19. und 20. Jahrhundert eine Lebensphilosophie entstand, die im Gegensatz zur Biologie und Naturwissenschaft das Leben als subjektives Erleben vom menschlichen Subjekt her verstand und Versuche machte, das Leben in der Weltnacht zu legitimieren.

Diese klassische Lebensphilosophie des 19. und 20. Jahrhunderts, die von Friedrich Schlegel bis Martin Heidegger reicht, lässt sich durch folgende Aspekte charakterisieren:

- Der Begriff des Lebens hat eine zentrale Stellung in dieser Lebensphilosophie. Dieser Begriff tritt an die Stelle des Seinsbegriffs der Antike, des Gottesbegriffs des Mittelalters, des Naturbegriffs der Aufklärung und des Ich-Begriffs in der Romantik.
- Diese Lebensphilosophie geht von der Erkenntnisfunktion des Gefühls beim Verstehen von Welt, Ich und Transzendenz aus.
- Diese Lebensphilosophie entmachtet das Ich und bindet es zurück in den vitalen Strom des Werdens und Vergehens des Lebens.
- Der Verstand wird in dieser Lebensphilosophie als „Krankheit" oder als „Entsteller" des Lebens begriffen.
- Diese Lebensphilosophie sieht den Menschen im Äußeren der Welt verloren und will Wege zu einer neuen Innerlichkeit des Leben eröffnen.
- Alles statische Sein wird heraklitisch ins Historische aufgelöst.

- Technik und Geld erscheinen als neue gesellschaftliche Mächte, die dem Leben seine Lebendigkeit nehmen.
- Erst in der Form des Selbsterlebens kommt daher der Mensch zu sich selbst und erkennt seinen Lebenssinn.

(Vgl. P. Lersch: Lebensphilosophie der Gegenwart. Berlin 1932, S. 77-91)

Gegen diese Lebensphilosophie wurde eine vehemente Kritik entwickelt. Es wurde argumentiert:

- „Das bloße Erleben des Lebens ist kein Erkennen des wirklichen Lebens." (H. Rickert: Die Philosophie des Lebens. Tübingen 1920, S. 113)
- Die eigentliche Philosophie darf nicht, wie die Lebensphilosophie, das systematische Denken aufgeben. Die Lebensphilosophie, argumentierte der Marxist Georg Lukacs, ist irrational. Diese Lebensphilosophie hat Adolf Hitler und dem Faschismus vorgearbeitet, weil sie den Rationalismus und die Aufklärung bekämpft hat. (G. Lukacs: die Zerstörung der Vernunft. Newied 1962, S. 363)

Aber diese Einwände bleiben äußerlich. Diese Lebensphilosophie bedeutet vielmehr einen Fortschritt in der Philosophie selbst, denn sie hat sich den uralten Lebensproblemen wieder geöffnet, wie Zeit, Tod, Liebe, Gesellschaft und Transzendenz. Sie hat das Leben von der biologischen Veräußerlichung und Verdinglichung bewahrt. Sie hat einen modernen Weg eröffnet zur Erfassung der eigenen Lebensphilosophie. Diese Lebensphilosophie ist für Individualisten unverzichtbar. Auch in der Auseinandersetzung mit der klassischen Lebensphilosophie des 19. und 20. Jahrhunderts ist der weitere Weg zur eigenen Lebensphilosophie heute zu gehen.

## 2. 2 Friedrich Schlegel (1772-1829): Lebensphilosophie aus dem eigenen Leben entwickeln

Der Romantiker Friedrich Schlegel wollte die Philosophie aus den idealistischen Systemen von Fichte und Schelling befreien und grenzte sich auch gegen die Vernunftkritik Kants ab. Er wurde der erste Philosoph der Lebensphilosophie als einer Philosophie des inneren Lebens des romantischen Individuums.

Für Schlegel war die Idee des „stehenden Seins" inakzeptabel. Er sah überall das „fortfließende Leben". Für Schlegel soll Lebensphilosophie nicht – wie bei Hegel – den Himmel ergreifen oder den Alltag untersuchen – wie bei Fichte –, sondern „das innere geistige Leben, also das, was jeder Mensch in seinem Innern hat und erkennt, zum Thema machen." (K. Albert: Lebensphilosophie. Freiburg 1995, S. 22)

***Übung:***
***Was wissen Sie von Ihrem inneren Bewusstsein vom Leben? Was fühlen Sie vom Leben? Schreiben Sie eine Minute Freewriting zum Thema „Meine Lebensgefühle ..."***

Lebensphilosophie ist also keine Vernunftwissenschaft, weil Vernunft das innere geistige Leben stört und zerstört. Sie ist auch keine Naturphilosophie. Lebensphilosophie zielt bei Schlegel auf den **Lebenskern**, d.h. auf das All-Eine des Lebens: „Das ist das höchste Leben, denn es hat sein Leben aus sich selbst." (K. Albert, a.a.O., S. 24)

***Übung:***
***Was ist der Ursprung des Lebens? Schließen Sie die Augen und stellen Sie sich den Ursprung dessen vor, der aus sich selber lebt.***

Friedrich Schlegel wurde 1772 als Sohn eines Pfarrers in Hannover geboren. Er las früh Platon, studierte Rechtswissenschaft in Göttingen und fand als Schriftsteller 1792 Zugang zum Kreis der Romantiker um den Dichter Novalis. Die Beziehungen zu den Romantikern sollten sich im Laufe seines Lebens erweitern. 1797 lernte er den Dichter Ludwig Tieck kennen. 1798 machte er in Dresden längere Sommerferien mit Novalis, Fichte und Schelling. Dann lebte Schlegel in Jena, wo der Kreis der Romantiker sich fast vollständig einfand. Seine Lebensphilosophie wollte Schlegel nicht systematisieren, sondern er benutzte Notizbücher, „in denen er den unaufhaltsamen

Strom seiner Gedanken in knappen Wendungen festhielt.“ (E. Behler: F. Schlegel. Reinbek 1996, S. 55)

1797 lernte Schlegel auch Dorothea Veit kennen. Sie verliebten sich. Schlegel stellte nun das Wesen der **Liebe** als Zentrum des inneren Lebens in seinem Roman „Lucinde“ dar. Dieser Roman wurde wegen seiner Freizügigkeit in der Darstellung der Liebe zu einem Skandal-Erfolg. Der Roman protestiert gegen die Einsperrung des Lebens in die Form der bürgerlichen Ehe und Moral. Für die Romantiker gab es Liebe nur außerhalb der Ehe. Die Romantiker feierten Frauen, die außereheliche Liebe und Ehe zu verbinden wussten. Die Frau sollte selbstständig, der Mann sollte sanft sein. So lautete das romantische Lebensprogramm. Geistige und körperliche Liebe sollten verschmelzen.

Schlegel schrieb in der „Lucinde“: „Was wir ein Leben nennen, ist … nur ein einziger Gedanke, ein unteilbares Gefühl.“ (F. Schlegel: Lucinde. Frankfurt 1985, S. 229

***Übung.***
***Beschreiben Sie Leben jetzt als ein „unteilbares Gefühl“.***

Dem Leben eignet die doppelte Qualität. Es ist „Vernichten und Schaffen, Eines und Alles, und so schwebe der ewige Geist ewig auf den ewigen Weltströmen der Zeit und des Lebens und nehme jede kühnere Welle wahr, ehe sie zerfließt.“ (F. Schlegel, a.a.O., S. 35)

***Übung:***
***Schließen Sie die Augen. Stellen Sie sich den Strom des Lebens als Vernichten und Schaffen, als Eines und Alles vor. Welches Lebensbild können Sie nun beschreiben?***

**Schlegel erkennt in der Liebe drei Stufen der Lebenserfahrung:**

1. Die Steigerung der Wollust zur Kunst
2. Die mystische Einheit mit der Geliebten
3. Verschmelzende Harmonie

Diese drei Stufen zu durchschreiten bedeutet, „die Vollendung der Menschheit und die Ersteigung des Gipfels des Lebens.“ (F. Schlegel, a.a.O., S. 38)

***Übung:***
***Haben Sie schon den Gipfel des Lebens erstiegen? Geben Sie einen Bericht einer derartigen Gipfelbesteigung.***

Neben dem Gipfel vermittelt die Liebe einen „gefährlichen bodenlosen Abgrund von Sehnsucht und Wehmut.“ (F. Schlegel, a.a.O., S. 80)

***Übung.***
***Haben Sie in der Eifersucht oder beim Ende einer Liebe schon diesen Abgrund erlebt? Geben Sie einen kurzen Bericht.***

Beim Anfertigen von Bildern erlebt Schlegel in der „Lucinde“ seine tiefste Lebenserfahrung. Beim Malen „schien wirklich der flüchtige und geheimnisvolle Augenblick des höchsten Lebens durch einen stillen Zauber überrascht und für die Ewigkeit angehalten.“ (F. Schlegel, a.a.O., S. 98)

***Übung:***
***Haben Sie Erfahrung mit dem Malen? Beschreiben Sie Ihre Lebenserkenntnis durch den Mal-Akt.***

1804 hat Schlegel Dorothea Veit geheiratet. Er hält an verschiedenen Universitäten Vorlesungen. 1808 spricht er in Köln „über die Sprache und Weisheit der Indier“. Er vertritt in dieser Vorlesung den indischen Pantheismus. Der Quell des Lebens ist für Schlegel im unendlichen **Lebensurgrund** erfassbar. Dieser Urgrund spricht für Schlegel aus den Urmotiven der Mythologie, die alle, trotz unterschiedlicher Kultur Ursprünge, doch „cinc gcwisse allgemeine Übereinstimmung zeitigen.“ (E. Behler, a.a.O., S. 100)

***Übung:***
***Welche Urmotive des Lebens zeigen für Sie die Mythologien aller Völker?***

1808 tritt Schlegel, wie viele Romantiker, zum Katholizismus über. Er führt ein unstetes Wander- und Vortragsleben quer durch Europa. Erst 1827 kann er in Wien seine Vorlesungen „über die Philosophie des Lebens“ halten. Diese Vorlesungen stehen unter der Idee: „Die Philosophie des Lebens ist ein Produkt aus der Philosophie eines Philosophen und aus seinem Leben.“ (F. Schlegel: Philosophie des Lebens. München 1969, S. XXXIV)

***Übung:***
***Legen Sie zwei Spalten an und füllen Sie sie aus:***
***1. Spalte: Wichtige Daten meines Lebens.***
***2. Spalte: Meine wichtigsten Lebensgedanken.***

In seinen Vorlesungen wendet sich Schlegel gegen das systematische Philosophieren und wird damit zum Begründer eines neuen philosophischen

Denkstils, der sich bei vielen Vertretern der Lebensphilosophie wieder finden sollte. Schlegels Lebensbegriff umfasst in seinen Vorlesungen die emotionellen, voluntativen und phantastischen Aspekte des Lebens und auch Träume und die unbewussten Tiefenschichten des Geistes. Schlegel formuliert: „Der Gegenstand der Philosophie des Lebens ist also das innere geistige Leben, und zwar in seiner ganzen Fülle … Sie setzt nur das Leben voraus.“ (F. Schlegel: Philosophie des Lebens, a.a.O., S. 7) Die Lebensphilosophie sollte deshalb aus dem Leben selbst ihre Begriffe nehmen. Die Begriffe seiner Lebensphilosophie stammen deshalb aus der Umgangssprache und aus der Alltagsphilosophie, die jeder Mensch ganz spontan entwickelt. Das Festhalten und durchgängige Benutzen einer starren Terminologie lehnte Schlegel für sein Philosophieren ab. Ein derartiger Begriffspanzer ist für Schlegel dem Leben im Wechsel und Wandel des Unendlichen unangemessen.

***Übung:***
***Listen Sie die 10 für Sie wichtigsten Begriffe Ihres Denkens auf, die Ihre Lebensphilosophie ausdrücken könnten.***

Wichtig ist für Schlegel auch das unbewusste Leben, das sich in **Träumen** und Wachträumen zeigt. Für ihn ist klar, „dass wir im Schlafe immer und auch dann träumen, wenn wir uns dessen gar nicht erinnern können.“ (F. Schlegel, a.a.O., S. 23)

***Übung:***
***Listen Sie die Schlüsselträume Ihres Lebens auf. Deuten Sie diese Träume im Hinblick auf Ihren Sinn von Leben.***

Der große Vernichter des romantischen Lebensgefühls ist für Schlegel das **Geld**. Das Geld erstarrt das Leben, „wenn der tote Mammon als das höchste Gut und einzige Zweck des ganzen Daseins betrachtet und an die Stelle aller anderen höheren Geistes- und Seelengüter gesetzt wird.“ (F. Schlegel, a.a.O., S. 28)

***Übung:***
***Legen Sie eine Ranking-Liste Ihrer Lebenswerte an. Stellen Sie dann fest, auf welchen Platz Sie das Geld gesetzt haben.***

Das höchste Geheimnis des Lebens ist für Schlegel der **Tod**. Die Idee des Todes lässt schließlich das Leben als tote Materie erscheinen, „solange der Geist sich nicht hinreichend zum Lichte aus seinem Gefängnis herausgearbeitet hat.“ (F. Schlegel, a.a.O., S. 71)

***Übung:***
***Wie erklärt Ihr Lebensbegriff den Tod? Denken Sie ihn als Anti-These, als Bestandteil oder als Denkfehler des Lebens?***

Für Schlegel beginnt das Leben immer wieder als eine Kraft, die in den Tod zurückfällt, um endlich „sich durch alle Stufen zum Licht hinauf zu erheben." (F. Schlegel, a.a.O., S. 84)

***Übung:***
***Können Sie sich vorstellen, dass die Evolution des Lebens in fernster Zukunft den Tod abschafft?***

Eine Ahnung von der Entwicklung der Evolution vermittelt für Schlegel die Sehnsucht nach dem „Ewigen und Göttlichen". Schlegel: „Die **Hoffnung** ist das innerste Wesen des Menschen und die am meisten charakteristische Eigenschaft desselben." (F. Schlegel, a.a.O., S. 103)

***Übung:***
***Listen Sie alle Ihre Hoffnungen auf, die Ihr Leben von der Kindheit bis heute begleitet haben.***

Die Hoffnung lässt das Leben als Natur in folgenden Aspekten deutlich werden:

**Die Hoffnung zeigt das Leben ...**

- als rettende Brücke über dem Abgrund des ewigen Todes,
- als wunderbare Werkstätte der ewigen Wiedergeburt und
- als glorreiche Stufenleiter der Auferstehung.

(F. Schlegel, a.a.O., S. 113)

***Übung:***
***Beschreiben Sie die lebendigen Aspekte der Natur als Brücke, Werkstätte oder Stufenleiter, wie sie sich in Ihrem Leben bisher gezeigt haben.***

Die Erkenntnis des Lebens ist für Schlegel nicht Aufgabe der Naturwissenschaften, sondern Aufgabe der „Einbildungskraft ..., obwohl diese Kraft sehr verschieden von künstlerischer oder dichterischer Phantasie ist." (F. Schlegel, a.a.O., S. 67)

***Übung:***
***Mit welcher Methode haben Sie Ihr Leben und das Leben überhaupt bisher versucht zu erkennen? Legen Sie eine Liste an.***

Fast ein Jahr nach dem Halten der Vorlesungen zur Philosophie des Lebens ist der Romantiker Schlegel 1829 in Dresden plötzlich gestorben.

Sehen wir uns jetzt noch mal ein Bild der Lebensphilosophie Schlegels an:

**Die Lebensphilosophie von Friedrich Schlegel**

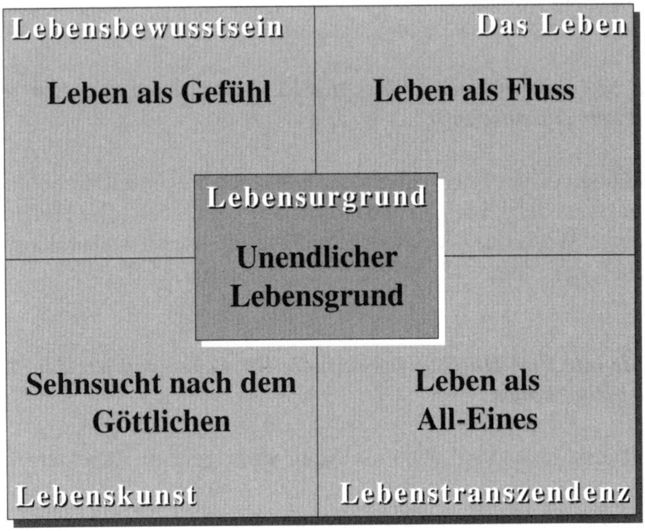


***Übung:***
***Schreiben Sie fünf Sätze zu Schlegels Lebensphilosophie.***

## Literatur zu Friedrich Schlegel

*Schlegel, F.: Philosophie des Lebens. München 1969*
*Schlegel, F.: Sprache und Weisheit der Indier. München 1970*
*Schlegel, F.: Lucinde. Frankfurt 1985*

*Behler, E.: Friedrich Schlegel. Reinbek 1996*
*Brinkmann, H.: Die Idee des Lebens in der deutschen Romantik. Augsburg 1926*
*Feifel, R.: Die Lebensphilosophie Friedrich Schlegels und ihr verborgener Sinn. Bonn 1938*
*Kirchner, E.: Die Philosophie der Romantik. Jena 1906*
*Kluckhohn, P.: Das Ideengut der deutschen Romantik. Tübingen 1961*
*Sommerfeld, S.: Indienschau und Indiendeutung romantischer Philosophen. Berlin 1943*

## 2.3 Arthur Schopenhauer (1788-1860): In den Abgrund des Lebens blicken

Arthur Schopenhauer hat die Gewalt des Lebens frühzeitig am eigenen Leibe erfahren. Er wird mit 9 Jahren für zwei Jahre nach Frankreich in eine Gastfamilie gegeben, um französisch zu lernen. Er erlebt mit 17 Jahren, dass der Vater sich aufhängt. Mit seiner Mutter hatte er ein lebenslanges Zerwürfnis. Als Philosophie-Dozent 1820 in Berlin hatte er überhaupt keine Hörer. Für zwei Jahre litt er in München 1823-24 an schweren Depressionen. Wieder in Berlin, 1825-31, blieb er mit seiner Philosophie völlig ohne Resonanz. Ab 1832 in Frankfurt galt er als der einsame Denker. Erst 1851 erlebte er erste Anzeichen von Zustimmung und Anerkennung, die schließlich zu seinem Weltruhm führten. Da hatte er aber nur noch acht Jahre zu leben.

Schopenhauers Lebensphilosophie ist Leibphilosophie. Für Schopenhauer ist das Leben in der individuellen Selbsterkenntnis zuerst **Leib**. „Der Leib ist uns unmittelbares Objekt in der individuellen Selbsterkenntnis ..., welche den Ausgangspunkt der Erkenntnis des Subjektes macht.“ (A. Schopenhauer, Züricher Ausgabe. Zürich 1977, Bd. 1, S. 48)

***Übung:***
***Beschreiben Sie Ihren Leib.***

Einerseits ist der Leib unmittelbar **Wille**, andererseits ist er **Vorstellung**. Das Organ des Willens sind die Genitalien. Das Organ der Vorstellung ist der Kopf und sein Gehirn.

***Übung:***
***Kennen Sie Konflikte zwischen Ihren Lebensorganen Kopf und Genitalien?***

Die widersprüchliche Grundlage des Wissens lautet: Mit Hilfe der Vorstellung kann der Mensch sich ein Bild vom Leben außer sich machen. Der Wille ist immer ein hungriger Wille, der den Leib selbst aufzehrt. Zum Willen gehört die Jagd, die Angst und das Leiden. Der Wille zum Leben ernährt sich aus sich selbst, aus dem Verzehren von Pflanzen und Tieren.

Aber er zeigt sich auch im Kampf der Menschen untereinander. Der Wille als Wesen des Lebens ist ohne Ziel: ein blinder, endloser und widersprüchlicher Drang. Der Wille ist der Grund von allem, der Grund für den Zwiespalt in allem. Denn das blinde Streben und Drängen des Willens ist verbunden mit Feindschaft, Kampf und Zerstörung.

Diese Entzweiung des Willens zeigt sich in allen Stufen des anorganischen und organischen Lebens. Denn der Wille ist hungrig und da er nichts außer sich hat, zerfleischt er sich schließlich selbst.

***Übung:***
***Worauf zielt Ihr Leibwille?***

Erst der Wille zum Leben bringt das Gehirn hervor. „Demnach ist allerdings das Gehirn, mithin der Intellekt, unmittelbar mit dem Leib bedingt." (A. Schopenhauer, Züricher Ausgabe, a.a.O., Bd. 3, S. 303) Das Funktionieren des Gehirns setzt den Leib voraus. Das Gehirn ist Resultat der Evolution des Lebens auf einer Spätstufe. Die Leistungen des Gehirns dienen dem Überleben und der Selbsterhaltung des Leibes.

***Übung:***
***Welche Ihrer Gedanken sichern den Erhalt Ihres Leibes? Legen Sie eine Liste derartiger Gedanken an.***

Schopenhauer versteht das Leben nicht vom Bewusstsein und vom Geist her, sondern vom Körper und dem leiblichen Willen her. Der Wille als das Unbewusste ist die Grundlage und der Ursprung des Lebens. Schopenhauer schreibt: „Ich setze also erstlich den Willen ... als völlig Ursprüngliches, zweitens seine bloße Sichtbarkeit, Objektivation, den Leib und drittens die Erkenntnis, also bloße Funktion eines Teils des Leibes voraus." (A. Schopenhauer, Züricher Ausgabe, a.a.O., Bd. 4, S. 19) Das Verhältnis von Wille und Geist ist ein Herr-Knecht-Verhältnis. Der Geist ist ein Sklave des Willens. Die Seele des Menschen wird damit zu einer kontroversen Verbindung von Geist und Willen.

Der Wille ist für Schopenhauer Wille zum Leben. Diesen Willen zum Leben erkennt er überall in der Natur. „Man betrachte diesen universellen Lebensdrang, man sehe die unendliche Bereitwilligkeit ..., mit welcher der Wille zum Leben unter Millionen von Formen überall und jeden Augenblick ... sich ungestüm ins Dasein drängt ... und dann wieder werfe man einen Blick auf den entsetzlichen Alarm und wilden Aufruhr desselben, wenn er in irgendeiner einzelnen Erscheinung aus dem Dasein weichen soll ... Der Wille zum Leben ist der Kern der Realität selbst." (A. Schopenhauer, Züricher Ausgabe, a.a.O., Bd. 3, S. 410f) Man erkennt den Willen zum Leben als das Wesen des Lebens am besten an seinem eigenen Leibe. Denn der Blick in das innere Wesen des Lebens ist sogleich auch als Blick in „unser eigenes Inneres" möglich. (A. Schopenhauer, Züricher Ausgabe, a.a.O., Bd. 3, S. 412)

***Übung:***
***Wie stellen Sie sich Ihren eigenen Leibwillen vor? Schließen Sie die Augen und lassen Sie sich ein Bild, Metapher oder ein Symbol Ihres Lebenswillens einfallen. Diesen Einfall schreiben Sie auf.***

Leben wollen, das sind wir selber. Erst wollen wir leben und dann denken wir, wie wir leben können. Der Wille des Leibes wird in großer Dunkelheit verbracht, denn das innere und ursprüngliche Wesen des Leibes ist nicht Erkenntnis, sondern erkenntnisloser Wille. Weil dieser Wille, der sich auch im Kosmos in unendlichen Galaxien zeigt, auch im Leib nicht befriedigt werden kann, erkennt Schopenhauer als Wesen des Leibes: das **Leiden**.

***Übung:***
***Was halten Sie vom Wesen Ihres Leibes als Leiden?***

Das Leben des Leibes ist eine Häufung von Bitterkeiten: Not, Plagen, Sorgen, Furcht, Schmerz, vereitelte Hoffnung, Häufung von Irrtümern. Schopenhauer blickt als Kämpfer den Bitterkeiten des Lebens mutig ins Auge. Der Mensch ist „hineingeworfen in dieses Leben. Das Leben ist kein Geschenk zum Genießen, sondern ein Pensum zum Abarbeiten." (A. Schopenhauer, Züricher Ausgabe, a.a.O., Bd. 2, S. 389) Glück kann der Leib kaum erleben. Denn: „Wir fühlen den Schmerz, aber nicht die Schmerzlosigkeit, wir fühlen die Sorge, aber nicht die Sorglosigkeit, die Furcht, aber nicht die Sicherheit." (A. Schopenhauer, Züricher Ausgabe, a.a.O., Bd. 4, S. 673)

Leben ist nur eine Flucht vor dem Tode. „Jeder Atemzug währt nur den beständig eindringenden Tod ab." (A. Schopenhauer, Züricher Ausgabe, a.a.O., Bd. 2, S. 390) Der **Tod** als Untergang des Individuums ist der Natur völlig egal. „Der Tod ist das Ergebnis, das Resumé des Lebens." (A. Schopenhauer, Züricher Ausgabe, a.a.O., Bd. 4, S. 746)

***Übung:***
***Definieren Sie Ihren Tod in Bezug auf Ihr Leben.***

Der Widerspruch der Sexualität heißt: Aber trotz der Drohung des Todes ist der Leib als Sexualität primär Bejahung des Willens zum Leben. Das Leben ist fast gänzlich Bejahung des Leibes. Im Akt der Zeugung neuen Lebens zeigt sich die entschiedenste Bejahung des Willens zum Leben. Die Bejahung des Willens zum Leben umfasst die Sorge um den eigenen Leib und die Schaffung neuer Leiber. Bei der Schaffung neuer Leiber unterliegt der Mensch einem entscheidenden Irrtum. Er glaubt dem Drängen der eigenen Liebe zu folgen und vollzieht doch nur den Willen der Gattung an ihrer

Selbsterhaltung. Der verliebte Leib kann sich oft vom Gegenstand seiner Leidenschaft nicht lösen und gerät deshalb in die Gefahr, dass das Toben der Eifersucht der Gattung das schwache Individuum zerreißt.

Eine äußere Belastung des Leibes ist die **Arbeit**. Schopenhauer begreift die Entfremdung des Lebens durch ungerechte Arbeit. Er sieht, „dass die Kräfte eines Menschen großenteils nicht für ihn selbst, sondern für andere verwendet werden ... Nimmt man nun die gemeinsame Last der physischen Erhaltung des Daseins des Menschengeschlechts einem nicht ganz unbeträchtlichen Teil desselben ab, so wird dadurch die Übrige übermäßig belastet und ist elend.“ (A. Schopenhauer: Sämtliche Werke. Hrsg: A. Hübscher. Wiesbaden 1972, Bd. VI, S. 261f) Schopenhauer erkennt, dass die Differenzen in den Lebenschancen zur Bildung von Klassen führt, deren eine die andere ausbeutet, weil die eine im Luxus lebt und die andere diesen Luxus erarbeiten muss. „Damit wenige das Entbehrliche, Überflüssige und Raffinierte haben, ..., wird auf der einen Seite der Luxus und auf der anderen Seite übermäßige Arbeit und schlechtes Leben bestehen.“ (A. Schopenhauer: Sämtliche Werke, a.a.O., Bd. VI, S. 262) Das Leben von vielen wird somit in Elend, Leid und Schmerz verwandelt.

„Wie der Mensch mit dem Menschen verfährt, zeigt zum Beispiel die Sklaverei, deren Endzweck Zucker und Kaffee ist.“ Aber man braucht nicht so weit zu gehen. „Im Alter von fünf Jahren eintreten in die Garnspinnerei oder sonstige Fabrik, und von dem an erst zehn, dann zwölf, endlich vierzehn Stunden täglich darin zu sitzen und die selbe mechanische Arbeit verrichten, heißt, das Vergnügen, Atem zu holen, teuer erkaufen. Dies aber ist das Schicksal von Millionen, und viele andere Millionen haben ein analoges.“ (A. Schopenhauer: Züricher Ausgabe, a.a.O., Bd. 4, S. 676f)

Das Leben in der Sklaverei oder in entwürdigender Arbeit ist für Schopenhauer die Hölle. Während aber zum Beispiel der Zeitgenosse Friedrich Engels das entfremdete Arbeitsleben durch die Revolution der Arbeiterbewegung verändern will, plädiert Schopenhauer für eine radikale Negation des entfremdeten Leibes durch das Individuum selbst. (Vgl. K. Marx, F. Engels: Werke, Bd. II, Berlin 1960, S. 430ff)

***Übung:***
***Welche Befreiung des Leibes vom Diktat abhängiger Arbeit ist heute möglich?***

Wenn der Mensch aber erkennt, dass der Weltgrund die Hölle produziert, also nicht das Gute, sondern das Böse ist, kommt er zur stoischen Verneinung des Willens zum Leben. Großes Leiden wird oft zur Ursache der Erkenntnis der Notwendigkeit der Verneinung des Willens zum Leben. Der wichtiste Schritt zur Verneinung des Willens zum Leben und der Befreiung vom Leib ist für

Schopenhauer die Unterdrückung der Sexualität des Leibes. Außerdem schlägt er die Tugenden der antiken Stoiker (z.B. Marc Aurel, Epiktet, Seneca) vor: freiwillige Arbeit, das bewusste Ertragen von Leid und Unrecht, aber auch häufiges Fasten und Selbstkasteiung.

Während aber die meisten Menschen ihrem Lebenstrieb blind folgen, gelingt es wenigen, den Willen zum Leben nicht als Selbstmörder, sondern als stoischer einsamer Kämpfer zu überwinden. Diesen stoischen Kämpfern gegen den Lebenswillen wird „diese unsere so sehr reale Welt mit allen Sonnen und Milchstraßen – Nichts.“ Die Lebensüberwinder treten in einen geheimnisvollen höheren Bewusstseinszustand ein, der in der buddhistischen Philosophie „Nirvana“ genannt wird.

***Übung:***
***Sind Sie für eine Bejahung oder eine Verneinung des Willens zum Leben?***

Schopenhauer unterscheidet im Leben des Leibes verschiedene **Lebensalter**. In der Kindheit haben wir eine lange Zukunft vor uns, im Alter hinter uns. In der ersten Lebenshälfte herrscht die unbefriedigte Sehnsucht nach Glück, in der zweiten Lebenshälfte die Sorge vor Unglück. (A. Schopenhauer, Züricher Ausgabe, a.a.O., Bd. 8, S. 523) Die Jugend hat Mut, weil sie den Tod nicht sieht, das Alter erstarrt vor dem Tod. „Wenn das Leben zu Ende geht, weiß man nicht, wo es geblieben ist.“ (A. Schopenhauer, Züricher Ausgabe, a.a.O., Bd. 8, S. 526) Die Zeit wird im Leben immer schneller erlebt und läuft immer spurloser ab. Bis zur Lebensmitte leben wir von den Zinsen unserer Lebenskraft. In der zweiten Lebenshälfte zehren wir dann das Kapital unserer Lebenskraft auf. In der Jugend herrscht die sinnliche Anschauung, im Alter das abstrakte Denken vor.

***Übung:***
***Beschreiben Sie sich als Jugendlicher und als alter Mensch. Was hat sich im Hinblick auf Ihre Lebensvorstellung und im Bezug auf Ihren Leib im Laufe Ihres Lebens verändert?***

Im Alter erkennt man in ganzer Tiefe, dass das Leben viel verspricht, aber nichts hält. Denn das Individuum wird im Tod zerstört, der Gattungswille im Individuum, der weitgehend unbewusst ist, bleibt aber ewig. „Das Leben der besten Menschen“, sagt Schopenhauer, „ist nur ein steter langer trostloser Kampf ohne Sieg: das höchste, wozu der Mensch es bringt, ist, dass er den Arm nicht sinken lässt, sondern kämpft und kämpft bis zum letzten Atemzug.“ (A. Schopenhauer zit.n. A. Hübscher: Schopenhauer, Biographie eines Weltbildes. Stuttgart 1972, S. 51)

Die Leidenschaften der Jugend führen also nur zum Leiden. Erst das Alter erkennt, dass man die versagten Genüsse gar nicht zu beklagen braucht. Deshalb zeigt die Jugend eine gewisse Melancholie, das Alter eine gewisse Heiterkeit. Der alte Mensch wird vieler Fesseln des Leibes ledig und kann sich, bei Gesundheit, nun frei bewegen.

***Übung:***
***Enthüllt sich das Wesen Ihres Leibes erst im Alter?***

Wer die Nichtigkeit des Leibes erkannt hat, gewinnt stoische Altersweisheit: „Von der Venus entlassen, wird man gern eine Aufheiterung beim Bacchus (dem Gott des Weines) suchen." (A. Schopenhauer, Züricher Ausgabe, a.a.O., Bd. 8, S. 536)

***Übung:***
***Welche neuen Befriedigungserfahrungen am Leibe entwickeln Sie im Alter?***

Blicken wir nun noch mal auf eine Grafik der Lebensphilosophie Arthur Schopenhauers:

**Die Lebensphilosophie von Arthur Schopenhauer**

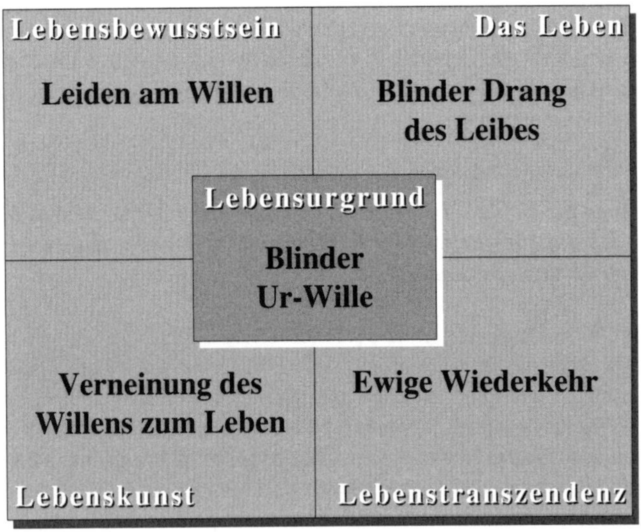

***Übung:***
***Schreiben Sie fünf Sätze zur Lebensphilosophie von Arthur Schopenhauer in der Reihenfolge der fünf Felder.***

## Literatur zu Schopenhauer

*Schopenhauer, A.: Sämtliche Werke. Hrsg.: A. Hübscher. Wiesbaden 1972, Bd. I-X*
*Schopenhauer, A.: Züricher Ausg.. Werke in 10 Bänden. Zürich 1977, Bd. 1-10*

*Abendroth, W.: Schopenhauer. Reinbek 1967*
*Ellenberger, H.-F.: Die Entdeckung des Unbewußten. Zürich 1970, Bd. 1-2*
*Gödde, G.. Traditionslinien des Unbewussten. Schopenhauer – Nietzsche – Freud. Tübingen 1999*
*Hasse, H.: Arthur Schopenhauer. München 1926*
*Hübscher, A.: A. Schopenhauer. Biographie eines Weltbildes. Stuttgart 1951*
*Korfmacher, W.: Arthur Schopenhauer. Hamburg 1994*
*Safranski, R.: Schopenhauer und die wilden Jahren der Philosophie. München 1992*
*Spierling, V.: Arthur Schopenhauer. Hamburg 2002*
*Spierling, V.: Schopenhauer – ABC. Leipzig 2003*

## 2.4 Wilhelm Dilthey (1833-1911): Die Rätsel des Lebens lösen

Wilhelm Dilthey erhebt die Philosophie des Lebens als subjektives Erleben zum expliziten Programm. „Leben ist die Grundtatsache, die den Ausgangspunkt der Philosophie bilden muss. Es ist das von innen Bekannte." (W: Dilthey: Gesammelte Schriften. Leipzig 1916, Bd. 7, S. 359) Diese Lebensphilosophie grenzt sich grundsätzlich von der naturwissenschaftlich-biologischen Betrachtung des Lebens ab. Das Leben verstehen wir, sagt Dilthey, als innere Erfahrung, die Natur erklären wir mit Hypothesen als äußere Erfahrung. Die kleinste Einheit des Lebens ist das „Erlebnis", die größte Einheit des Lebens ist die „Selbst- und Autobiographie" und die Weltbiographie.

Wilhelm Dilthey wurde 1833 in Biebrich (am Rhein) als Sohn eines Pfarrers geboren. Er studierte Theologie in Heidelberg und dann Philosophie in Berlin. 1856 schließt er die Studien ab und wird Lehrer. Nachdem er 1864 promoviert hatte, wird er 1867 Professor für Philosophie in Basel, 1868 in Kiel, 1871 in Breslau und ab 1883 in Berlin, wo er 1908 emeritiert wurde. Er ist 1911 bei einem Urlaub in Seis (Bozen) gestorben.

Das Leben ist für Dilthey nur von innen als Selbsterleben zu erfassen. Der Ursprung des Lebens bleibt für Dilthey **rätselhaft**. „Aus den wechselnden Lebenserfahrungen tritt dem auf das Ganze gerichteten Auffassen das Antlitz des Lebens hervor, widerspruchsvoll im Ganzen vollkommen rätselhaft … Der Mittelpunkt aller Unverständlichkeiten sind Zeugung, Geburt, Entwicklung und Tod. Das Lebendige weiß vom Tod und kann ihn doch nicht verstehen. Ab dem ersten Blick auf einen Toten, ist dem Leben der Tod unfasslich … und die Fremdartigkeit des Lebens nimmt zu, indem der Mensch in Gesellschaft und Natur permanenten Kampf, beständige Vernichtung des einen Geschöpfes durch das andere, die Grausamkeit dessen, was in der Natur waltet, erfährt." (W. Dilthey: Die Philosophie des Lebens. Stuttgart 1961, S. 86f.)

Diese Rätselhaftigkeit des Lebens kann durch Lebensdeutungen nur teilweise beseitigt werden. „Die aktuelle Analyse des Lebens erfüllt uns alle mit dem Gefühl der Gebrechlichkeit, der Macht des dunklen Triebes, des Leidens an den Dunkelheiten und den Illusionen, der Endlichkeit in allem, was Leben ist." (W. Dilthey, a.a.O., S. 301) So ist Dilthey das „Rätsel des Lebens, der einzige, dunkle, erschreckende Gegenstand aller Philosophie." (W. Dilthey: Gesammelte Schriften, a.a.O., Bd. 8, S. 140) Philosophie muss das Leben als innere Erfahrung zum reflektierenden Bewusstsein bringen und die Lebenserfahrungen zu Gedanken steigern.

***Übung:***
***Lassen Sie sich zehn Worte zum Begriff „rätselhaftes Leben" einfallen. Steigern Sie so Ihre rätselhaftesten Lebenserlebnisse zu Gedanken, indem Sie diese zehn Worte in einen kleinen Text verwandeln.***

An die Stelle der platonischen Seinsmetaphysik will Dilthey die dynamische **Lebensmetaphysik** stellen, um nach dem „Tode Gottes" dem Leben einen Sinn zu eröffnen, den das Leben immer braucht. Mögen die großen Metaphysiken gescheitert sein, „das Metaphysische unseres Lebens als persönliche Erfahrung, die nicht nur Natur und Biologie ist, bleibt immer übrig." (W. Dilthey: G. S., a.a.O., Bd. 1, S. 384) Diese metaphysischen Erlebnisse sind immer historisch. Das historische Individuum wird immer neu um ein metaphysisches Bewusstsein des Lebenssinns kämpfen.

***Übung:***
***Beschreiben Sie Ihre inneren, persönlichen, metaphysischen Erlebnisse, die über die physische Natur Ihres Körpers hinausreichen.***

Leben ist für Dilthey immer individuelle Geschichte. Zuerst ist Leben der individuelle **Lebensverlauf**. „In diesem Lebensverlauf ist jedes einzelne Erlebnis auf ein Ganzes bezogen. Dieser Lebensverlauf ist nicht eine Summe oder ein Inbegriff aufeinander folgender Momente, sondern eine durch Beziehungen, die alle Teile verbinden, konstituierte Einheit." (W. Dilthey: Philosophie des Lebens, a.a.O., S. 291) Die Einheit des Lebens wird durch das individuelle Lebensziel erfasst.

***Übung:***
***Beschreiben Sie Ihr Lebensziel, das Ihr Leben als Einheit zusammenfasst.***

Dieser Lebensverlauf kann bewusst gemacht werden: „Von dem Gegenwärtigen aus durchlaufen wir rückwärts eine Reihe von Erinnerungen bis dahin, wo unser kleines, ungefestigtes Selbst sich in der Dämmerung verliert und wir dringen vorwärts von dieser Gegenwart zu Möglichkeiten, die in ihr angelegt sind und vage, weite Dimensionen annehmen." (W. Dilthey, a.a.O., S. 291)

***Übung:***
***Machen Sie sich Ihren Lebensverlauf durch einen kurzen Rücklauf bis zu Ihrer Geburt und durch einen folgenden Vorlauf bis zu Ihrem Tode bewusst. Beschreiben Sie das Erlebnis dieses Rücklaufs und Vorlaufs in einem Text.***

Der Lebensverlauf unterliegt der **Zeit**. Zeit wird im individuellen Lebenslauf erfahren als rastloses Vorrücken in neue Erlebnisse. Wir können also die Zeit nicht in der Gegenwart erfassen.

Mehr erleben wir vom Zeitfluss, wenn wir nicht auf den Augenblick, sondern auf den ganzen Lebensverlauf blicken:

- Das **ganze Leben** erschließt sich mit der Frage:
  Welche **Bedeutung** hat mein Leben?
- Der **Augenblick** wird mit der Frage erfasst:
  Welchen **Wert** hat mein Leben?
- Die **Zukunft** wird erfasst mit der Frage:
  Welchen **Zweck** hat mein Leben?

***Übung:***
***Geben Sie eine Antwort auf die Fragen nach dem Wert Ihres Lebens, nach der Bedeutung Ihres Lebens und nach dem Zweck Ihres Lebens.***

Im Lebensverlauf gewinnt die Vergangenheit eine immer größere Bedeutung. Das Werden des Lebens gliedert sich in fünf Lebensphasen:

Kindheit, Jugend, Erwachsenenalter, Seniorenalter und Greisenalter.

***Übung:***
***Beschreiben Sie die verschiedenen subjektiven Lebensziele, die Sie in Ihrem Leben in diesen fünf Lebensphasen entwickelt haben.***

Das individuelle Leben erkennt sich aber nicht nur in seiner eigenen, sondern auch objektiv in der **Menschheitsgeschichte**. „Die Totalität der Menschennatur ist nur in der Geschichte sichtbar." (W. Dilthey: G.S., a.a.O., Bd. 8, S. 168)

***Übung:***
***Was sagt Ihnen die Geschichte der Menschheit über Ihr eigenes Lebensschicksal? Antworten Sie in drei Sätzen.***

Geschichte ist für Dilthey die Objektivation des Lebens in Schriftdenkmalen. Dichten ist Ausdruck und Darstellung des Lebens. Das Lesen von Dichtung ist die Erweiterung des eigenen Lebensbewusstseins. Der Leser kann in der Dichtung die Sehnsucht, die Lebensmöglichkeiten, die er selbst nicht realisieren kann, durchleben.

***Übung:***
***Wie heißen die Personen, deren Biografie Sie am liebsten lesen?***

Um einen Lebenstext zu verstehen, bedarf es einer besonderen philosophischen Methode, der **Hermeneutik**. Die Hermeneutik, die Deutung von Lebenstexten, vollzieht sich in einem Zirkel. Sie setzt immer ein Vorverständnis jedes Textes voraus und vertieft bei jedem Lesevorgang dieses Vorverständnis. Jedem Lesen „ist der Fortgang eigen, der vom Auffassen bestimmter Teile zum Versuch weitergeht, den Sinn des Ganzen zu erfassen, abwechselnd mit dem Versuch, von diesem Sinn aus die Teile besser zu bestimmen. Das Misslingen des Lesens macht sich geltend, indem einzelne Teile sich so nicht verstehen lassen wollen.“ (W. Dilthey: Der Aufbau der geschichtlichen Welt in den Geisteswissenschaften. Frankfurt 1982, S. 280f.)

***Übung:***
***Schreiben Sie fünf Sätze zu Ihrer Lebensgeschichte. Lesen Sie diese Sätze fünf Mal und stellen Sie fest, wie sich der Sinn Ihres Textes bei jedem Lesen verändert. Das Resultat dieser Veränderung fassen Sie dann wieder in einem Satz zusammen.***

Das Leben als objektiver Geist schlägt sich also in Sprachen, aber auch in Regeln der Lebensführung, in Werturteilen und Institutionen nieder. Individuen leben immer in einer **Lebenswelt**, die nicht von ihnen, sondern von früheren Generationen und von anderen Zeitgenossen hervorgebracht wurde. Jedes Individuum, das sich in sein Erleben versenkt, findet dort auch die Spuren des objektiven Geistes, der von der Menschengattung produziert worden ist und sich ständig verändert. Das Leben erschließt sich für die Individuen immer als ein Wert, der von den Lebensäußerungen anderer Personen geprägt ist. Denn jedes Individuum existiert nur im Lebensbezug zu anderen.

***Übung:***
***Listen Sie alle Bezugspersonen Ihres Lebens auf und schätzen Sie ihre Bedeutung für Ihr Leben ein.***

Allerdings bleibt das Verstehen fremden Lebens begrenzt. Den Sinn der Menschheitsgeschichte kann niemand erfassen. „Man müsste das Ende der Geschichte erst abwarten, um für die Bestimmung ihrer Bedeutung das vollständige Material zu besitzen.“ (W. Dilthey: G.S., a.a.O., Bd. 7, S. 233)

***Übung:***
***Geben Sie eine vorläufige unvollständige Deutung der Geschichte der Menschheit in Vergangenheit, Gegenwart und Zukunft. Schreiben Sie also einen Satz zur Vergangenheit, dann einen Satz zur Gegenwart und schließlich einen Satz zur Zukunft der Menschheit.***

Eine weitere Annäherung an das Rätsel des Lebens gelingt Dilthey durch seine **Weltanschauungslehre**. Das Leben hat immer eine Deutung über sich hervor gebracht: individuell und kollektiv.

**Diese Lebensdeutung durchläuft folgende Stufen:**
1. Die Mythen geben dogmatische Setzungen.
2. Die Lebensdeutung wird dann in der Neuzeit als subjektive Erfahrung erkannt.
3. Eine Systematik der Typen von Lebensdeutungen kann in der Moderne entwickelt werden.

***Übung:***
***Welche Lebensanschauungen haben Sie im Laufe Ihres Lebens entwikkelt? Geben Sie Wendungen in Ihrer Lebensdeutung an, als Kind, als Jugendlicher, als Erwachsener, als Senior!***

**Dilthey unterscheidet drei Typen von Lebensanschauungen:**
- Materialismus,
- subjektiver Idealismus und
- objektiver Idealismus.

Der **Materialismus** basiert auf Natur. Dilthey meint: „Der Mensch findet sich bestimmt von der Natur. Sie umfasst seinen Körper so gut wie seine Außenwelt. Denn gerade die Zuständlichkeit seines Körpers, die mächtigen animalischen Triebe, welchen denselben durchdringen, bestimmen sein Lebensgefühl." (W. Dilthey: G.S., a.a.O., Bd. 8, S. 100)

***Übung:***
***Kennen Sie ein animalisch-materialistisches Lebensgefühl? Beschreiben Sie dieses Gefühl ausgehend vom Körper. Beginnen Sie mit dem Satz: „Mein Körper …"***

Der **subjektive Idealismus** basiert auf der Idee, dass die Anschauung des Lebens vom Individuum abhängt. Dem Individuum wird die Macht zugestanden, seine Lebensdeutungen subjektiv immer wieder ändern zu können.

***Übung:***
***Welche Veränderung Ihrer Lebensdeutungen erwarten Sie von sich in Ihrer Zukunft?***

Der **objektive Idealismus** erkennt hinter dem erfahrbaren Zusammenhang des Lebens einen unerfahrbaren metaphysischen Kontext. Der objektive Idealismus tritt oft als Pantheismus auf. Der universale Zusammenhang von Teil und Ganzen erscheint aber als Immanenz des Göttlichen im Endlichen.

***Übung:***
***Kennen Sie das pantheistische Lebensgefühl? Welche Bedeutung hat dieses Gefühl für Ihr Leben? Geben Sie eine Antwort in zwei Sätzen.***

***Übung:***
***Blicken Sie nun auf Ihr Leben zurück und stellen Sie durch folgende Grafik fest, welche Lebensanschauungstypen sich im Laufe Ihres Lebens abgelöst haben.***

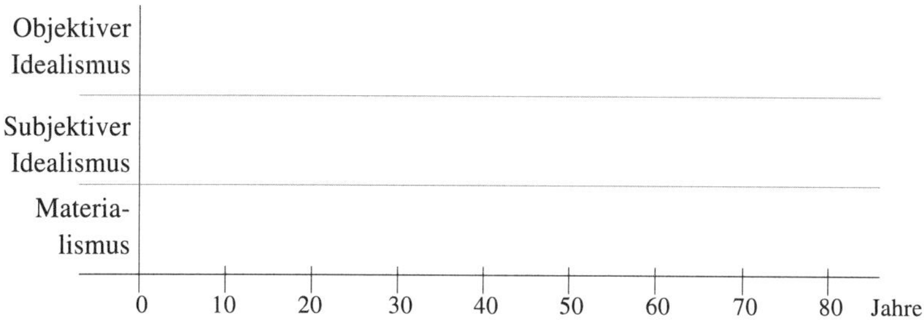


***Kreuzen Sie in der Grafik pro Jahrzehnt Ihre vorherrschenden Lebensanschauungstypen an, verbinden Sie Ihre Kreuze zu einer Linie und fassen Sie anschließend Ihre Lebensdeutung in einem Satz zusammen***

Werfen wir nun noch einmal einen Blick auf eine Grafik, in der die Lebensphilosophie von Wilhelm Dilthey insgesamt dargestellt wird:

## Die Lebensphilosophie von Wilhelm Dilthey

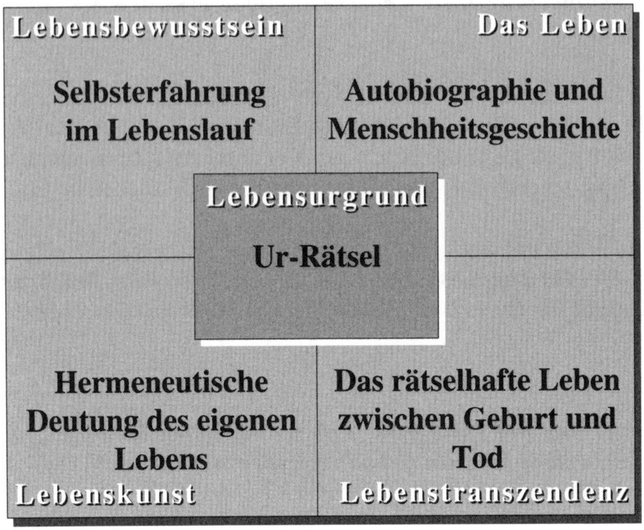


***Übung:***
***Schreiben Sie fünf Sätze zur Lebensphilosophie von Wilhelm Dilthey, bezogen auf diese fünf Felder.***

### Literatur zu Wilhelm Dilthey

*Dilthey, W.: Das Erlebnis und die Dichtung. Leipzig 1906*
*Dilthey, W.: Gesammelte Schriften. Leipzig 1914 ff.*
*Dilthey, W.: Die Philosophie des Lebens. Stuttgart 1961*
*Dilthey, W.: Der Aufbau der geschichtlichen Welt in den Geisteswissenschaften. Frankfurt 1982*

*Bollnow, O.W.: Dilthey. Eine Einführung in seine Philosophie. Stuttgart 1955*
*Jung, M.: Dilthey. Zur Einführung. Hamburg 1996*
*Jung, M.: Hermeneutik. Zur Einführung. Hamburg 2001*

## 2.5 Friedrich Nietzsche (1844-1900): Das Fest des Lebens genießen

Friedrich Nietzsche hat den dionysischen Begriff des Lebens zum Zentrum seiner Philosophie gemacht. Dabei versteht er sich als Fortsetzer der Philosophie Heraklits. Heraklit, schreibt Nietzsche, werde ewig Recht behalten: „Das Sein ist eine leere Fiktion … Die scheinbare Welt ist die einzige." (F. Nietzsche: Sämtliche Werke. Kritische Studienausgabe in 15 Bänden. Hrsg.: Colli u. Montinari. München 1980, Bd. 6, S. 75, im Folgenden zit. Als KSA) Auch die Lehre von der ewigen Wiederkunft des Lebens „könnte zuletzt auch schon von Heraklit gedacht worden sein." (F. Nietzsche: KSA, Bd. 6, S. 313)

Friedrich Nietzsche wurde 1844 in Röcken als Sohn eines Pfarrers geboren. Nach dem Studium wurde er schon mit 24 Jahren, 1869, Professor in Basel. 1889 wurde er wahnsinnig.

Nietzsche verstand schon früh sein Ziel, Philosoph des Lebens zu werden. So ist sein erster philosophischer Beitrag in seinen „Unzeitgemäßen Betrachtungen" der Frage nach der Bedeutung der **Geschichte** für das Leben gewidmet.

**Gegenüber der Geschichte gibt es für Nietzsche drei Haltungen:**

- Die Tätigen suchen historische Vorbilder.
- Die Bewahrenden wollen die Geschichte überliefern.
- Die Leidenden „müssen die Kraft haben, … eine Vergangenheit zu zerbrechen und aufzulösen, um leben zu können: Das erreichen sie dadurch, dass sie die Geschichte vor Gericht ziehen, und das Urteil, das sie fällen, ist das Leben allein, jene dunkle, treibende, unersättlich sich begehrende Macht." (F. Nietzsche: KSA, Bd. 1, S. 269)

***Übung:***
***Wie stehen Sie zur Geschichte des Lebens? Sind Sie Tätige, Bewahrende oder Leidende? Wollen Sie historische Vorbilder, lieben Sie Archive oder wollen Sie sich von der Geschichte befreien?***

In der vierten unzeitgemäßen Betrachtung „Schopenhauer als Erzieher" definiert Nietzsche in Abgrenzung zu Schopenhauer die Aufgabe des Lebensphilosophen: „Betrachte das Bild des Lebens als Ganzes und lehre dann: Dies ist das Bild allen Lebens und daraus lerne den Sinn deines Lebens. Und umgekehrt: Lies nur dein Leben und verstehe daraus die Hieroglyphen des allgemeinen Lebens." (F. Nietzsche: KSA, Bd. 1, S. 357)

***Übung:***
***Schließen Sie die Augen. Geben Sie eine Deutung des kosmischen Lebens und leiten Sie daraus den Sinn Ihres eigenen Lebens ab. Stellen Sie sich dann Ihr eigenes Leben vor und leiten Sie daraus Aspekte des kosmischen Lebens ab.***

Mit der „Geburt der Tragödie aus dem Geist der Musik" sieht Nietzsche das Leben durch den Widerspruch des Dionysischen und Apollinischen geprägt. Dieser Widerspruch soll als Widerspruch zwischen dem Geist (Apollon) und dem Leib (Dionysos) verstanden werden. Das Dionysische ist Nietzsche die Basis des Lebens. Die Ekstasen des Leibes werden aber vom Geist begrenzt.

In seinem Hauptwerk „Zarathustra" entwickelt Nietzsche die wichtigsten Aspekte seiner Lebensphilosophie weiter. Lebensphilosophie sollte „vom **Leib** ausgehen und ihn als Leitfaden benutzen." (F. Nietzsche: KSA, Bd. 11, S. 634) Der Leib ist gegenüber dem Geist das fassbarere Phänomen. Der Leib ist für Nietzsche die „große Vernunft". Der Intellekt ist nur die „kleine Vernunft". Hinter dem Ich steht das Selbst des „Übermenschen", das der Leib ist und der Beherrscher des Ichs.

***Übung:***
***Wie weit werden Sie in Ihrem Leben von Ihrem Leib beherrscht? Listen Sie alle Krankheiten Ihres Lebens auf, und stellen Sie die Wirkung dieser Krankheiten auf Ihr Leben fest. Dabei können Sie mit zwei Spalten arbeiten: 1. Spalte: Krankheiten, 2. Spalte: Wirkungen.***

Für Nietzsche ist der Leib der Repräsentant des Selbst, das den Körper-Geist-Dualismus aufhebt. „Hinter deinen Gedanken und Gefühlen, mein Bruder, steht ein mächtiger Gebieter, ein unbekannter Weiser, der heißt *Selbst*. In deinem Leibe wohnt er, dein Leib ist er." (F. Nietzsche: KSA, Bd. 4, S. 40) Der Leib schafft sich den Geist als eine Hand seines Willens. Im Leib als großer Vernunft sind Leib und Geist nicht unterscheidbar. Der Leib ist als Unbewusster der Urgrund aller schöpferischen Potenz. Nur der Leib wird Quelle für ein ekstatisches dionysisches Leben.

***Übung:***
***Kennen Sie Zustände, in denen Sie aus Ihrem Leib herausgetreten sind, in denen Sie außerkörperliche Erfahrungen gemacht haben? Wie können Sie diese Zustände deuten?***

Das Leben des Leibes ist nicht pessimistisch – wie bei Schopenhauer – „Wille zum Leben", sondern optimistisch „Wille zur Macht". „Nur, wo Leben ist, da ist auch Wille, aber nicht Wille zum Leben, sondern – so lehre ich es dich – Wille zur Macht … Wo ich Lebendiges fand, da fand ich den Willen zur Macht." (F. Nietzsche: KSA, Bd. 4, S. 149)

***Übung:***
***Wie äußert sich an Ihrem Leibe der Wille zur Macht: durch Aggression, durch sexuelle Sehnsucht oder durch Tagträume? Listen Sie Ihre wichtigsten Aggressionen, Sehnsüchte und Tagträume auf.***

Das Leben des Leibes ist ein ständiges Sich-Selbst-Überschreiten, ein unaufhörliches Wachsen, Wollen, Mehr-Haben-Wollen. „Haben und mehr haben wollen, Wachstum, mit einem Wort – das ist das Leben selbst." (F. Nietzsche: KSA, Bd. 11, Bd. 586) Das Leben des Leibes ist Werden und Dynamik.

Allerdings beginnt die industrielle **Arbeit** das Leben mit ihrer Dynamik zu überziehen. Die amerikanische Art „der atemlosen Hast der Arbeit – das eigentliche Laster der neuen Welt – beginnt bereits durch Ansteckung, das alte Europa wild zu machen und eine ganz wunderliche Geistlosigkeit zu verbreiten." (F. Nietzsche: Werke in 3 Bänden. München 1960, Bd. 2, S. 190)

Deshalb meldet Nietzsche Protest gegen die Ausbeutung des Lebens des Arbeiters an: „Die Ausbeutung des Arbeiters war … eine Dummheit, ein Raubbau auf Kosten der Zukunft, eine Gefährdung der Gesellschaft." (F. Nietzsche: Werke in 3 Bänden, a.a.O., Bd. 1, S. 990) Die Maschine vertieft die Entfremdung des Lebens des Arbeiters: „Die Maschine ist unpersönlich, sie entzieht dem Stück Arbeit seinen Stolz, sein individuell Gutes und Fehlerhaftes, was an jeder Nicht-Maschinenarbeit klebt." (F. Nietzsche: Werke in 3 Bänden, a.a.O., Bd. 1, S. 990) Die Arbeit diszipliniert und verformt das Leben: „Sie stellt ein kleines Ziel immer ins Auge." (F. Nietzsche: Werke in 3 Bänden, a.a.O., Bd. 1, S. 1130) Aber sie stachelt auch zum Widerstand an: „Entsetzen! Gerade der Arbeiter ist gefährlich geworden. Es wimmelt nun von gefährlichen Individuen." (F. Nietzsche: Werke in 3 Bänden, a.a.O., Bd. 1, S. 1130) Das Ziel des Arbeiterwiderstandes geht „gegen die Maschine, das Kapital und die ihnen jetzt drohende Wahl, entweder Sklave des Staates oder Sklave einer Umsturzpartei werden zu müssen." (F. Nietzsche: Werke in 3 Bänden, a.a.O., Bd. 1, S. 1156)

***Übung:***
***Wie kann der Arbeiter sich von der Entfremdung des Lebens durch die Maschine befreien?***

Für Nietzsche kann sich der Arbeiter aber auch auf das Wesen des kosmischen Lebens stützen. Die Kräfte des Lebens und des Leibes sind für Nietzsche unausgedehnte Kraftzentren, die unentstanden, unteilbar, unvergänglich sind, und deren Anzahl konstant bleibt. Diese Kraftzentren sind räumlich und zeitlich bestimmt, „wobei die Zeit als unendlich, der Raum als endlich gedacht wird." (R. Thurnherr u. a.: Die Philosophie des ausgehenden 19. und 20. Jahrhunderts. München 2002, S. 83) Nietzsches Lehre von den Kraftzentren zur Macht hat große Ähnlichkeit mit der „Monadenlehre" von Leibniz. Auch Leibniz' Monaden kennzeichnet ein Streben und sie reagieren aufeinander. Der kosmische Wille zur Macht spiegelt sich für Nietzsche also im menschlichen Leib und in seinem Trieb- und Willensleben.

***Übung:***
***Suchen Sie nach einem Grund für den „Willen zur Macht" in Ihrem Körper. Schließen Sie zur Lösung dieser Aufgabe Ihre Augen und lassen Sie ein Bild entstehen, das Sie dann beschreiben.***

Aus dem kosmischen Willen zur Macht ergibt sich die **ewige Wiederkehr** des Gleichen und damit die gleiche Wiederkehr gleicher Leiber. „Wenn die Welt als bestimmte Größe von Kraft und als bestimmte Zahl von Kraftzentren gedacht werden darf ..., so folgt daraus, dass sie eine berechenbare Zahl von Kombinationen im großen Würfelspiel Ihres Daseins durchzumachen hat. In einer unendlichen Zeit würde jede mögliche Kombination irgendwann einmal erreicht sein: Mehr noch, sie würde unendliche Male erreicht sein ... Sie wäre damit als ein Kreislauf von absolut identischen Reihen bewiesen: Die Welt als Kreislauf, der sich unendlich oft bereits wiederholt hat und der sein Spiel ad infinitum wiederholt." (F. Nietzsche: KSA, Bd. 14, S. 188) Seine Lehre von der ewigen Wiederkehr identischer Leiber fasst er in die Worte: „Dieses Leben, wie du es jetzt lebst und gelebt hast, wirst du noch mal und noch unzählige Male leben müssen ... und es wird nichts neues daran sein ... Die ewige Sanduhr des Daseins wird wieder umgedreht – und du mit ihr, Stäubchen vom Staube." (F. Nietzsche: Werke in 3 Bänden, a.a.O., Bd. 2, S. 202)

***Übung:***
***Belastet oder befreit Sie die Idee von der ewigen Wiederkehr Ihres Leibes? Wollen Sie dieses Leben noch einmal und noch unzählige Male völlig identisch wiederholen?***

Jeder Leib entwickelt als Grundbedingungen seines Lebens eine **Perspektive** der Machterweiterung, also ein übermenschliches Lebensziel und einen entsprechenden Lebensstil. Der Inhalt von Lebensziel und Lebensstil legt der

Leib im Bilde des Übermenschen aus. „Ein Leib ohne Auslegung und ohne eine entsprechende Lebensperspektive wäre ein Leib ohne Sinn.“ (F. Nietzsche: Werke in 3 Bänden, a.a.O., Bd. 2, S. 249)

***Übung:***
***Wie heißt Ihre Leibesperspektive, die Ihnen Ihr Leben erweitern und vertiefen kann?***

Das Haupterlebnis der Leibesperspektive ist für Nietzsche der „Große Mittag“. Der *Große Mittag* hat eine doppelte Bedeutung. Er ist einmal die Mitte des Lebens, des Leibes: „O Lebens Mittag! Feierliche Zeit!“ (F. Nietzsche: Werke in 3 Bänden, Bd. 2, S. 757), und zum anderen ist es der Augenblick „höchster Selbstbesinnung.“ (F. Nietzsche: Werke in 3 Bänden, a.a.O., Bd. 2, S. 1125) In höchster Selbstbesinnung des *Großen Mittags* erlebt der Leib die Ewigkeit seines dionysischen Lebens. „Was geschah mir: Horch! Flog die Zeit wohl davon? Falle ich nicht – horch! – in den Brunnen der Ewigkeit … Wann, Brunnen der Ewigkeit! Du heiter schauerlicher Mittagsabgrund! Wann trinkst du meine Seele in dich zurück?“ (F. Nietzsche: Werke in 3 Bänden, a.a.O., Bd. 2, S. 514f.)

***Übung:***
***Schließen Sie die Augen. Stellen Sie sich vor, dass Ihr Leib ewig wiederkehrt, stellen Sie sich Ihre ewige Leibeswanderung vor! Welches Bild des „Großen Mittags“ erscheint Ihnen bei diesen Vorstellungen?***

Diese Leibesperspektive der ewigen Wiederkehr wird durch viele Kräfte, die Macht über das Leben des Leibes gewonnen haben, unterdrückt. Nietzsche sieht nicht nur die Herrschaft des Kapitals über das Arbeitsleben, sondern auch die Schwächung des Lebens durch die alte Metaphysik mit ihrer Hinterwelt, durch die christliche Sklavenmoral, durch die pessimistische Dekadenz Arthur Schopenhauers und durch den modernen Nihilismus. „Der Nihilist ist der Mensch, welcher von der Welt, wie sie ist, urteilt, sie sollte nicht sein und von der Welt, wie sie sein sollte, urteilt, sie existiert nicht.“ (F. Nietzsche: KSA, Bd. 8, S. 60)

***Übung:***
***Welche Mächte schränken Ihr Leben ein und schwächen die Kraft Ihres Leibes? Legen Sie eine Liste an.***

Nietzsches Leibesphilosophie arbeitet an einem System der Lebensbefreiung als **Leibesbefreiung**. Er votiert aus der Sicht des Übermenschen für die

Umwertung aller Sklavenmoral, für die Nutzung jeder Krankheit zur Gesundung, für die Verwerfung des negativen Denkens. Für die Verbesserung des Denkens des Leibes stellt Nietzsche Essenregeln, Aufenthaltsorte, Klimate und tägliche Erholungsphasen vor. Er plädiert für viel Körperbewegung und für die Befreiung der Kreativität. Er lobt die Rausch- und Abgrundserfahrung der Kreativitätserfahrung des Leibes.

**Diese dionysische Erfahrung des Leibes lässt sich in folgenden Aspekten fassen:**
1. Krise,
2. Chaos,
3. Leid und Schmerz,
4. Entstehung einer neuen Ordnung.

(H. Ottmann (Hrsg.): Nietzsche Handbuch. Stuttgart 2000, S. 317f.)

***Übung:***
***Kennen Sie diese Kreativitätsphasen in Ihrem Leben? Stellen Sie fest, in welchen Lebensphasen Sie dionysisch gestimmt waren.***

Den Gipfel der permanenten Kreativität stellt der **Übermensch** dar, der einen von aller Leibesunterdrückung gereinigten Überleib besitzt. Denn, wenn „Gott tot ist, soll der Übermensch leben." (F. Nietzsche: KSA, Bd. 4, S. 357) Der Überleib ist der mystische Leib, der sich eins mit dem dionysischen Willen der Macht des Kosmos weiß: „Einst sagte man Gott, wenn man auf ferne Meere blickte, nun aber lehre ich euch sagen: Übermensch." (F. Nietzsche: KSA, Bd. 4, S. 109)

***Übung:***
***Haben Sie schon einmal erlebt, wie Ihr Leib von aller Unterdrückung der Kultur befreit war? Wie haben Sie in dieser Situation, z.B. beim Blick auf ferne Meere, Ihren Leib erlebt?***

Allerdings hatte Nietzsche schließlich seine Zweifel, ob der Übermensch in den Grenzen kapitalistischer Arbeit entstehen würde. Deshalb erzählte er oft folgende Fabel: „In irgendeinem abgelegenen Winkel des in zahllosen Sonnensystemen flimmernd ausgegossenen Weltalls gab es einmal ein Gestirn, auf dem kluge Tiere das Erkennen erfanden. Es war die hochmütigste und verlogenste Minute der Weltgeschichte: Aber doch eine Minute. Nach wenigen Atemzügen der Natur erstarrte das Gestirn, und die klugen Tiere erfroren und mussten sterben." (F. Nietzsche: Werke in 3 Bänden, a.a.O., Bd. 3, S. 309)

*Übung:*
***Haben Sie manchmal auch das Gefühl, dass das menschliche Leben nur eine kurze Minute der kosmischen Geschichte ausmacht, um dann in der ewigen kosmischen Nacht zu verschwinden?***

Sehen wir uns nun die Lebensphilosophie von Friedrich Nietzsche in einer Grafik an:

**Die Lebensphilosophie von Friedrich Nietzsche**

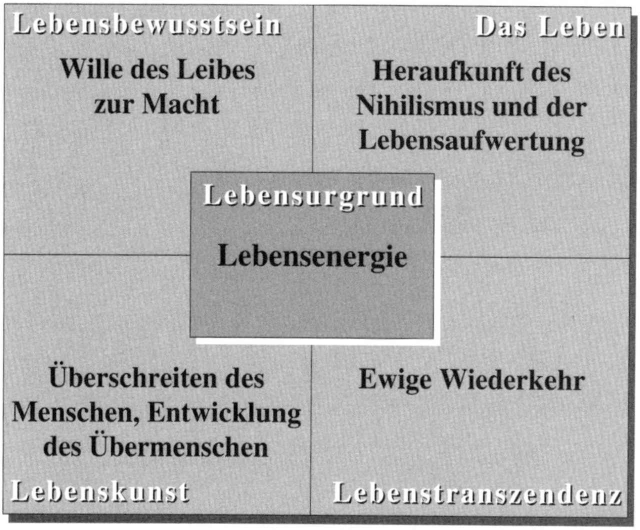


*Übung:*
***Schreiben Sie fünf Sätze zur Lebensphilosophie von Friedrich Nietzsche in den fünf Feldern.***

## Literatur zu Friedrich Nietzsche

*Nietzsche, F.: Werke in 3 Bänden. Hrsg.: K. Schlechter. München 1960 ff.*
*Nietzsche, F.: Briefwechsel. Hrsg.: Colli u. Montinari. Berlin 1975 ff*
*Nietzsche, F.: Kritische Studienausgabe. Hrsg.: Colli u. Montinari. München 1980, Bd. 1-15*

*Fink, E.: Nietzsches Philosophie. Stuttgart 1960*
*Heidegger, M.: Nietzsche. Pfullingen 1961, Bd. 1-2*
*Jaspers, K.: Nietzsche. Berlin 1956*
*Löwith, K.: Nietzsches Philosophie der ewigen Wiederkehr des Gleichen. Stuttgart 1956*
*Ottmann, H. (Hrsg.): Nietzsche Handbuch. Stuttgart 2000*
*Schlechter, K.: Nietzsches großer Mittag. Frankfurt 1954*
*Wohlfart, G.: Der Augenblick. Freiburg 1982*

## 2.6 Georg Simmel (1859-1918): Den Wert des Lebens berechnen

Georg Simmel entwickelte als erster Lebensphilosoph seinen Lebensbegriff am modernen **Geld**. „Wenngleich es nun keine Zeit gegeben hat, in der die Individuen nicht gierig nach Geld gewesen wären, so kann man doch wohl sagen, dass in der Gegenwart ... der Gesamtaspekt des Lebens, die Beziehung der Menschen untereinander, die objektive Kultur durch das Geldinteresse gefärbt ist." (G. Simmel: Philosophie des Geldes. Frankfurt 1989, S. 305) Das Leben ist auch bei Simmel der Fluss des Heraklit, aber in der modernen Welt ist dieser Fluss der Geldfluss. „Für den absoluten Bewegungscharakter der Welt gibt es sicher kein deutlicheres Symbol als das Geld." (G. Simmel, a.a.O., S. 714) Seine Lebensphilosophie macht nun den Versuch, Wege aus der Geldgier zu zeigen. Denn Leben unter dem Gelddiktat ist immer nur unbefriedigte Leere, die dem Wesen des Geldes entspringt.

***Übung:***
***Definieren Sie den Begriff „Geld". Schreiben Sie 10 Einfälle zu diesem Begriff auf und verfassen Sie aus diesen Einfällen einen Text.***

Georg Simmel wurde 1859 in Berlin geboren. 1881 promovierte er über Kant. 1885-1900 war er Privatdozent in der Berliner Humboldt-Universität. In dieser Zeit erforschte er primär das Wesen der Geldwirtschaft und ihren Einfluss auf das moderne Leben. Schon 1889 war Simmel zu dem Ergebnis gekommen, dass das Geld das absolut Objektive sei, an dem alles Persönliche endet. (W. Jung: Georg Simmel zur Einführung. Hamburg 1990, S. 55) Mit einer derartigen Sicht des Lebens konnte Simmel, zudem Jude, keine akademische Karriere machen. Seine Universitätslaufbahn war deshalb ein einziges Desaster. Sein Habilitationsvortrag wurde mehrfach abgelehnt. „Seinen Berliner Kollegen waren die Person Simmel und die von ihm behandelten Gegenstände überaus suspekt. Hinzu kam ein berufsüblicher Neid auf den überragenden Erfolg Simmels." (W. Jung, a.a.O., S. 15) Erst 1914, mit 56 Jahren, wurde Simmel Professor, nicht in Berlin, sondern am Rande Deutschlands in Straßburg. Dort ist er mit 60 Jahren an Leberkrebs gestorben.

1900 hat Georg Simmel sein lebensphilosophisches Hauptwerk „Die Philosophie des Geldes" veröffentlicht. Simmel sieht im Prozess des Lebens der Menschheit die Auflösung der Abhängigkeit des Einzelnen von der Gruppe und das Wachsen der individuellen Freiheit. Der Preis für diese Freiheit sind aber neue Abhängigkeiten. Die Versachlichung des Lebens in der Moderne unterwirft das Leben unter das Diktat des Geldes.

***Übung:***
***Wie erleben Sie das Diktat des Geldes? Geben Sie eine kleine Skizze.***

Dieses Diktat und seine Folgen untersucht Simmel in mehreren Schritten.

Der **Wert** des Geldes ist abhängig von der Gier des Menschen. Etwas, was das Subjekt begehrt, erscheint ihm wertvoll. Die Welt des Lebens ist die eigene Vorstellung, die Welt des Geldes ist Ausdruck des Begehrens. Dieses Begehren entwickelt den Tausch. Der Tausch wird bei Simmel – im Gegensatz zu Marx – zur Quelle aller Werte. In der allgemeinen Tauschgesellschaft der Moderne wird das Geld „zur Substanz erstarrten Geltens zum Gelten der Dinge ohne die Dinge selbst." (G. Simmel, a.a.O., S. 124)

***Übung:***
***Was ist Ihnen das Geld wert? Ordnen Sie das Geld in einer Rankingliste Ihrer Lebenswerte ein. Begründen Sie den Platz des Geldes.***

Der **Substanzwert** des Geldes, erläutert Simmel weiter, besteht darin, dass es selbst keinen Wert hat, aber dass es das Wertverhältnis von Objekten untereinander ausdrücken kann. „Den Wert, den das Geld als solches besitzt, hat es als Tauschwert erworben. Wo es also nichts zu tauschen gibt, hat das Geld keinen Wert." (G. Simmel, a.a.O., S. 179)

***Übung:***
***Was können Sie mit anderen Menschen tauschen, was sich in Geld nicht ausdrücken lässt?***

Die Folgen der **Geldherrschaft** in der Moderne sind bis in die Charaktere der Menschen hinein spürbar, denn es besteht ein Übergewicht der objektiven Lebenswelt über die Lebenswelt der Subjekte. „Täglich und von allen Seiten her wird der Schatz der Sachkultur vermehrt, aber nur in einer nur wenig zu steigernden Beschleunigung kann der individuelle Geist die Formen und Inhalte seiner Bildung erweitern." (G. Simmel, a.a.O., S. 621f.)

***Übung:***
***Welche Schätze der technischen Sachkultur benutzen Sie heute, ohne sie zu verstehen? Legen Sie eine Liste Ihnen unverständlicher technischer Apparaturen an.***

**Simmel unterscheidet in der modernen Geldwirtschaft sechs Typen des menschlichen Lebens:**

1. **Der Geldgierige:** Der Geldgierige strebt nicht mehr nach Gütern, sondern nach dem Geld als „absoluten Wert, mit dem er sich alle persönlichen Werte wie Schönheit, Liebe und Weisheit aneignen kann." (G. Simmel, a.a.O., S. 312)
2. **Der Geizige:** „Der Geizige liebt das Geld, wie man einen sehr verehrten Menschen liebt. Er verzichtet nur darauf, das Geld als Mittel zu irgendwelchen Genüssen zu benutzen." (G. Simmel, a.a.O., S. 313)
3. **Der Verschwender:** „Der Typus des Verschwenders in der Geldwirtschaft ... ist nicht jemand, der das Geld in natura sinnlos verschenkt, sondern es zu sinnlosen bzw. seinen Verhältnissen nicht angemessenen Käufen verwendet." (G. Simmel, a.a.O., S. 322)
4. **Der Armutsanhänger:** Die Armut wird für diesen Typus „zu befriedigendem Lebenszweck." (G. Simmel, a.a.O., S. 328) Zu den Armutsanhängern gehören für Simmel Buddhisten wie westliche Mystiker. Für sie ist das Geld „zu einem Gegenstand der Furcht und des Abscheus geworden." (G. Simmel, a.a.O., S. 331)
5. **Der Zyniker:** Dieser Typus erkennt die Nichtigkeit aller höchsten Werte und beweist die Illusion der Wertunterschiede theoretisch und praktisch. „Die Pflanzstätten des Zynismus sind die Plätze des großen Börsenverkehrs, wo das Geld in Massen vorhanden ist und oft den Besitzer wechselt." (G. Simmel, a.a.O., S. 334)
6. **Der Blasierte:** Dieser Typus kennt kein Wertempfinden mehr. „Er fühlt alle Dinge in einer gleichmäßig matten und grauen Tönung, nicht wert, sich dadurch zu einer Reaktion aufregen zu lassen." (G. Simmel, a.a.O., S. 334f.)

***Übung:***
***Entscheiden Sie: Welchem Typus würden Sie Ihre Beziehung zum Geld zuordnen: der Gier, dem Geiz, der Verschwendung, der Armut, dem Zynismus oder der Blasiertheit?***

Für Simmel ist der **Gott** der bürgerlichen Gesellschaft das Geld. Kapitalismus wird zur Religion. Deshalb tritt an die Stelle früherer Gottesbeziehungen die Geldbeziehung. „Allein in Wirklichkeit hat das Geld ... in seiner psychologischen Form bedeutsame Beziehungen gerade zur Gottesvorstellung." (G. Simmel, a.a.O., S. 305) Die Geldbeziehungen ähneln heute früheren Gottesbeziehungen. War früher Gott das Zentrum der Welt, so ist es für das heutige Leben das Geld. Wurde früher nach Gott gejagt, so heute nach dem Gelde. Geld wird Gott, indem es „als absolutes Mittel zu einem absoluten Zweck aufsteigt." (G. Simmel, a.a.O., S. 307)

***Übung:***
***Schließen Sie die Augen. Stellen Sie sich das Geld als Herr des modernen Lebens vor.***

Das Geld ist für Simmel im letzten Kapitel seiner „Philosophie des Geldes“ zum **Maß aller Dinge** geworden. Nicht mehr wie bei Karl Marx dominiert der Arbeitsprozess des Lebens, sondern das Geld und die Geldherrschaft nimmt dem Leben jeden geistigen Gehalt. Das Geld zerstört das selbstbestimmte Individuum, das überall vom Geld abhängig gemacht wird. Das Geld wird zur „Spinne, die das gesellschaftliche Netz webt.“ (G. Simmel, a.a.O., S. 653) Das Geld entfremdet den Menschen vom Menschen und von der Natur. Wertvoll ist für das heutige Leben nur das, was Geld kostet, wertlos ist das, was kein Geld bringt.

***Übung:***
***Stellen Sie fest, was nicht durch Geld erworben werden kann. Legen Sie eine Liste an.***

Simmels späte Lebensphilosophie, die sich besonders in seinem letzten Werk „Lebensanschauungen“ (1918) niederschlägt, widmet sich ganz dem Konflikt zwischen der objektiven Geldform des Lebens und seiner subjektiven Transzendierung, denn das innerste Wesen des Lebens ist es, „über sich selbst hinaus zu gehen, seine Grenzen zu setzen, indem es über sie, das heißt, eben über sich selbst hinaus greift.“ (G. Simmel: Lebensanschauung. Berlin 1994, S. 15) So ist das Leben die Gier nach Mehr-Leben als Mehr-Geld und zugleich auch die Gier nach Mehr-als-Leben als Mehr-als-Geld.

***Übung:***
***Welche Lebenphasen widmen Sie dem Streben nach Mehr-Geld und welche Lebensphasen stehen im Zeichen des „Mehr-als-Geld“?***

Das Mehr-als-Leben und Mehr-als-Geld geschieht überall dort, wo „wir uns schöpferisch nennen.“ (G. Simmel: Lebensanschauungen, a.a.O. S. 27) Schöpferisch wird der Mensch, wenn er eigenbedeutsam und eigengesetzlich wird, wenn er nach Simmel „sein individuelles Gesetz“ findet. (G. Simmel: Lebensanschauungen, a.a.O., S. 150ff.)

***Übung:***
***Wie lautet das individuelle Gesetz Ihres Lebens?***

Geld wird zwar vom Leben erzeugt und verselbstständigt sich gegenüber dem Leben, aber als schöpferisches Wesen geht der Mensch über das Gesetz des Geldes hinaus.

Ein bedeutsamer Grund für diese kreative Tendenz des Mehr-als-Lebens und des Mehr-als-Geldes ist für Simmel der **Tod**. Der Tod wird zur wichtigsten Antriebskraft des Lebens, sich dem Gehäuse des Geldes zu entziehen. Der Tod macht „auf das jenseits von Leben und Tod Gültige aufmerksam." (G. Simmel, a.a.O., S. 109) Das Jenseitige ist für Simmel das entwickelte Ich. Je mehr wir erlebt haben, umso stärker entfaltet sich das Ich. Je stärker das Ich, umso mehr sein Wunsch, „sich von der Zufälligkeit der einzelnen Inhalte seiner Kreativität zu befreien." (G. Simmel, a.a.O., S. 113) Das Ich könnte schließlich Seele werden, die vielleicht jenseits der spezifischen Geldform des Lebens ohne Körper existieren kann. Simmel plädiert durchaus für eine mystische Sicht des entfalteten Ich-Lebens. Vielleicht entwickelt sich durch Kreativität ein Ich-Kern, der in die Seelenwanderung eintritt und dem Tod entkommt. „Der Tod ist dann nur das Ende einer individuellen Form des Lebens, aber nicht des Lebens, das in ihr erschienen ist." (G. Simmel, a.a.O., S. 139) Was den Tod überdauert, wäre nicht die Seele in ihrer historisch realen Substantialität, sondern eine zeitlose Wesensform, die sich bald in diesem, bald in jenem Wirklichkeitskomplex darstellt." (G. Simmel, a.a.O., S. 145)

***Übung:***
***Welche Formen von Leben vor und nach dem irdischen Leben können Sie sich vorstellen?***

Simmel ist sich sicher: „Es beharrt etwas in uns, während wir Weise und dann wieder Toren, Bestien und dann wieder Selige und dann wieder Verzweifelte sind." (G. Simmel, .a.a.O., S. 148)

***Übung:***
***Was beharrt in Ihnen, auch wenn Sie in Ihrem Leben erst Tor, dann Heilige(r) oder Bestie waren?***

Mit der Seelenwanderungslehre löst Simmel das existentielle Problem, dass das Ich immer ein anderes und doch immer dasselbe ist. Seine Seelenwanderungslehre betont, dass Vieles am Ich sterblich, das Allgemeinste am Ich, die Idee des Ichs auch jenseits der Geldwirtschaft, unsterblich ist.

Beim Weg aus der Geldwirtschaft, die das Ich von sich entfremdet und zum monetären Automaten und Geldwechsler macht, ist **Meditation** wichtig. Für den Ökonomen Simmel konnte die Meditation folgende Gedankenvorstellungen umfassen: „Das persönliche Individuum ist sterblich, aber die Gattung nicht, weiterblickend, die einzelne Gattung ist sterblich, aber das Leben nicht, das Leben ist sterblich, aber die Materie nicht, schließlich mag die Materie als Sonderfall des Seins vergehen, aber das Sein nicht ...Wir können uns sehr wohl vorstellen, dass von vornherein keine Welt sei, ist aber ein Sein einmal da, so können wir uns sein Verschwinden ins Nichts so wenig vorstellen, wie sein Entstehen aus dem Nichts." (G. Simmel, a.a.O., S. 128ff.)

***Übung:***
***Denken Sie Simmels Gedankenkette noch einmal durch. Denken Sie das absolute Jenseits des Geldes und Ihrer Person. Beginnen Sie mit dem Satz: „Ich bin sterblich, aber ..." Negieren Sie dann jede negierbare Aussage, bis Sie auf das Jenseits aller Negationen stoßen.***

Mit der Meditation eröffnen sich für Simmel kreative Denkmöglichkeiten, die das Leben zum Mehr-als-Geld entwickeln können. Der Ökonom Simmel ist sich sicher: der Kampf des Lebens gegen das Geld begleitet jedes Leben bis zum Schluss.

Sehen wir uns nun die Lebensphilosophie von Georg Simmel noch einmal in der Grafik an.

**Die Lebensphilosophie von Georg Simmel**

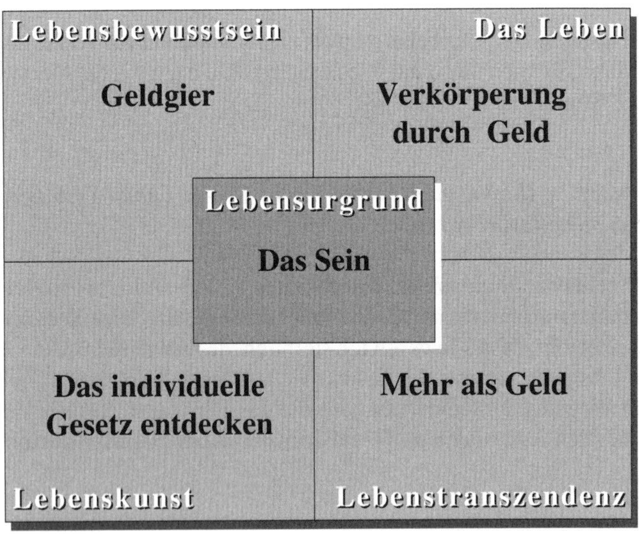

***Übung:***
***Schreiben Sie fünf Sätze über Simmels Lebensphilosophie in den fünf Feldern.***

## Literatur zu Georg Simmel

*Simmel, G.: Das individuelle Gesetz. Hrsg: M. Landmann. Frankfurt 1987*
*Simmel, G.: Philosophie des Geldes. Frankfurt 1989*
*Simmel, G.: Gesamtausgabe. Frankfurt 1989ff, Bd. 1-20*
*Simmel, G.: Lebensanschauung. Berlin 1994*

*Jung, W.: Georg Simmel zur Einführung. Hamburg 1990*
*Lukacs, G.: Die Zerstörung der Vernunft. Neuwied 196*
*Projektgruppe Entwicklung des marxschen Systems (Hrsg.): Das Kapitel vom Geld. Berlin 1973*
*Susmann, M.: Die geistige Gestalt Georg Simmels. Tübingen 1959*

## 2.7 Henri Bergson (1859-1941): Die Energie des Lebens erfassen

Henri Bergson setzt die Kritik an der starren Naturwissenschaft vom Leben fort. Bergson entwirft eine dynamische Lebenslehre. Bergson glaubt nicht, dass die Naturwissenschaft und die zeitgenössische Biologie das ewige Werden des Lebens erfassen kann. Im Begriff des Lebens der Naturwissenschaft herrscht Ursache und Wirkung. In Bergsons Lehre vom Leben herrscht Freiheit und Individualität. Bergson sieht im Lebensurgrund kein Rätsel, sondern er sieht im Urgrund des Lebens den „élan vital", die Lebensschwungkraft, die er optimistisch deutet. Diese Lebensschwungkraft ist durchaus dem Willen Schopenhauers und Schlegels verwandt. Aber für Bergson erfahren wir das Leben besonders im künstlerischen Schaffen, das sich durch „Wachheit, Aufgang, Auftrieb und schöpferische Bewegtheit auszeichnet." (Lersch, P.: Lebensphilosophie der Gegenwart. Berlin 1932, S. 17) Materie erscheint Bergson als Niedergang des Lebens, Geist als Aufschwung. Für Bergson kann mit seiner Lebensphilosophie der Einzelne aus seiner Verlorenheit als Individuum erlöst und Teil des All-Lebens werden. Bergson schrieb die alternative Evolutionslehre zu Charles Darwin.

1859 wurde Bergson in Paris geboren. 1878 begann er das Studium der Philosophie, 1881 erhielt er die Ernennung zum Gymnasiallehrer. 1900 wird Bergson Professor für Philosophie in Paris. Er hält erfolgreiche Vorlesungen und hat großen Einfluss auf die Literatur, besonders auf Marcel Proust und Henry Miller. Aber er beeinflusst auch die deutsche Lebensphilosophie von Klages und Spengler bis zu Heidegger. 1927 erhält Bergson den Nobelpreis für Literatur. Bei der Zwangserfassung der Juden durch die Nazis in dem von den Deutschen eroberten Paris zog er sich eine tödliche Lungenentzündung zu. Er starb am 3. Januar 1941. Auschwitz blieb ihm als Jude erspart.

Schon in seiner Doktorarbeit „Zeit und Freiheit" (1889) zeigt Bergson, dass der Mensch **zwei Erkenntniskräfte** hat: eine oberflächliche Schicht des Ichs denkt zeitlich und räumlich und damit naturwissenschaftlich, und eine tiefere Schicht des Ichs kann die Dauer und damit die Zeitlosigkeit und damit metaphysisch denken. Die Zustände des Erlebens des tieferen Ichs werden in der Zeitlosigkeit erfahren, die Lebenserfahrungen des oberflächlichen Ichs werden räumlich vorgestellt. Während das räumliche Denken an den Verstand gebunden ist, ist das Erfahren der tieferen Dauer des Lebens Aufgabe der Intuition, die die Zeit stetig und unmittelbar erfährt.

Für Bergson gibt es eine **äußere Wirklichkeit**, „die dennoch unmittelbar unserem Geist gegeben ist ... Diese Wirklichkeit ist reine Bewegung. Es existieren keine starren Dinge, sondern allein werdende Dinge, keine Zustände, die bleiben, sondern nur Zustände, die sich verändern." (H. Bergson: Denken und schöpferisches Werden. Hamburg 2000, S. 211) Diese heraklitsche Realität erfassen wir intuitiv in uns selbst. „Eine Wirklichkeit gibt es mindestens, die wir alle von innen her durch Intuition erfassen, das ist unsere eigene Person in ihrem Fluss durch die Zeit. Es ist unser tieferes Ich, welches dauert." (Bergson, H., a.a.O., S. 184) So gibt es also eine „innere absolute Erkenntnis der Dauer des Ichs durch das Ich selbst." (H. Bergson, a.a.O, S. 191) Leider haben viele Menschen, sagt Bergson, „keine Lust auf das ununterbrochene Rauschen unseres tieferen Lebens zu lauschen. Und dennoch ist hier die wahre Dauer."

Die räumlichen Vorgänge der Außenwelt des Lebens determinieren das oberflächliche Ich, in der Lebenserfahrung der inneren Dauer des Lebens erlebt sich das tiefere Ich aber als frei. „Frei handeln heißt: von sich selbst Besitz ergreifen, sich in die reine Dauer zurück versetzen." (H. Bergson: Zeit und Freiheit. Hamburg 1999, S. 191)

***Übung:***
***Schließen Sie die Augen. Erfahren Sie die reine Dauer des Lebens, indem Sie alle oberflächlichen wechselnden Einflüsse der Außenwelt wegdenken und sich ganz auf Ihr tieferes Ich hinter Ihrem oberflächlichen Ich konzentrieren.***

1896, noch als Lehrer, veröffentlichte Bergson sein wichtiges Werk „Materie und Gedächtnis" (vgl. C. Geyer 2004). In diesem Buch weist er – im Gegensatz zur heutigen Hirnforschung eines W. Singer oder G. Roth – nach, dass das **Gedächtnis** und das Erinnern des Lebens nicht materiell bedingt sein kann. Das Erinnern kann sich aus der materiell bedingten Gegenwart jederzeit frei in die Vergangenheit bewegen. Man muss also das Gedächtnis „selbst als absolut unabhängig von der Materie betrachten." (H. Bergson: Materie und Gedächtnis. Hamburg 1991, S. 174)

***Übung:***
***Ist Ihr Gedächtnis durch materielle Prozesse zu erklären?***

1912 erschien in Deutsch Bergsons Hauptschrift der Lebensphilosophie „Schöpferische Entwicklung", für die er 1927 den Nobelpreis für Literatur erhielt. In diesem Buch baut Bergson seine antimaterialistische und antidarwinistische Lebenslehre aus. „Die **Lebensschwungkraft**, von der wir sprechen, ist im Grunde ein Verlangen nach Schöpfung. Sie kann nicht absolut schöpferisch sein, weil sie die Materie vorfindet. Wohl aber bemächtigt sie sich dieser Materie und trachtet danach, eine größtmögliche Summe von Freiheit in sie hineinzutragen." (H. Bergson: Schöpferische Entwicklung. Zürich 1964, S. 257) Die Lebensschwungkraft „kann nicht alle Hindernisse besiegen. Die erste große Spaltung ... war die von Tier- und Pflanzenwelt." (H. Bergson, a.a.O., S. 260) Die Lebensschwungkraft „denkt nur an sich, sie lebt nur für sich. Daher die unzähligen Kämpfe, deren Schauplatz die Natur ist." (H. Bergson, a.a.O,. S. 260)

***Übung:***
***Schließen Sie die Augen. Stellen Sie sich in Ihrem tieferen Ich die Lebensschwungkraft vor, wie sie mit der Materie kämpft, um Tiere und Pflanzen zu entwickeln.***

Die **Evolution** des Lebens beginnt mit der Amöbe und den Bakterien, „darüber hinaus aber mit jenem ungeheuren inneren Drange, der sie zu höheren Lebensformen emportreiben sollte." (H. Bergson, a.a.O., S. 130) Im Menschen erreicht das Leben Intellekt und Intuition. Aber nur die Intuition kann die Tiefe des Lebens erfassen. „Uns Menschen badet in der Intuition ein wohliger Strom, dem wir die Kraft zu Arbeit und Leben entschöpfen. Jeden Augenblick eratmen wir etwas von diesem Ozean von Leben, dem wir eingesenkt sind ... Die Philosophie kann nur die Anstrengung sein, sich diesem Ganzen neu zu verschmelzen." (H. Bergson, a.a.O., S. 208)

***Übung:***
***Stellen Sie sich als Energieteilchen im Strom der Lebenskraft vor. Welches Bild stellt sich Ihnen dabei ein?***

Diese innere Lebenskraft treffen wir in unserem tiefsten Ich an. „Im Tiefsten unserer Selbst suchen wir den Punkt, wo wir uns unserem eigenen Leben innerlichst nahe fühlen. Es ist die reine Dauer, in die wir zurücktauchen ... Sehr selten sind die Momente, wo wir uns selbst in solchem Grade ergreifen." (H. Bergson, .a.a.O., S. 215)

***Übung:***
***Kennen Sie Tiefenerfahrungen der Lebensfülle, der Lebensekstase in Ihrer Biografie? Beschreiben Sie einen dieser ekstatischen Lebensaugenblicke.***

Das Leben ist „in seiner Ganzheit Entwicklung, das heißt unaufhörliche Umbildung … Die Vererbung überträgt nicht nur die Eigenschaften, sie überträgt auch die Schwungkraft.“ (H. Bergson, a.a.O., S. 241) Auch im Universum entwickelt sich die Evolution des Lebens in allen Sonnensystemen. „Sofern wir Lebewesen sind, hängen wir von dem Planeten ab, auf dem wir uns vorfinden und von der Sonne, die ihn speist.“ (H: Bergson, a.a.O., S. 249) Aber das Leben ist nicht auf die Erde beschränkt. „In Wahrheit ist Leben überall möglich, in allen Welten aller Sonnen.“ (H. Bergson, a.a.O., S. 262)

***Übung:***
***Stellen Sie sich Lebensevolutionen in anderen Sonnensystemen vor.***

Die Quelle des Lebenstriebes, der die Materie zur Entwicklung treibt, ist der Gott des Lebens. „Gott, so definiert, hat nichts Abgeschlossenes. Unaufhörliches Leben ist er, ist Tat, ist Freiheit. Die Schöpfung … ist kein Wunder.“ (H. Bergson, a.a.O., S. 255)

***Übung:***
***Stellen Sie sich den Gott des Lebens vor, wie er überall im All Evolutionen auf Planeten in Gang bringt.***

Das Leben ist ein durch die Materie geschleuderter **Strom**. Das Leben ist „eine ungeheure, von einem Zentrum sich ausbreitende Woge, die fast in ihrem ganzen Umkreis zum Stillstand kommt. Einzig an einem Punkt ist das Hemmnis besiegt worden, der Impuls frei ausgeströmt. Und diese Freiheit ist, die die Form Mensch bezeichnet. Ins Unbegrenzte setzt der Mensch die Lebensbewegungen fort. Alles geht vor sich, als ob ein unbestimmtes wollendes Wesen, mag man es nun Mensch oder Übermensch nennen, nach Verwirklichung trachtet.“ (H. Bergson, a.a.O., S. 270)

***Übung:***
***Welches Ziel hat die Lebensschwungkraft im Menschen? Schließen Sie die Augen und finden Sie eine Antwort.***

Die Lebensschwungkraft realisiert sich in Auseinandersetzung mit der Materialität des Körpers. Das Leben des Körpers des Menschen ist „dort zu sehen, wo es wirklich liegt: auf dem Weg, der zum Leben des Geistes führt … Hier im geistigen Leib ist der Ort der Menschheit: hier unsere bevorzugte Stellung … Der Strom des Lebens flutet hin, die Generationen der Menschen durchwaltend und sich in Individuen zerteilend. Diese Zerteilung war im

Körper dumpf angelegt, hätte sich aber ohne die Materie nicht herausgearbeitet. So entstehen ohne Unterlass Seelen, die indes im gewissen Sinn präexistieren. Sie sind nur die Rinnsale, in die sich der große, den Körper der Menschheit durchflutete Lebensstrom teilt." (H. Bergson, a.a.O., S. 272f.)

***Übung:***
***Können Sie akzeptieren, dass Ihre prä-existente Seele ein Rinnsal im Lebensstrom des Körpers der Menschheit ist?***

Die Erkenntnis der **Eingebundenheit** des Individuums in die Lebensschwungkraft, „verleiht gesteigerte Kraft zum Tun und zum Leben. Denn in ihr fühlen wir uns nicht mehr isoliert in der Menschheit, fühlen die Menschheit nicht mehr isoliert in der Natur, deren Herr sie ist. Wie das winzige Staubkorn eins ist mit unserem gesamten Sonnensystem, mitgerissen in jene unteilbare Niederstiegsbewegung, die die Materialität selber ist, so sind auch alle organischen Wesen, vom geringsten bis zum höchsten, von dem ersten Ursprunge des Lebens ab bis zur Zeit, wo wir stehen, und in allen Räumen und Zeiten nur die Sichtbarwerdung eines einzigen, der Bewegung der Materie entgegengesetzten und in sich unteilbaren Impulses. Alle Lebewesen tragen einander, alle überwältigt der gleiche fruchtbare Drang. Das Tier nimmt seinen Stützpunkt auf der Pflanze, der Mensch schwingt sich auf die Tierheit und die gesamte Menschheit in Raum und Zeit wird zum ungeheuren, neben jedem von uns hingaloppierenden Heere: vor uns und hinter uns in hinreißendem Vorstoß, fähig alle Hindernisse zu überreiten und die größten Widerstände zu überwinden – vielleicht selbst den Tod." (H. Bergson, a.a.O., S. 274)

***Übung:***
***Schließen Sie die Augen. Stellen Sie sich vor, wie die Lebensschwungkraft den Tod überwindet.***

Das Verhältnis der Lebensschwungkraft zur Gesellschaft untersucht Bergson in seiner letzten Schrift „Die beiden Quellen der Moral und der Religion" (1932). Bergson stellt nun fest, dass eine geschlossene Gesellschaft eine statische Religion entwickelt. Erst in einer offenen demokratischen Gesellschaft gibt es eine dynamische Religion, die für Bergson nur die **Mystik** sein kann. Die geschlossene Gesellschaft bindet den Menschen mit ihrer statischen Religion an das oberflächliche Leben. Erst die dynamische Gesellschaft der Demokratie kann das Tiefen-Ich durch Mystik aktivieren. „Für uns ist der Höhepunkt der Mystik eine Fühlungnahme, und damit ein teilweises Einswerden mit der schöpferischen Anstrengung, die vom Leben geoffenbart wird." (H. Bergson: Die beiden Quellen der Moral und der Religion. Frankfurt 1992, S. 172) Der Mystiker überschreitet die Grenzen, die dem Individuum durch Materie und Leib gesetzt sind und setzt so das Wirken der Lebensschwungkraft fort. Die Mystiker wurden in ihrer Ekstase „von einem ungeheuren Lebensstrome ergriffen, aus ihrer vermehrten Vitalität hat sich eine Energie, eine Kühnheit, eine Macht ganz außergewöhnlichen Planens und Verwirklichens entbunden." (H. Bergson: Die beiden Quellen ..., a.a.O., S. 177)

***Übung:***
***Können Sie sich eine Mystik der Erfahrung der Lebensvitalität vorstellen?***

Die vitalen Mystiker in einer offenen demokratischen Gesellschaft haben „einen Weg geöffnet, auf dem andere Menschen werden gehen können. Sie haben dadurch den Philosophen angezeigt, woher das Leben kommt und wohin es geht." (H. Bergson, a.a.O., S. 200) Das Ziel des vitalen Lebens erscheint Bergson im folgenden Bild: „Die Menschheit seufzt, halb erdrückt, unter der Last der Fortschritte, die sie gemacht hat. Sie weiß nicht genügend, dass ihre Zukunft von ihr selbst abhängt. Es ist an ihr, zunächst zu entscheiden, ob sie weiterleben will, an ihr, sich zu fragen, ob sie nur leben oder außerdem noch die nötige Anstrengung leisten will, damit sich auf unserem widerspenstigen Planeten die wesentliche Aufgabe des Weltalls erfülle, das dazu da ist, Götter hervorzubringen." (H. Bergson, a.a.O., S. 247)

***Übung:***
***Kann die Menschheit ihr Lebensziel darin sehen, dass alle Menschen Götter werden?***

Die Wirkung der Mystik auf viele Menschen gibt einen Wink: Wenn Mystik in uns ein Echo findet, könnte dann nicht in jedem von uns ein Mystiker in unserem tieferen Ich wohnen?

Mit Bergson steht dem Rationalismus der Aufklärung mit seinem mechanischen Lebensbegriff ein vitaler Oppositionsbegriff vom Leben gegenüber. Dieser Begriff wird in der folgenden Geschichte der Moderne verschiedene weitere Deutungen erhalten: Drang, Wille, Seele, Erleben, Trieb, Eros, Intuition, Sympathie, Elan, die alle schon bei Bergson zu finden sind. Damit ist die lebensphilosophische Kritik am erstarrten Leben in der geschlossenen Gesellschaft des Kapitalismus und des Geldes eröffnet.

Sehen wir uns die Lebensphilosophie von Henri Bergson noch einmal in einer Grafik an:

## Die Lebensphilosophie von Henri Bergson

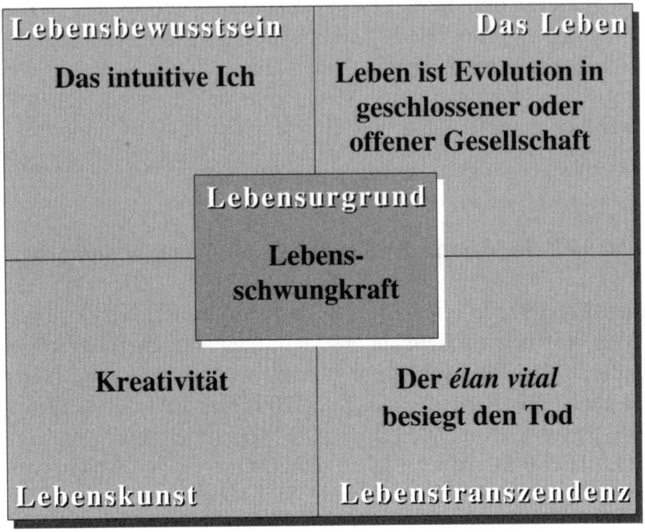


***Übung:***
***Schreiben Sie fünf Sätze zur Lebensphilosophie von Henri Bergson in diesen fünf Feldern.***

### Literatur zu Henri Bergson

*Bergson, H.: Schöpferische Entwicklung. Zürich 1964*
*Bergson, H.: Materie und Gedächtnis. Hamburg 1991*
*Bergson, H.: Die beiden Quellen der Moral und der Religion. Frankfurt 1992*
*Bergson, H.: Zeit und Freiheit. Hamburg 1999*
*Bergson, H.: Denken und schöpferisches Werden. Hamburg 2000*

*Deleuze, G.: Henri Bergson. Hamburg 1997*
*Geyer, C. (Hrsg.): Hirnforschung und Willensfreiheit. Frankfurt 2004*
*Keller, A.: Eine Philosophie des Lebens. Henri Bergson. Jena 1914*
*Kolakowski, L.: Henri Bergson. München 1984*
*Lukacs, G.: Die Zerstörung der Vernunft. Neuwied 1962*
*Romanos, K.: Heimkehr. Henri Bergsons Lebensphilosophie. Ansätze zur Heilung vom erstarrten Leben. Frankfurt 1988*

## 2.8 Theodor Lessing (1872-1933): Das Leben in der Weltnacht schauen

Mit Theodor Lessing wird die Lebensphilosophie politisch und links. Das Leben in Europa erscheint Lessing gegenüber Asien auf dem Weg in den Abgrund. Mit seinem pessimistischen Aktivismus wird er in der Weimarer Republik zum Opfer nationalsozialistischer Verfolgung. Theodor Lessing wird nach 1933 von den Nazis ermordet und damit zum Märtyrer der Lebensphilosophie.

Theodor Lessing war Sohn eines Arztes. Er hatte eine lieblose Kindheit und wurde als Jude auf der antisemitischen Schule ausgegrenzt (vgl. M. Marwedel: Theodor Lessing 1872-1933. Eine Biographie. Darmstadt 1987) Lessing studierte erst Medizin, dann Philosophie. 1899 promovierte er in Erlangen. 1907 habilitierte er an der Technischen Hochschule Hannover. Dort lehrte er bis 1925 als Privatdozent. Durch kritische linke Artikel wurde er bald zur Zielscheibe faschistischer Studenten. Sein Hörsaal wurde besetzt. Er wurde von faschistischen Studenten getreten und durch Hannover gejagt. Die Hochschule wurde vom NS-Studentenbund bestreikt. Lessing zog sich daraufhin aus der Lehre zurück. Er arbeitete an der Technischen Hochschule an einem Forschungsprojekt weiter. Als Hitler die Macht ergriff, floh er sofort in die Tschechoslowakei, wo ihn die Nazis am 30. August 1933 in Marienbad ermordeten.

Lessing versteht das Leben als **Handlung**. Seine Lebensphilosophie ist die „Philosophie der Tat“ (1907). Diese aktivistische Lebensphilosophie geht für Lessing auf Schopenhauer und Buddha zurück. Besonders Schopenhauer würdigt Lessing in seiner Schrift „Schopenhauer, Wagner, Nietzsche. Einführung in die moderne Philosophie“ (1906). Lebensphilosophie ist für Lessing „nichts anderes als der höchste Ausdruck des Lebens selbst.“ (T. Lessing: Philosophie der Tat. Göttingen 1914, S. 18) Die Aufgabe der Philosophie besteht darin, „genau zu erfahren, durch welche Art Betätigung unserer Kräfte wir das Leben am meisten erhöhen und in uns selbst die höchste Form von Leben verwirklichen können.“ (T. Lessing, a.a.O., S. 17)

***Übung:***
***Durch welche Taten können Sie Ihr Leben am meisten erhöhen und die höchste Form Ihres Lebens erreichen? Legen Sie eine Ranking-Liste an.***

Kreatives Tatleben war für Lessing in Europa in der Gefahr zu verschwinden. „Rundum, wohin wir blicken, sehen wir noch so viel Unvollkommenes,

Hässliches, Rohes, Widerwärtiges, überall begegnet uns der Typus Mensch in so verkrüppelter, vom Leben erniedrigter und herabgesetzter Form ... Überall sehen wir den allherrschenden Zufall anstelle der Vernunft, sehen Willkür anstelle der Freiheit, Untergang und Bettelblöße der Edlen, den Triumph der Gemeinen, den Erfolg des Verächtlichen, sehen alle Werte verfälscht, vertrübt, auf den Kopf gestellt, und immer kaum zweifelhaft, dass das Leben, wie wir es heute vor uns haben, ein armseliger, jämmerlicher Anfang und dass der Mensch ein Geschöpf von gestern ist. Unsere praktische Einsicht, umfassender als Theorie, gebietet, aus den uns gebotenen Möglichkeiten das Bestmögliche herauszuschlagen. ,Make the best of it', d.h. Mindere das Leiden, so lautet das Lebensgebot." (T. Lessing: Philosophie als Tat. In: Ders.: Geschichte als Sinngebung des Sinnlosen. Hamburg 1962, S. 315f.)

***Übung:***
***Was tun Sie, um das Leiden am Leben für sich zu mildern?***

Für eine weitere Perspektive sieht Lessing den **Untergang** der Menschheit: „Es ist so: Das Menschengeschlecht wird mit wachsender Erkaltung der Erde an der erschöpfenden Verwirklichung seines Lebenselements zugrunde gehen. Unsere Aufgabe wäre dann, unseren Untergang zu einem stolzen und würdigen Untergang zu machen, indem wir so stolz als fromm sprechen: ,Schicksal, ich folge dir aus frohem Herzen, denn täte ich das nicht, so müsste ich es doch unter Tränen. Es ist eben alles, wie es ist.'" (T. Lessing: Philosophie der Tat. In: Ders.: Geschichte als Sinngebung des Sinnlosen, a.a.O., S. 314f.)

***Übung:***
***Können Sie gegen das Schicksal der Gattung Mensch rebellieren?***

Das Leben ist **Geist**, **Wille** und **Lebenskraft**: „Wir sind dem Quellpunkt des Geistes am nächsten in traum- und phantasiebeflügelnder Begeisterung. Wir sind dem Quellpunkt des Willens am nächsten in der Wollust. Dem Leben aber nahen wir in letzter tiefer Stille." (T. Lessing, a.a.O., S. 317)

***Übung:***
***Haben Sie Zugang zum Leben durch Träume, Wollust oder Stille? Welche Erkenntnisweise ist Ihnen für Ihr Leben die wichtigste?***

Für Lessing gibt es zum technischen Geist der Zerstörung des Lebens in Europa eine Alternative. Es ist die Lehre von der Befreiung vom Leiden durch **Buddha**. Lessing plädiert deshalb für die Umkehr Europas zur buddhistischen Naturschonung: „Die Asiaten standen nicht gleich uns der Welt gegenüber: wägend, rechnend, schätzend, wollend. Sie lebten noch im zeit- und gegenstandslosen Zusammenhang mit der Natur.“ (T. Lessing: Europa und Asien. Leipzig 1930, S. 48f.)

***Übung:***
***Was könnte heute der Euro-Buddhismus für die Verminderung des Leidens am lebensfeindlichen Geld- und Technikdenken leisten?***

1919 veröffentlichte Theodor Lessing sein erfolgreichstes Buch „Geschichte als Sinngebung des Sinnlosen“. Lessing kritisiert in diesem Buch gegen Hegel, Darwin und Marx, dass die Gesellschaft des Lebens eben nicht Vernunft, Sinn, Fortschritt und Gerechtigkeit widerspiegelt. Das Urelement des Lebens ist „zeitlos, ohne Anfang und ohne Ende.“ (T. Lessing: Geschichte als Sinngebung des Sinnlosen, a.a.O., S. 148) Das Leben kennt keine Entwicklung, keinen Fortschritt, keine Kultur, keine Tradition, keine Absicht und deshalb auch kein Ende und kein Ziel. Leben bleibt umfassender als Geist. Der Kosmiker Lessing sagt: „Des Menschen Gelalle von Geschichte und Gott, von Geist und Wert ... lauscht der große Pan ein paar Weltsekunden, von Eiszeit zu Eiszeit geduldig ... Das Eis rückt vor. Unser Gestirn zerkracht.“ (T. Lessing, a.a.O., S: 156)

***Übung:***
***Schreiben Sie einen inneren Dialog des „großen Pan“ über das Zerkrachen der Welt beim Beginn der letzten Eiszeit.***

Die **Geschichte** des menschlichen Lebens ist eine Kette der Machtausübung von „genialen Verbrechern, großartigen Räuberhauptleuten, klugen Hochstaplern, gekrönten Bluthunden und Narren und immer wieder Narren.“ (T. Lessing, a.a.O., S. 178) Die Geschichte des Lebens ist ein Produkt von Staaten, die „aus Raub, Diebstahl, Betrug und Mord hervorgegangen sind.“ (T. Lessing, a.a.O., S. 183) Geschichte ist Zufall: „Ein Lächeln, eine Träne, ein Erröten, ein Witz, ein Traum, ein Zufallswort kann über ganzer Länder und Völker Schicksale entscheiden.“ (T. Lessing, a.a.O., S. 208)

***Übung:***
***Ist Ihre Lebensgeschichte als die gegenwärtige Sinngebung des vergangenen Sinnlosen zu verstehen?***

Die **Entwicklung** des Menschen und sein unhemmbarer fortschreitender Kulturprozess „mündet mit unweigerlicher Sicherheit in den Irrsinn.“

(T. Lessing, a.a.O., S. 303) Dafür gibt es viele Belege. Die Städte werden heute zu Termitenhaufen. Das Leben wird zur wahnsinnigen Jagd nach Geld. Das Betrugs- und Korruptionskapital expandiert. Der Mensch enthüllt sein wahres Wesen als „größenwahnsinniger Raubaffe“ in den großen Weltkriegen, in Seuchen und Krankheiten, in der Auflösung seiner Seele und in seiner allgegenwärtigen Verameisung.

***Übung:***
***Ist der allgemeine Irrsinn das Ziel des Lebens?***

Der Mensch muss dem Leben gegen den Haupttrend des Unsinns **Sinn** geben. Da er den Sinn nicht von der blinden Natur oder von den Göttern erwarten kann, gibt er dem Leben ideale Wertnormen des Geistes, der Wissenschaft und der Moral. Erst wenn das wirklich gelingt, könnte das Leben eine wirkliche Geschichte entwickeln.

***Übung:***
***Schließen Sie die Augen. Stellen Sie sich die idealen Wertnormen vor, die Ihrem zukünftigen Handeln und Ihrem vergangenen Handeln Sinn geben könnten.***

Der **Geist** ist allerdings für Lessing nur eine Ersatzwelt. Geist ist nur „das Mittel zur Errettung einer Gattung durch Wissenschaft größenwahnsinnig gewordener Raubaffen.“ (T. Lessing, a.a.O., S. 32) Lessing wertet den industriellen und instrumentellen Geist ab, weil er als Technik und Geld das Leben sich selbst entfremdet und die Natur bloß schädigt. „Die Gegenstandswelt verbraucht das Leben: die Maschinen werden klüger als die Maschinenbauer.“ (T. Lessing, a.a.O., S. 57) Die Maschinisierung der Kopfarbeit durch den Computer wirft für Lessing prophetisch seinen Schatten auf das Leben.

***Übung:***
***Halten Sie den Computer für einen Beitrag zur Vergeistigung des Lebens?***

Aber der Geist hat die Fähigkeit, „Bilder hervorzuholen und damit dem Sinnlosen einen Sinn zu verleihen.“ (T. Lessing, a.a.O., S. 202) Aber der nicht-instrumentelle Geist taucht nur dort auf, „wo ein Spannungsknoten, eine Not-Wende im Lebensstrome vorliegt.“ (T. Lessing, a.a.O. S. 140)

***Übung:***
***Gibt es Notsituationen in Ihrem Leben, in denen Sie geistige Erleuchtung gewonnen haben?***

Neben dem nicht-instrumentellen Geist gibt es noch etwas Tieferes: „Das tiefste und metaphysischste aller Phänomene aber ist zunächst das Essen und Trinken und sodann die **Wollust**. Im Fressen und Gefressenwerden erschöpft sich alles natürliche Leben, die Wollust ist der eigentliche metaphysische Knotenpunkt, der Punkt, darin die höchste Selbstbehauptung und die tiefste Selbsthingabe in eines zusammenfallen. Sie ist zugleich Sterbe- und Tötetrieb, also Ausgeburt des Lebens." (T. Lessing, a.a.O. S. 285)

***Übung:***
***Was hat Ihnen die Wollust für einen Ausweg aus dem „beschädigten Leben" gelehrt?***

Schließlich gibt es Humor und Komik als Freude „an der eigenen Unklugheit und Beschränktheit, es gibt die Tragödie als Freude an Bedeutungen, die erst durch Leiden und Untergang offenbar wurden. Die äußerste Steigerung dieser letzten Zuflucht ... ist das Zerbrechen des Lebenswillens selbst. Diese zeigt der Buddha." (T. Lessing, a.a.O. S. 245) Der Buddhist schaut, versinkt und ruht in dem, was ist. Mit dem weltverneinenden Buddha kann man aus dem Kreislauf des zerstörten Lebens aussteigen. Man kann den Willen zur Erlösung des Lebens vom Leben entwickeln.

***Übung:***
***Was sind Ihre Hilfen zur Bewältigung des beschädigten Lebens: geistige Erleuchtung, Wollust, Komik, Tragödie oder buddhistische Verneinung?***

Lessing plädiert aber letztendlich für das große **Trotzdem**. Wenn auch das Leben untergeht, so bleibt doch die tägliche Rebellion gegen die Zerstörung des Lebens. Denn die lange Wanderung der Lebensimpulse zum menschlichen Bewusstsein des Ichs hat doch einen Sinn in sich:

„Millionen Weltenjahre bin ICH durch Millionen Gestalten: Wolken, Bäume, Berge, Gewässer, als Lichtstaub oder als Stoffkrume hindurch gekrochen, bis ich für eine Lichtsekunde wach wurde, eben dieser eine Bewusstseinspunkt. Gesetzt nun: statt unserer Bewusstseinssekunde uns zu freuen, verbrächten wir sie mit Überlegungen zur Apokalypse, glichen wir dann nicht einer Eintagsfliege, die ihren Tag damit hinbringt, zu ersehnen, was ihr ohnehin ewig gewiss ist? So wäre es doch ganz sinnlos, diese leidvolle Lebensperiode damit auszufüllen, etwas zu predigen, das ohnehin für jeden Menschen nach Wiederauslöschen seines kleinen Fünkleins sicher ist." (T. Lessing, a.a.O., S. 297)

***Übung:***
***Wie stellen Sie sich die Millionen Jahre Dauer Ihres Ichs im Strom des Lebens vor, bevor und nachdem Ihr Ich seine Weltsekunde Leben hat bzw. hatte? Schreiben Sie den Satz weiter: „Millionen Weltjahre bin ich …“***

Theodor Lessing fordert ein optimistisches **Bekenntnis der Tat** gegen den drohenden Eistod des Lebens. Er sagt, worum es heute geht: „Das frohe Bekenntnis zur Arbeit an Menschenordnung und Sinn.“ (T. Lessing, a.a.O., S. 297)

***Übung:***
***Mit welchen Gründen können Sie dieser Forderung eines aktiven Pessimisten zustimmen?***

Sehen wir uns die Lebensphilosophie Theodor Lessings noch einmal in einer Grafik an:

**Die Lebensphilosophie von Theodor Lessing**

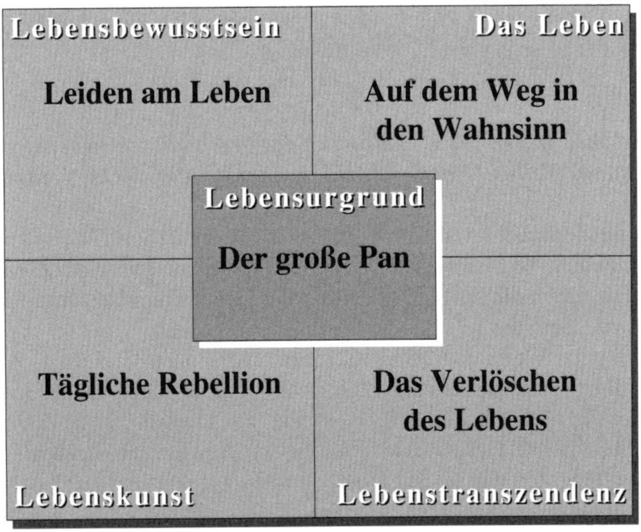


***Übung:***
***Schreiben Sie fünf Sätze zur Lebensphilosophie von Theodor Lessing in den fünf Feldern.***

## Literatur zu Theodor Lessing:

*Lessing, T.: Schopenhauer, Wagner, Nietzsche. Leipzig 1907*
*Lessing, T.: Philosophie der Tat. Göttingen 1914*
*Lessing, T.: Die verfluchte Kultur. München 1921*
*Lessing, T.: Europa und Asien. Leipzig 1930[5]*
*Lessing, T.: Geschichte als Sinngebung des Sinnlosen. Hamburg 1962*

*Hieronimus, E., Dietze, L.: Theodor Lessing. Hannover 1972*
*Marwedel, R.: Theodor Lessing 1872-1933. Eine Biographie. Darmstadt 1987 (mit umfassender Bibliographie S. 422-439)*
*Messer, A.: Der Fall Lessing. Bielefeld 1926*

## 2.9 Ludwig Klages (1872-1956): Die Urbilder des Lebens meditieren

Ludwig Klages ist der entschiedenste Anhänger Heraklits unter allen Lebensphilosophen. Für ihn ist das Leben erkennbar unter völliger Aufgabe aller Begriffe, die das Denken hervorgebracht hat. Erst, wenn alle Begriffe gescheitert sind, taucht die Wirklichkeit des Lebens als ständiger Strom der Erscheinungen auf. Durch das Denken und den Geist wird das fließende Geschehen der Realität verfälscht in ein außerzeitliches starres Sein. Der Geist versucht, die lebendige Wirklichkeit zu töten. Nur die Seele kann der fließenden Wirklichkeit inne werden. Nur sie kann das Leben in Empfindungen, Gefühlen und Schauungen erfahren. Es ist deshalb nicht überraschend, dass Klages zu einer Mystik tendiert, die dem Verlöschen des Ichs als „Rückweg in die ursprüngliche Lebensgemeinschaft mit dem Kosmos nahe steht." (P. Lersch: Lebensphilosophie der Gegenwart. Berlin 1932, S. 73)

Ludwig Klages wurde, wie Theodor Lessing, mit dem er in der Jugend befreundet war, im Jahr 1872 in Hannover geboren. Klages' Vater war Kaufmann. Mit Lessing besuchte Klages die gleiche Klasse auf demselben Gymnasium. Schon in den Jugendjahren hatte Klages mystische Erlebnisse. Diese Erlebnisse dauerten von seinem 14. bis zu seinem 21. Lebensjahr an. Mehr aus praktischen Gründen studierte und promovierte Klages in Chemie. Innerlich arbeitete er aber primär an einer Philosophie des Lebens.

Für Klages war deutlich geworden, dass die eigentliche Intention des kapitalistischen Geistes offenbar darin bestand, das Leben zu zerstören. Deshalb beginnt das Denken von Klages mit einer **radikalen Kritik** an der Intellektualisierung und Technifizierung der Welt und des Menschen. In seiner Schrift „Mensch und Erde" entwickelt er folgende Kritik am technischen Fortschritt: „Unter den Vorwänden von Nutzen, wirtschaftlicher Entwicklung, Kultur geht der kapitalistische Fortschritt in Wahrheit auf Vernichtung des Lebens aus." (L. Klages: Mensch und Erde. München 1920, S. 29) Dass die technischen Fortschritte „einzig dem Kapital dienen, darüber besteht für denkende Köpfe heute kein Zweifel mehr." (L. Klages, a.a.O., S. 37) Der Kapitalismus entspringt für Klages dem Christentum. „Im Christentum müssen die nächsten Ursachen des weltgeschichtlichen Fortschrittes liegen." (L. Klages, a.a.O., S. 38)

***Übung:***
***Woher kommt für Sie der Kapitalismus?***

Der Kapitalismus und sein Geist ist wie „eine außerweltliche Macht in die Sphäre des Lebens eingebrochen." (L. Klages, a.a.O., S. 42) Die Folgen dieses Einbruchs sind eine von Klages umfassend geschilderte **ökologische Katastrophe**. Der Mensch rottet alle Tiere und Pflanzen aus, die er für schädlich hält. Klages schildert die Tötung von Pelztieren, Walfischen, Büffelherden und Elefanten. Mit Architektur, Elektrik und Landschaftszerstörung hat der Mensch den Zusammenhang von Mensch und Erde zerrissen. Die Zerstörung der Umwelt greift auf die Seele des Menschen über. „Kein Zweifel, wir stehen im Zeitalter des Unterganges der Seele." (L. Klages, a.a.O., S. 32)

***Übung:***
***Wie wirkt sich die Umweltzerstörung auf die seelischen Belastungen des modernen Menschen aus? Entwickeln Sie einige Thesen.***

Die meisten Menschen sind **Sklaven** des Berufes, „die sich maschinenhaft im Dienste großer Betriebe verbrauchen, sei es als Sklaven des Geldes, besinnungslos anheim geben dem Zahlendelirium der Aktien und Gründungen, sei es endlich als Sklaven großstädtischen Zerstreuungstaumels." (L. Klages, a.a.O., S. 33)

***Übung:***
***Welcher Sklaverei unterliegen Sie heute selbst?***

Eine Wende in der Zerstörung der Erde durch das Kapital kann für Klages nur durch die Wiedererkenntnis „der weltschaffenden Webekraft allverbindender **Liebe** erwachen." (L. Klages, a.a.O., S. 43)

Der Urkraft der Liebe widmet Klages dann sein schönstes Werk. 1922 erscheint sein Buch „Vom kosmogonischen Eros". Dieses Buch zeigt, wie der Ur-Gott Eros der Ursprung des Lebens ist. „Der Eros heißt kosmisch, sofern das von ihm ergriffene Einzelwesen sich erlebt als durchpulst und durchflutet von einem gleichsam elektrischen Strom und er heißt kosmogonisch, weil er ein Zustand sich ergießender Fülle ist, welchem gemäß das Innere augenblicklich ein Äußeres entspricht." (L. Klages: Vom kosmogonischen Eros. Jena 1926, S. 58)

Dieser Ur-Gott wurde schon bei den Griechen als Dionysos gefeiert. Auch Nietzsche hat im dionysischen Rausch die Erfahrung des ekstatisch-erotischen Lebens begriffen. Klages erkennt im erotischen Leben die Befreiung vom Ich. Die Ekstase hat zwei Phasen, „die Phase, in der das Ich untergeht und die Phase, in der das Leben aufersteht." (L. Klages, a.a.O., S. 68)

***Übung:***
***Kennen Sie Erlebnisse, in denen Ihr Ich untergeht und das Leben aufersteht?***

Die erotische Ekstase kann angebahnt werden durch die „**Schauung**“. Die Schauung als mystische Intuition geht einher mit der Aufgabe des Ichs, „und es aufersteht mit alles verdrängender Wirklichkeitsmacht die Welt der Bilder.“ (L. Klages, a.a.O., S. 110) Die Urbilder haben eine bewusstseinsunabhängige Wirklichkeit. Sie erschließen die Vergangenheit und weisen auf den Ursprung des Welteros. „Demgemäß sind die Urbilder Bilder des Gewesenen ... und die ekstatische Schauung geht im Gegensatz zum Wahrnehmungsakt auf die schlechthin unantastbare Wirklichkeit des Vergangenen.“ (L. Klages, a.a.O., S. 142) Die Urbilder kommen aus der Mutterwelt des Gewesenen. Sie sind Fernbilder. Die Urbilder erschließen sich in der Schauung der ersten Ahnen, in der Vorstellung, dass die nächtlichen Sterne die Seelen der Gestorbenen sind, dass die Milchstraße der „Pfad der Toten“ ist. (L. Klages, a.a.O., S. 148)

***Übung:***
***Stellen Sie sich die Milchstraße als Pfad der Toten vor. Was sehen Sie?***

Die Bilder, aufblitzend im Ereignis der Schauung kommen und gehen, wandeln sich, lassen sich niemals ergreifen und halten, und der leiblich zu berührende Ort ist im Verhältnis zu ihnen bestenfalls ihre Stätte.“ (L. Klages, a.a.O., S. 171) Mit den Urbildern erfahren die Schauenden den Ursprung der Welt im Eros wieder. „Unzerreißbar spinnt das Gewebe des Eros zwischen den Bildern der Vorzeit und den Gemütern der Gegenwärtigen.“ ((L. Klages, a.a.O., S. 172)

Der schauende Rücklauf in den Ur-Eros und die Begegnung mit den Urbildern ist wie die Reise der Personen, die aus dem Land der Toten wiederkehrten. Klages erinnert deshalb „an die Hadesfahrt des Odysseus, an Orpheus, an Herakles, an ähnlich verbreitete Totenlandfahrer in vielen Kulturen.“ (L. Klages, a.a.O., S. 231) Es gibt aber auch in der Gegenwart die schauende Erfahrung der Gestorbenen im Hier und Jetzt.

***Übung:***
***Kennen Sie die Begegnung mit Verstorbenen im Traum oder Tagtraum?***

In der Schauung befreit sich die Seele vom kapitalistischen Geist. Sie gewinnt Zugang zum Ursprung des Wesens wieder. Die Schauung kann auch spontan im Alltag auftreten. „Wir wissen es alle aus der Erinnerung, dass wir gleichwie im Traume lebten, in der Selbstvergessenheit eines seltenen Glücks, oder wann wir völlig verloren waren in dem Augenblick der untergehenden Sonne, ganz aufgegangen im lockenden Lied einer Flöte, tief versunken in das Fernbild verflossener Jugendtage.“ (L. Klages, a.a.O., S. 73)

***Übung:***
***Stellen Sie sich Stationen Ihres Lebens vor, wo Sie …***
***1. wie im Träume lebten,***
***2. im Glück selbst verloren waren,***
***3. sich in Naturbilder versenkten,***
***4. sich im Musikhören entgrenzten oder***
***5. an die fernen Jugendtage dachten.***
***Geben Sie zu jeder dieser Vorstellungen eine kleine Skizze.***

Diese Schau der **Urbilder**, die der Tiefenphilosoph C. G. Jung Archetypen nennt und die durch aktive Imagination zur inneren Erfahrung gemacht werden kann, ist nicht ohne Gefahren:

Das Ich kann verloren gehen. „Hundertmal kann ich den Wald vor meinem Fenster gesehen haben, ohne etwas anderes als nur das Ding zu erleben, jenes selbe Ding, das auch der Botaniker meint, aber einmal, während es flammt in Gluten der Abendsonne, vermag mich der Anblick meinem Ich zu entreißen und da erschauet meine Seele plötzlich, was ich noch nie zuvor gesehen, vielleicht nur eine Minute lang, vielleicht nur Sekunden lang, indes als kurz oder lang, das jetzt Erschaute war das Urbild des Waldes, und dieses Bild kehrt weder für mich noch irgend sonst wen jemals zurück.“ (L. Klages, a.a.O., S. 119f.)

***Übung:***
***Kennen Sie solche Waldmeditationen?***

Das Erleben der Urbilder rückt in „Fernzusammenhänge von kosmischer Tiefe und lässt uns im Einzelausschnitt der Erscheinung erschauen, was kein Tagesblick des Bewusstseins fände: die erlöschende oder entflammte, die nahende oder fliehende, die weinende oder jauchzende Seele der Welt.“ (L. Klages, a.a.O., S. 122) In der Schau verändern sich die Dinge: „Was dem Tagesauge einzeln unter einzelnen war, steht nun von tellurischen und kosmischen Strömen umringt … Was immer in den Strahl des urbildlichen Schauens trat, es ist nicht mehr ein Ding unter anderen Dingen, sondern es wurde zum Mittelpunkt der Welt.“ (L. Klages, a.a.O., S. 125)

***Übung:***
***Haben Sie schon Urbilder vom Mittelpunkt der Welt gesehen? Beschreiben Sie Ihre Urbilder von der Rückreise zum ursprünglichen Eros. Benutzen Sie dabei die Technik der aktiven Imagination.***

Die Schauung der Vergangenheit gedenkt immer einer gewesenen Wirklichkeit: „Denk ich dagegen an ein Zukünftiges, so denke ich etwas Unwirkliches, genauer gesagt, einen Sachverhalt, der bloß im Gedachtsein Dasein hat." (L. Klages, a.a.O., S. 137)

***Übung:***
***Führt der imaginierte Rücklauf in die Vergangenheit in die Fülle des Eros und der Vorlauf in die Zukunft in bloße Gehirngespinste? Versuchen Sie ein Pro und Contra.***

Allerdings ist die heutige rationale und geldlogische Wirklichkeit solchen Seelenfahrten in die Vergangenheit feindlich gegenüber eingestellt. „Fernfahrten in die Urwelt freilich bezahlen sich heute teurer als ehemals! Es sind die Bahnen derer, die, ein Opfer, fallen, ein Opfer auf unbekannten Altären und hoffnungslos." (L. Klages, a.a.O., S. 150) Wer nicht geerdet bleibt, kann auf diesen Fahrten verschwinden, wie Nietzsche. „Auch er ging unter die Sterne, ein wohl niemals zurückkehrender Komet." (L. Klages, a.a.O., S. 170)

***Übung:***
***Welche Gefahren birgt der Rücklauf in die Vergangenheit? Legen Sie eine Liste der Gefahren an. Wie können Sie diese Gefahren vermindern? Bitte nennen Sie die Gegenmittel gegen derartige Gefahren in einer zweiten Liste.***

In seinem späteren Werk „Der Geist als Widersacher der Seele" hat Klages seine Urbilderlehre breiter dargestellt. Klages hat damit einen engagierten Gegenentwurf zum entseelten Leben im Kapitalismus entwickelt. Die Welt erscheint bei Klages nicht mehr als Welt des industriellen *homo fabers*, sondern als Welt des archaischen *homo erotikus*. Klages setzt auf die leidenschaftliche Meditation der Urbilder des Lebens, um aus der Flachheit mechanischer Weltsicht die heute zur Zerstörung der Welt führt, zu entkommen.

Sehen wir uns nun eine Grafik zur Lebensphilosophie von Ludwig Klages an:

## Die Lebensphilosophie von Ludwig Klages

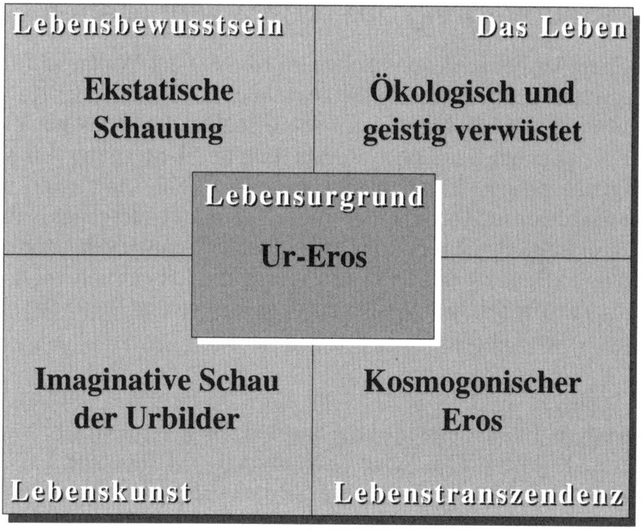


***Übung:***
***Schreiben Sie fünf Sätze zur Lebensphilosophie von Ludwig Klages in den fünf Feldern.***

## Literatur zu Ludwig Klages


*Klages, L.: Mensch und Erde. München 1920*

*Klages, L.: Vom kosmogonischen Eros. Jena 1926*

*Klages, L.: Sämtliche Werke. Hrsg.: E. Frauchinger u.a. Bonn 1964ff*

*Klages, L.: Die psychologischen Errungenschaften Nietzsches. Leipzig 1976*

*Klages, L.: Der Geist als Widersacher der Seele. Bonn 1981, Bd. 1-3*

*Lukacs, G.: Die Zerstörung der Vernunft. Neuwied 1962*

*Schröder, H.E.: Ludwig Klages. Die Geschichte seines Lebens. Bonn 1966-72, Bd. 1-2*

*Sontheimer, K.: Antidemokratisches Denken in der Weimarer Republik. München 1962*

## 2.10. Oswald Spengler (1880-1936): Dem Untergang des Lebens widerstehen

Oswald Spengler betrachtet das Leben im Kontext der Weltgeschichte und als Folge von Weltkriegen. Mit Goethe sieht er das Leben einer Kultur von den natürlichen Lebensphasen – Kindheit, Jugend, Erwachsenenalter und Untergang – geprägt. Das Leben ist **Aufstieg** und **Untergang**. Im Kontext einer ungleichzeitigen Entwicklung von acht Welthochkulturen erkennt Spengler das Leben im Abendland als in der Phase des Untergangs befindlich. Diese These vom „Untergang des Abendlandes" entwickelt er in seinem gleichnamigen Hauptwerk. Die Unterwerfung des Lebens unter biologische Lebensgesetze tritt bei Spengler in den Vordergrund und führt ihn zur Ethik des kriegerischen Lebens.

Oswald Spengler wurde 1880 als Sohn eines Postbeamten in Blankenburg (Harz) geboren. Er studierte in Halle und München Mathematik, Naturwissenschaft und Philosophie. Seine Doktorarbeit von 1904 thematisiert die Grundlagen seiner Lebensphilosophie. Sie heißt „Heraklit. Eine Studie über den energetischen Grundgedanken seiner Philosophie." Bei Heraklit erkennt Spengler die Grundidee des Lebens: „Die Idee eines reinen gesetzmäßigen Werdens." (O. Spengler: Reden und Aufsätze. München 1937, S. 5) Das Leben ist reine Energie und keine Substanz. **Das ewige Werden** soll als „An- und Abschwellen von Gegensätzen gedacht werden." (O. Spengler, a.a.O., S. 19) Symbol für dieses Werden ist das Feuer, der Fluss. „Wir sehen den Verlauf der Welt, als stünden wir am Ufer eines Flusses, unaufhörlich fließt er vorbei, immer gleich ohne Anfang und Ende, ohne Ursache oder Ziel." (O. Spengler, a.a.O., S. 26)

***Übung:***
***Schließen Sie die Augen. Stellen Sie sich ein eigenes Symbol für das ewig werdende Leben vor.***

Das biologische Werden und Vergehen bestimmt nicht nur das natürliche sondern auch das gesellschaftliche Leben. Die Gegensätze des Werdens spielen sich in der Gesellschaft als Lebenskampf, als Krieg ab. Der Ablauf dieser Gegensätze wird vom Logos beherrscht. Der Logos des Werdens hat aber keine Seele, keinen Willen und keine Vernunft. Er ist bloßes Schicksal. Spenglers Schicksalsbegriff beerbt Nietzsche. „Alle im Kosmos sich vollziehenden Veränderungen unterliegen derselben Regel … dem Gesetz der ewigen Wiederkunft." (O. Spengler, a.a.O., S. 45)

***Übung:***
***Schließen Sie die Augen. Stellen Sie sich ein Bild für „Schicksal“ vor.***

Vor dem Gesetz der **ewigen Wiederkunft** gibt es kein Abweichen. Das Leben des Kosmos ist ein seit „Ewigkeiten währender und nie aufhörender Kampf … in harmonischer Ebenmäßigkeit.“ (O. Spengler, a.a.O., S. 47) Gegenüber diesem Lebensgesetz gibt es für Spengler, in seiner Heraklit-Interpretation, nur die Ethik der Unbeugsamkeit, der Tapferkeit und des Fatalismus, eben die Tugenden des letzten Kriegers.

***Übung:***
***Welche Haltung nehmen Sie dem Leben als Krieg gegenüber ein?***

Von 1908 bis 1911 versuchte sich Spengler als Gymnasiallehrer. Ab 1911 konnte er dann in München als freier Schriftsteller leben. 1918 veröffentlichte er sein Hauptwerk „Der Untergang des Abendlandes“.

Hier erscheint das Leben, ganz im Sinne Heraklits, als „ein uferloser Strom, der aus dunkler Vergangenheit hervortritt … Ein Strom, der sich in eine ebenso dunkle und zeitlose Zukunft verliert … Über diese Fläche hin ziehen die großen Kulturen ihre majestätischen Wellenkreise. Sie tauchen plötzlich auf, verbreiten sich in prachtvollen Linien, glätten sich, verschwinden und der Spiegel der Flut liegt wieder einsam und schlafend da.“ (O. Spengler: Der Untergang des Abendlandes. München 1988, S. 143)

***Übung:***
***Beschreiben Sie Ihr eigenes Leben, wie es aus dunkler Vergangenheit hervortritt und sich in einer dunklen Zukunft verliert.***

Die Entwicklung des Lebens wird von den **Kräften des Geldes** in den großen Städten der Hochkulturen bestimmt. „Mit dem von Städten aus regierten Staat erscheint die Stadtwirtschaft des Geldes, das sich mit Anbruch jeder Zivilisation zur Diktatur des Geldes erhebt, gleichzeitig mit dem Sieg der weltstädtischen Demokratie.“ (O. Spengler: Der Untergang des Abendlandes, a.a.O., S. 1156)

***Übung:***
***Wie verträgt sich Gelddiktatur und Demokratie?***

Die kapitalistische Geldwirtschaft gewinnt schließlich globale Ausmaße. „Zuletzt führt die Weltstadt eine zivilisierte Weltwirtschaft herauf.“

(O. Spengler, a.a.O., S. 1157) Mit dem Wachstum der Großstädte wird die Lebenshaltung immer künstlicher. Das Leben zielt nun nur noch auf den Erwerb von Geld.

***Übung:***
***Wie viel Zeit Ihres Lebens dient dem Erwerb von Geld?***

Der **Untergang des Lebens** im Winter der abendländischen Zivilisation vollzieht sich in **drei Phasen:**

- Geld gegen Geist,
- Technik gegen Geld und schließlich
- Cäsarismus.

In den Großstädten des Finanzkapitals kommt es in den Verfallsphasen des globalisierten Abendlandes zu einem verzweifelten Kampf des Geldes gegen den Geist. (O. Spengler, a.a.O., S. 1167)

***Übung:***
***Wie sehen die heutigen Fronten des Kampfes von Geld und Geist aus?***

Mit dem Finanz- und Bankkapital expandiert die Maschine. „Die Maschinen werden in ihrer Gestalt immer mehr entmenschlicht, immer asketischer, mystischer, esoterischer.“ (O. Spengler, a.a.O., S. 1189) Die Maschinen umspinnen die Erde mit „einem unendlichen Gewebe feiner Kräfte, Ströme und Spannungen.“ (O. Spengler, a.a.O., S. 1189) Das menschliche Leben wird nun zum Sklaven der Maschine. „Das Leben wird auf eine Bahn gedrängt, auf der es keinen Stillstand und keinen Schritt rückwärts mehr gibt.“ (O. Spengler, a.a.O., S. 1190)

***Übung:***
***Lässt sich die Technik steuern oder ist sie ein Prozess der Selbstvernichtung?***

Der Kampf Geld gegen Geist wird damit überlagert vom Kampf Technik gegen Geld. Auch in diesem Kampf wird das Geld siegen. Der Sieg des Geldes geht in der dritten Phase mit dem Untergang der Demokratie im Abendland und der Heraufkunft des totalitären Cäsarismus einher. Dem Geist erscheint nun das Leben „als Zufall auf diesem Planeten“, während „in der Lichtwelt unserer Augen sich dahinter die strömenden Horizonte der Erdgeschichte und Sternengeschichte auftun.“ (O. Spengler, a.a.O., S. 1194)

***Übung:***
***Erleben wir heute die Entstehung eines totalitären Cäsarismus als Resultat der Globalisierung des Finanzkapitals?***

1931 veröffentlichte Oswald Spengler seine Studie „Der Mensch und die Technik. Ein Beitrag zu einer Philosophie des Lebens". Spengler geht davon aus, dass der Mensch als ein Stück natürlichen Lebens nur ein **Raubtier** ist. Als Raubtier ist der Mensch grausam und zerstörend. Er ist immer auf Beute aus. „Die Welt ist seine Beute, und aus dieser Tatsache ist letzten Endes die menschliche Kultur erwachsen." (O. Spengler: Der Mensch und die Technik. München 1931, S. 20)

***Übung:***
***Halten Sie sich für ein immer jagendes Raubtier?***

Die Folge der menschlichen Bestialität lautet: „Die Weltgeschichte schreitet von Katastrophe zu Katastrophe fort, ob wir sie nun begreifen und begründen können oder nicht." (O. Spengler: Der Mensch und die Technik, a.a.O., S. 28)

***Übung:***
***Welche Katastrophen Ihrer Lebensgeschichte können Sie begründen?***

Die **Natur** als Lebensspenderin wird den Menschen schließlich vernichten. „Der Kampf gegen die Natur ist hoffnungslos und trotzdem wird er bis zu Ende geführt." (O. Spengler, a.a.O., S. 36)

Spenglers Geschichts- und Lebensbild heißt: „Die Geschichte des Menschen ist kurz, ein jeder Aufstieg und Fall von wenigen Jahrtausenden, etwas ganz Belangloses im Schicksal der Erde ...An und für sich ist es belanglos, welches Schicksal unter den Scharen ewiger Sterne dieser kleine Planet hat, der irgendwo im unendlichen Raum für kurze Zeit seine Bahn zieht; noch belangloser, was auf seiner Oberfläche für ein paar Augenblicke sich bewegt. Aber jeder einzelne von uns, an und für sich ein Nichts, ist für einen unnennbar kurzen Augenblick, eine Lebensdauer, in dieses Gewimmel hineingeworfen." (O. Spengler, a.a.O., S. 12f.)

***Übung:***
***Wird uns die abendländische Kultur schließlich alle umbringen? Was spricht dafür, was dagegen?***

Mit Hilfe der **Technik** setzt sich der Mensch gegen die Zwänge der Natur und des Lebens zur Wehr. „Die Technik ist die Taktik des ganzen Lebens. Sie ist die innere Form des Verfahrens in einem Kampf, der mit dem Leben gleichbedeutend ist." (O. Spengler, a.a.O., S. 7)

In der Technik geht es nicht um die Herstellung von Dingen, sondern um den Überlebenskampf überhaupt. Zur Technik gehören die Sprache, die Waffen und die Züchtung von Tieren und Menschen. Durch die Züchtung von Pflanzen und Tieren vertritt der Mensch selbst die Schöpferin Natur, ahmt sie nach, verändert sie, verbessert und vergewaltigt sie. Der Mensch erfindet die Staatstechnik und die Kriegstechnik. „Geschichte aber ist immer Kriegsgeschichte." (O. Spengler, a.a.O., S. 53)

***Übung:***
***Ist Ihre Lebensgeschichte immer Kriegsgeschichte?***

Mit der Technik als Lebensbewältigung wird der Mensch selbst zum Sklaven seiner Produkte. Er unterliegt der Dialektik der Technik. Die technische Lebenshilfe wird zur tödlichen Falle für das Leben. Das Leben verstädtert und kapitalisiert sich. „Wirtschaftliche Verarmung zieht geistige und künstlerische Verarmung sofort nach sich." (O. Spengler, a.a.O., S. 62)

Die technischen Erneuerungen verbreiten sich schnell weltweit und führen zur Zerstörung der Lebensbedingungen ganzer Länder. Das vom Menschen entwickelte Maschinensystem versklavt schließlich die ganze Menschheit. „Der gestürzte Sieger wird von dem rasenden Gespann zu Tode geschleift." (O. Spengler, a.a.O., S. 75)

Spengler gibt Beispiele für die mörderischen Folgen der technischen Globalisierung: „Unzählige Tierarten sind, wie der Büffel, ganz oder fast ausgerottet, ganze Menschenrassen, wie der nordamerikanische Indianer und die Australier sind beinahe bis zum Verschwinden gebracht worden." (O. Spengler, a.a.O., S. 78)

***Übung:***
***Hat auch der Holocaust an den europäischen Juden technische Gründe?***

Das Leben ist selbst zur Maschine geworden. Das Auto führt zum permanenten Stau in Großstädten. „Man kommt schneller zu Fuß vorwärts." (O. Spengler, a.a.O., S. 79)

Permanente Arbeitslosigkeit ist die Folge der Maschinenkultur. „Ganze Städte und Landstriche drohen der Konkurrenz zu erliegen. Das Schwergewicht der Produktion verlagert sich unaufhaltsam im globalen Maßstab … Das ist der letzte Grund der Arbeitslosigkeit." (O. Spengler, a.a.O., S. 87)

Die Geschichte dieser Technisierung des Lebens geht eindeutig auf ihr Ende zu. In dieser Situation fordert Spengler Härte. „Härte, römische Härte, ist, was jetzt in der Welt beginnt. Für etwas anderes wird bald kein Raum mehr sein." (O. Spengler: Reden und Aufsätze. München 1937, S. 79)

Für Optimisten sieht Spengler keine Chance. Schicksalsergebenheit ist angesagt. „Das erste, was dem Menschen als unentrinnbares Schicksal entgegentritt und was kein Denken begreifen und kein Wille verändern kann, ist Zeit und Ort seiner Geburt." (O. Spengler: Reden und Aufsätze, a.a.O., S. 70)

***Übung:***
***Können Sie Ihre Geburt und Ihren Geburtsort erklären?***

Spengler plädiert für Ethik der Tapferkeit und des Heroismus: „Wir sind in diese Zeit geboren und müssen tapfer den Weg zu Ende gehen, der uns bestimmt ist. Es gibt keinen anderen. Auf dem verlorenen Posten ausharren ohne Hoffnung, ohne Rettung, ist Pflicht. Ausharren wie jener römische Soldat, dessen Gebeine man vor einem Tor von Pompeji gefunden hat, der starb, weil man beim Ausbruch des Vesuvs vergessen hatte, ihn abzulösen. Das ist Größe. Dieses ehrliche Ende ist das einzige, was man dem Menschen nicht nehmen kann." (O. Spengler: Der Mensch und die Technik, a.a.O., S. 89)

***Übung:***
***Sind Sie schon jetzt zum heroischen Ausharren ohne jede Hoffnung bereit?***

Oswald Spengler sah im Faschismus keinen Aufschub des Unterganges des abendländischen Lebens. Er lehnte 1933 einen Ruf zum sächsischen Kulturminister ab und wollte auch nicht Goebbels mit Aufsätzen in rechtsradikalen Zeitungen unterstützen, er hatte deutliche Bedenken, dass „eine Witzfigur wie Hitler täglich von fanatischen und verrückten Massen mit soviel Lärm gefeiert wurde".

Am 7. Mai 1936 starb Spengler an einem Herzversagen in München.

Sehen wir uns nun noch einmal die Lebensphilosophie von Oswald Spengler in einer Grafik an:

## Die Lebensphilosophie von Oswald Spengler

***Übung:***
***Schreiben Sie fünf Sätze zur Lebensphilosophie von Oswald Spengler in den fünf Feldern.***

### Literatur zu Oswald Spengler

*Spengler, O.: Heraklit. Eine Studie über den energetischen Grundgedanken seiner Philosophie. Halle 1904*
*Spengler, O.: Der Untergang des Abendlandes. Eine Morphologie der Weltgeschichte. München 1988*
*Spengler, O.: Jahre der Entscheidung. München 1933*
*Spengler, O.: Der Mensch und die Technik. München 1931*
*Spengler, O.: Reden und Aufsätze. München 1937*

*Adorno, T. W.: Spengler nach dem Untergang. In: Ders.: Prismen. München 1963, S. 43-67*
*Koktanek, A.M.: Oswald Spengler in seiner Zeit. München 1968*
*Lutz, P.Chr. (Hrsg.): Oswald Spengler heute. München 1980*
*Messer, A.: Oswald Spengler als Philosoph. Stuttgart 1924*
*Naeher, J.: Oswald Spengler. Reinbek 1994*
*Schröter, M.: Metaphysik des Unterganges. Eine kulturkritische Studie über Oswald Spengler. München 1949*

## 2.11 Martin Heidegger (1889-1976): Das Ende des Lebens bedenken

Martin Heidegger sollte nicht als Begründer einer neuen Seinslehre begriffen werden, sondern als konsequenter Fortsetzer der Lebensphilosophie. Er bringt eine neue Radikalität in die Lebensphilosophie, die er in seiner Vorlesung in Freiburg im Wintersemester 1921/22 unter dem Titel „Einführung in die phänomenologische Forschung“ vorstellt. Dort sagt er: „Das eigentliche Fundament der Philosophie ist das radikale existentielle Ergreifen und die Zeitigung der Fraglichkeit“ (M. Heidegger: Gesamtausgabe. Frankfurt 1994, Bd. 61, S. 35). Und weiter: „Philosophie muss in ihrer radikalen, sich auf sich selbst stellenden Fraglichkeit prinzipiell a-theistisch sein“ (M. Heidegger, a.a.O., S. 197). Unter dieser Fraglichkeit beginnt er seine Analyse des Lebens.

Martin Heidegger wird 1889 in Meßkirch geboren. Er studiert erst Theologie, dann Philosophie. 1912 schreibt er seine Promotion. 1916 ist er habilitiert. Heidegger kommt zu seiner Lebensphilosophie, indem er an der Entdeckung der „wirklichen Wirklichkeit“ arbeitet. Damit knüpft er an Tendenzen an, die bei Marx die Entdeckung der Arbeit, bei Schopenhauer den Willen des Leibes und bei Nietzsche den Trieb als Grundlage des Lebens ermittelt hatten. In seiner Freiburger Vorlesung von 1921/22 findet Heidegger als Namen der „wirklichen Wirklichkeit“ den Begriff **„das faktische Leben“**.

Die Erkenntnis des faktischen Lebens erschließt als alltägliche Lebenswelt der Einzelnen unbekanntes Neuland: „Diese Situation ist nicht die rettende Küste, sondern der Sprung ins treibende Boot, und es hängt nun daran, das Tau für die Segel in die Hand zu bekommen und nach dem Wind zu sehen. Man muss gerade die Schwierigkeiten sehen: diese Erhellung erschließt erst den eigentlichen Horizont auf faktisches Leben ... Der feste Boden liegt im Ergreifen der Fragwürdigkeit ... Diese Leidenschaft als den einzigen Weg des Philosophierens kennt man längst nicht mehr.“ (M. Heidegger, a.a.O., S. 37)

***Übung:***
***Wie lautet Ihr Grundwissen vom Leben in einem Satz: „Leben ist ...“***

Leben ist für Heidegger ein „Grundphänomen“. Allerdings erkennt er an diesem Begriff eine „merkwürdige Verschwommenheit“. Für ihn bedeutet 1921/22 „das Leben ein Letztes“, und dieses Letzte wird nicht erreicht durch eine „aneignende Aufhebung der positiven Tendenzen der modernen Lebensphilosophie.“ (M. Heidegger, a.a.O., S. 82) Sondern für Heidegger ist beim Leben konkret auszugehen von seiner „Diesigkeit“. Diese Diesigkeit des modernen Lebens in einer Welt ohne Gott „ist eine vom Leben selbst verschuldete; seine Faktizität ist es gerade, in dieser Schuld sich zu halten, immer neu in sie zu fallen.“ (M. Heidegger, a.a.O., S. 88)

***Übung:***
***Kommen Sie mit einer völlig diesseitigen Betrachtung des Lebens aus?***

Das Wesen des Lebens erkennt Heidegger als auf Zukunft gerichtetes **Sorgen**.“ Leben ist im weitest gefassten Bezugssinn: Sorgen um das tägliche Brot.“ (M. Heidegger, a.a.O., S. 90)

***Übung:***
***Wie stark wird Ihr Leben durch die Sorge um das tägliche Brot bestimmt? Wie viel Zeit haben Sie noch für andere Sorgen?***

In der Lebenswelt herrscht nach Heidegger „die Zerstreuung, die zugleich eine Sorge um Rang, Erfolg, Position im Leben ist und auf Überholen, Vorteil, Berechnung, Betriebsamkeit, Lärm und Aufmachung aus ist.“ (M. Heidegger, a.a.O., S. 103)

***Übung:***
***Haben Sie sich schon an die Macht von Rang, Erfolg und Position verloren?***

Das Leben lebt sich für Heidegger fest, sorgt sich fest, verliert schließlich jeden Begriff und jeden Gedanken von seiner Bewegung.

Mit der Sorge bleibt das Leben schließlich bei sich und riegelt sich ab. Es wird eine endlose Selbstbeschäftigung mit dem unendlichen Reichtum des Belanglosen. „Diese Unendlichkeit ist die Maske, die das faktische Leben sich selbst und seiner Welt aufsetzt.“ (M. Heidegger, a.a.O., S. 107)

***Übung:***
***Erscheint Ihnen die Fülle des Sorgens auch unendlich? Betrachten Sie einmal Ihre Sorgestrukturen und Ihre Entwicklung im Fluss Ihrer Lebensalter.***

Die Lebenssorge zieht also letztlich auf das Leichte und damit auf die Flucht. Das Leben „geht den Schwierigkeiten aus dem Wege, macht kein Ende fest, will nicht auf eine Urentscheidung und in sie gestellt sein.“ (M. Heidegger, a.a.O., S. 109) Das Leben kann sich so leicht selbst verfehlen.

***Übung:***
***Listen Sie mal die Entscheidungen auf, in denen Sie sich nicht für sich selbst entschieden haben.***

Diese Lebenssorge verweist auf die „Bewegtheit des Lebens“. Das Leben will „von-sich-weg“ und „aus-sich-hinaus“. Es hat keine Zeit, „weil seine Bewegtheit selbst … die Zeit wegnimmt.“ (M. Heidegger, a.a.O., S. 139) Dieses In-Einem-Fort-Leben macht schließlich toll oder töricht.

***Übung:***
***Haben Sie noch Zeit zum bewussten Leben?***

Indem das Leben keine Zeit hat, wird es sich seines Sturzcharakters nicht bewusst. Das Leben ist aber immer in einer Bewegung zum Sturz. Es geht einem Aufschlag entgegen. „Das Wohin des Sturzes ist nicht ein ihm Fremdes, es ist selbst vom Charakter des faktischen Lebens und zwar des Nichts des faktischen Lebens.“ (M. Heidegger, a.a.O., S. 145) Das Leben ist nämlich unterwegs zum Nichts. Das Nichts kann sich als soziales Nichts in vielen Lebensereignissen zeigen, z.B. in geschichtlicher Ereignislosigkeit, Erfolglosigkeit, Aussichtslosigkeit und Hoffnungslosigkeit. Das Nichts ist die soziale Leere.

***Übung:***
***Haben Sie in Ihrem Leben Phasen der „sozialen Leere“ schon erlebt?***

Sollte die **soziale Leere** im Leben expandieren, so wird aus dem Sturz die Vernichtung. „Das Nichts des faktischen Lebens ist dessen eigenes, von ihm und für es selbst gezeitigtes lebensmäßiges umweltmäßiges Nichtvorkommen im ruinösen Dasein seiner Selbst.“ (M. Heidegger, a.a.O., S. 148) Das Leben kann also an sich scheitern und sich zugrunde richten, ohne überhaupt danach gefragt zu haben, was Leben eigentlich ist und was der Einzelne im Leben überhaupt soll. „Faktisches Leben kommt gerade im Fragen zu seiner genuin ausbildbaren Selbstgegebenheit.“ (M. Heidegger, a.a.O., S. 153)

***Übung:***
***Welche Fragen nach dem Sinn von Leben haben Sie schon gestellt, und welche Antworten haben Sie im Laufe Ihres Lebens schon gefunden?***

Das übliche gelebte Leben unterliegt der Darbung, der verfehlten Bemühung um Sinn. Die meiste Selbstverwirklichung des Menschen durch Technik, Ökonomie, Kultur und Medien führt nur zu seiner „Selbstverkümmerung.“

Eine vertiefte Analyse des Lebens legt Heidegger 1927 mit seinem Hauptwerk „Sein und Zeit“ vor. Hier untersucht er den **Sinn** der Sorge des Lebens, das er jetzt als „Dasein“ begreift, weiter. Die Sorge eröffnet nicht nur die Chance, das Leben für sich selbst zu gestalten, sondern kann dazu führen, dass man das Leben und sich selbst immer wieder vergisst. Das Selbstvergessen des eigenen Lebens wird durch das „Man“, die Öffentlichkeit in Presse, Funk und Fernsehen organisiert. (M. Heidegger: Sein und Zeit. Tübingen 1960, S. 126 ff.)

***Übung:***
***Wie sehr wird Ihr Leben durch die mediale Öffentlichkeit von Funk und Fernsehen bestimmt und von sich abgelenkt?***

Der Bruch mit dem „Man“ und die Selbstbestimmung des eigenen Lebens ereignen sich allerdings in der Konfrontation des Lebens mit der **Angst**. In der Angst erfahren wir, dass wir nicht wissen, wovor wir Angst haben. Nach Heidegger haben wir Angst, uns vom Diktat des „Man“ zu lösen und die eigentliche Freiheit, sich selbst zu ergreifen, zu nutzen.

***Übung:***
***Hatten Sie schon einmal Angst, dass Sie sich im Leben selbst verfehlen könnten?***

Den Zwang zur Selbstergreifung des eigenen Lebens setzt der **Tod**, den wir im Vorlauf zu unserem Ende erfassen können. Der Tod ist immer Teil einer ungewissen Zukunft. Aber der Tod bedeutet auch, dass mit ihm jede Lebensmöglichkeit zu Ende ist. Also ist der Gedanke an den Tod die Mahnung des Gewissens, aus seinem Leben eine unvertretbare Existenz zu entwickeln. „Mit dem Tod steht sich das Dasein selbst in seinem eigensten Seinkönnen bevor.“ (M. Heidegger: Sein und Zeit, a.a.O., S. 254)

Um den Tod als Chance zu verstehen, müssen wir „Mut zur Angst vor dem Tod haben.“ (M. Heidegger: Sein und Zeit, a.a.O., S.254) Erst mit dem Mut zur Konfrontation mit dem Tod, durch seine Antizipation, eröffnet sich uns das entscheidende Wählen unserer Existenzweise des Lebens.

***Übung:***
***Welchen Existenztypus haben Sie im Leben angesichts des Todes schon gewählt: den Rebellen, den Revolutionär, den Krieger, den Deuter, den Entlarver, den Skeptiker oder den Frager?***

Heidegger hatte nach 1933 eine Sympathiephase für den Faschismus. Er wurde 1933 für ein Jahr Rektor der Universität Freiburg. In seiner Antrittsrede hat er die geistige Grundsituation des Jahres 1933 folgendermaßen beschrieben: „Aber niemand wird uns auch fragen, ob wir wollen oder nicht wollen, wenn die geistige Kraft des Abendlandes versagt und dieses in seinen Fugen kracht, wenn die abgelebte Scheinkultur in sich zusammenstürzt und alle Kräfte in Verwirrung reißt und im Wahnsinn ersticken lässt." (M. Heidegger: Die Selbstbehauptung der deutschen Universität. Frankfurt 1990, S. 19)

***Übung:***
***Halten Sie diese Analyse von 1933 für faschistisch?***

Heidegger zog sich 1935 ins Philosophieren zurück. Er stellte die Lebensfrage als „Seynsfrage" neu.

Das Denken über das Leben, denkt Heidegger in seiner „Einführung in die Metaphysik" (1935), wird vergessen. Es wird einfach nicht mehr nach dem Leben gefragt. „Denn was ist dieses **Seiende** schon. Stellen wir uns die Erde innerhalb der dunklen Maßlosigkeit des Raumes im All vor. Vergleichsweise ist sie ein winziges Sandkorn, bis zum nächsten seiner Größe erstreckt sich eine Milliarden von Kilometern und mehr Leere, auf der Oberfläche dieses winzigen Sandkornes lebt ein durcheinander kriechender betäubter Haufe angeblich kluger Tiere, die für einen Augenblick das Erkennen erfunden haben … Und was ist die zeitliche Erstreckung eines Menschenlebens in der Bahn der Zeit von Jahrmillionen? Kaum ein Ruck des Sekundenzeigers, ein Atemzug." (M. Heidegger: Einführung in die Metaphysik. Tübingen 1987, S. 3)

***Übung:***
***Geben Sie Ihre Antwort auf die Frage: Was ist das Leben auf der Erde?***

Aber Heidegger meint auch: Es wird nicht mehr gefragt: „Warum ist überhaupt das Leben und nicht vielmehr Nichts?" Warum fällt das Leben nicht ohne weiteres und ständig ins **Nichts** zurück? Denn die Globalisierung des Lebens hat bedenkliche Strukturen entwickelt: „Die Verdüsterung der Welt, die Flucht der Götter, die Zerstörung der Erde, die Vermassung der Menschen, der Hass und Verdacht gegen alles Schöpferische und Freie hat auf der ganzen Erde bereits ein Ausmaß erreicht, dass so kindische Kategorien wie Pessimismus und Optimismus längst lächerlich geworden sind." (M. Heidegger: Einführung in die Metaphysik, a.a.O., S. 29)

***Übung:***
***Beschreiben Sie mal den heutigen Zustand der Welt jenseits von Optimismus und Pessimismus.***

Das Wesen der Lebensverdüsterung besteht nach Heidegger in der „Entmachtung des Geistes“. Geist wird heute zur dienstbaren Intelligenz und zur nützlichen Wissenschaft für die Technik. Deshalb wird das Leben, das er nun „Seyn“ nennt, als das „Einzigartigste, was es überhaupt gibt“, nicht mehr nachgefragt. Aber da ohne Leben kein Mensch ist, erweist sich die Frage nach dem Sein „als ein verborgener Grund unseres geschichtlichen Daseins.“ (M. Heidegger: Einführung in die Metaphysik, a.a.O., S. 71)

***Übung:***
***Haben Sie intuitive Erfahrungen vom Wesen des Lebens? Beschreiben Sie sie.***

Aber weil der **Mensch** das „Unheimlichste“ ist, kann er das Leben verfehlen und damit geschichtlich scheitern. Denn der Mensch hat nur Bestand, wenn er der Geschichte des Lebens fragend auf der Spur bleibt. „Je ragender der Gipfel des geschichtlichen Daseins, umso gähnender der Abgrund für den plötzlichen Absturz in das Ungeschichtliche, das nur noch in der ausweglosen und zugleich stättelosen Wirrnis dahin treibt.“ (M. Heidegger: Einführung in die Metaphysik, a.a.O., S. 123) Das menschliche Leben ist ein Zwischenfall, „indem plötzlich die Gewalten der losgebundenen Übergewalt des Seins aufgehen und ins Werk als Geschichte eingehen.“ (M. Heidegger: Einführung in die Metaphysik, a.a.O., S. 125)

***Übung:***
***Ist das menschliche Leben nur ein kosmischer Zwischenfall?***

In der **Geschichte** des Lebens muss der Mensch „in der Frage nach dem Leben ausdrücklich bis an die Grenze des Nichts gehen.“ (M. Heidegger: Einführung in die Metaphysik, a.a.O., S. 155) Fragen wird ein Fragen nach dem Tod der Götter, und damit wird das Fragen zur Frömmigkeit des Denkens. „Fragenkönnen heißt: Wartenkönnen, sogar lebenslang.“ (M. Heidegger: Einführung in die Metaphysik, a.a.O., S. 157)

***Übung:***
***Können Sie nach dem Tod der Götter auf eine neue Antwort auf Ihre Frage nach dem Sinn des Lebens lebenslang warten?***

Zwischen 1936-38 schreibt Heidegger ein philosophisches Tagebuch, das später als „Beiträge zur Philosophie“ erscheint. In diesem Tagebuch macht er das Denkexperiment, nach dem Verschwinden aller Götter des Lebens den kommenden Gott zu denken. Sein Resultat: „Die Nähe zum letzten noch möglichen Gott ist die Verschweigung." (M. Heidegger: Gesamtausgabe. Bd. 65, S. 12)

***Übung:***
***Muss die Frage nach dem Sinn des Lebens im Schweigen enden?***

Auch die moderne **Technik** eröffnet keine neuen Einsichten ins Leben sondern scheint nur den Blick auf das Leben zu verstellen: „Es könnte doch sein, dass die Natur, in der Seite, die sie der technischen Bemächtigung durch den Menschen zukehrt, ihr Wesen gerade verbirgt." (M. Heidegger: Über den Humanismus. Frankfurt 1981, S. 16)

Nach dem Krieg erhielt Heidegger durch die Siegermächte Lehrverbot. Er greift aber in Reden und Publikationen in die Diskussion über das Leben in der Nachkriegszeit häufig ein. Ab 1975 erscheint seine Gesamtausgabe in rund hundert Bänden. 1976 stirbt Heidegger in Meßkirch (Schwarzwald) und wird dort zwei Tage später begraben.

Werfen wir nun einen Blick auf die Lebensphilosophie von Martin Heidegger in einer Grafik:

**Die Lebensphilosophie von Martin Heidegger**

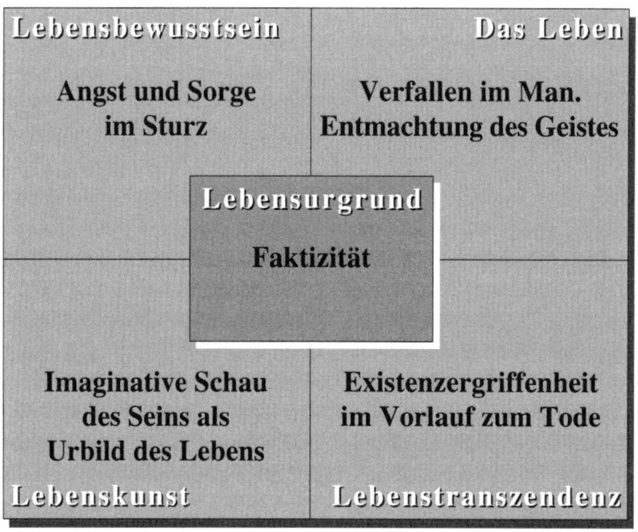

***Übung:***
***Schreiben Sie fünf Sätze zur Lebensphilosophie bei Martin Heidegger in den fünf Feldern.***

## Literatur zu Martin Heidegger

*Heidegger, M.: Sein und Zeit. Tübingen 1960*
*Heidegger, M.: Gesamtausgabe. Hrsg. Hermann Heidegger. Frankfurt 1975, Bd. 1-100*
*Heidegger, M.: Über den Humanismus. Frankfurt 1981*
*Heidegger, M.: Einführung in die Metaphysik. Tübingen 1987*
*Heidegger, M.: Die Selbstbehauptung der deutschen Universität. Frankfurt 1990*

*Figal, G.: Heidegger. Hamburg 1992*
*Luckner, A.: Martin Heidegger. Sein und Zeit. Paderborn 2001*
*Ott, H.: Martin Heidegger. Frankfurt 1988*
*Safranski, R.: Ein Meister aus Deutschland. Heidegger und seine Zeit. München 1994*
*Thomä, D. (Hrsg.): Heidegger Handbuch. Stuttgart 2003*

# 3. Die Lebensphilosophie der Gegenwart

**3.1 Die Lebensphilosophie der Morgenröte**

**3.2 Hans Jonas:** Das richtige Leben im Falschen suchen

**3.3 Jean Gebser:** Den Ursprung des Lebens durchleuchten

**3.4 James Lovelock:** Die Selbstregulierung des Lebens erkennen

**3.5 Stanislav Grof:** Den Beginn des Lebens enttraumatisieren

**3.6 Fritjof Capra:** Das Netzwerk des Lebens kosmisch betrachten

**3.7 Rupert Sheldrake:** Den Geist des Lebens beeinflussen

**3.8 Raymond Moody:** Die Nacht des Todes erforschen

**3.9 Peter Sloterdijk:** Leben als Geschenk des Uterus verstehen

**3.10 Ken Wilber:** Den *Einen Geschmack* des Lebens kosten

# 3. Die Lebensphilosophie der Gegenwart

## 3.1 Die Lebensphilosophie der Morgenröte

Die gegenwärtige Lebensphilosophie hat Grund für ihren Optimismus. Sie wendet sich gegen die pessimistische Weltnacht des im Kosmos isolierten und sich bald selbst zerstörenden Lebens. Die gegenwärtige Lebensphilosophie argumentiert wie viele Philosophien Asiens, dass das Leben eine notwendige Eigenschaft des unendlichen zeitlosen **Universums** ist. Dabei stützt sie sich auf Forschungen, die belegen, dass das Leben aus dem All stammt. „Organisches Material findet sich überall in unserer Galaxis, der Milchstraßen." (F. Hoyle, C. Wickramasinghe: Leben aus dem All. Frankfurt 2000, S. 51) Das Leben ist offenbar nicht auf der Erde entstanden. Es muss im Kosmos unendlich alt sein. Es hat vielleicht schon immer existiert und regeneriert sich in überastronomischen Zeitspannen und -räumen ständig neu.

Schon 1907 stellte S. Arrhenius fest, dass „Mikroorganismen Eigenschaften haben, die sich nicht durch natürliche Selektion in einer irdischen Umwelt erklären lassen." (S. Arrhenius: Werden der Welt. Leipzig 1907, S. 32)

Heute stellt man fest, dass Leben äußerst robust ist. So erkannte man, dass **Bakterien** auch im Reaktorkern von Atomkraftwerken leben. Deshalb geht man heute davon aus, „dass Kometen auch unter den harten Bedingungen des Weltalls die Quelle der im interstellaren Raum anzutreffenden biologischen Teilchen sind ... Jeder Komet enthält mindestens einige Milliarden Bakterien ... Deshalb kann heute kein Zweifel bestehen, dass Mikroben im Innern solcher interplanetaren Geschosse überleben können." (F. Hoyle, C. Wickramasinghe, a.a.O., S. 242ff.)

Auch viele andere Forscher glauben, dass „das Leben viele Male in vielen Umwelten überall im Universum entstanden sein kann." (F. Adams: Leben im Universum. München 2004, S. 271) Bedingungen für die Entstehung des Lebens im Kosmos „müsste es in der Milchstraße in großer Zahl geben." (F. Adams, a.a.O., S. 275)

So stellt auch Edward O. Wilson fest: „Es ist denkbar, dass Mikroben vom Mars die Erde besiedelt haben. Diese als Panspermie bekannte und einst belächelte Theorie vom Ursprung des Lebens aus dem All ist eine Möglichkeit, die heute in Betracht gezogen werden muss." (E. O. Wilson: Die Zukunft des Lebens: Berlin 2002, S. 29) Auch Exobiologen, die nach Spuren außerirdischen Lebens suchten, haben durch die Existenz von Superbakterien neue Hoffnung auf ein extraterrestrisches Leben geschöpft. So ist es denkbar, dass „Meteore bei einem vorübergehenden Kontakt mit einem belebten Planeten mit Lebenskeimen in Form von Zellen geimpft werden ... H. Helmholtz und Lord Kelvin waren überzeugt, dass Meteorite diese Lebenskeime übertragen hatten.“ (M. Reitz: Leben jenseits der Lichtjahre. Die Wissenschaft auf der Suche nach außerirdischen Intelligenzen. Frankfurt 1998, S. 85ff.) „Denkbares Leben auf einem fremden Planeten wird mit großer Wahrscheinlichkeit in seinem biochemischen Aufbau dem irdischen Leben sehr ähnlich sein.“ (M. Reitz, a.a.O., S. 152)

Auch die Forschungen nach außerirdischer Intelligenz stimmen optimistisch. Es ist möglich, dass höheres Leben überall im Weltall vorhanden sein kann. „Die Meinung, wir seien die einzigen im All, klingt grotesk.“ (S. v. Hoerner: Sind wir allein? München 2003, S. 11) Es scheint eine Vielzahl von intelligentem Leben im All zu geben. Deshalb ist die gegenwärtige Lebensphilosophie aufgrund dieser Befunde eine optimistische Philosophie der Morgenröte.

Die Evolutionsbiologie ergänzt: „Unter den vielen Milliarden Galaxien mit ihren jeweils wieder vielen Milliarden Sonnensystemen kann es, rein statistisch gesehen, sogar sehr zahlreiche Planeten geben, die irgendeine Art von Lebewesen hervorgebracht haben ... Wenn man das Alter des Universums mit 15 bis 20 Milliarden Jahren annimmt, dann kann Leben auf verschiedenen Planeten zu unterschiedlichen Zeiten entstanden und wieder erloschen sein.“ (F. M. Wuketis: Evolution. München 2000, S. 104)

Die Urknall-Theorie besagt: „Die Annahme, dass nach dem Big Bang neben uns auch extraterrestrische intelligente Lebensformen eine planetare Nische im All gefunden haben könnten, ist plausibel.“ (H.-J. Blome, H. Zaun: Der Urknall. München 2004, S. 85)

Die gegenwärtige Lebensphilosophie begreift sich heute holistisch und sie kritisiert den Kosmos-Nihilismus und die Kosmos-Angst der Neuzeit als Folge der Trennung von Leben und Materie seit Descartes. Die gegenwärtige Lebensphilosophie kritisiert die naturwissenschaftliche Idee der Indifferenz der Natur gegenüber dem inneren Leben. Sie verweigert das Bild eines mechanischen Kosmos, wie er durch Newton geprägt wurde. Der **Kosmos** wird neu gesehen als dynamisch und kreativ, der den Menschen und das Leben als höchste Blüte feiert. Die gegenwärtige Lebensphilosophie setzt neue und tiefere Schwerpunkte als die klassische Lebensphilosophie. Sie fasst das Leben subjektiv innerlich und objektiv materiell und sozial. Sie geht von der großen Verschachtelung des Lebens aus, in dem der Körper, die Seele, der Geist und Gott eine Einheit bilden. Das Leben wird evolutionär erfasst, auch in seinen vielen Katastrophen. Es entwickelt in seiner Geschichte folgende Bewusstseinsstufen: Animismus, Magie, Mythos, Ratio, Mystik. Die tiefsten Lebenseinblicke werden nicht empirisch entwickelt, sondern innerlich meditativ. Dabei spielen die Geburts-, die Sterbe- und die Nah-Todes-Erfahrung eine wichtige Rolle bei der Aufdeckung transpersonaler Aspekte des Lebens. Bei der Lebenserforschung werden die Forschungsmethoden der Tiefenpsychologie, Ökologie, Ökonomie stärker berücksichtigt als es in der klassischen Lebensphilosophie der Neuzeit der Fall war.

**Die gegenwärtige Lebensphilosophie zeigt drei Strömungen:**

1. naturwissenschaftlich: Jonas, Capra, Lovelock, Sheldrake.
2. geburtsorientiert: Grof, Sloterdijk.
3. mystisch: Gebser, Wilber.

Die klassische Lebensphilosophie des 19. und 20. Jahrhunderts war Bewusstseinsphilosophie und verstand sich im starken Kontrast zum Materialismus. Die gegenwärtige Lebensphilosophie ist integrativ, sie ist ökologisch und erkennt geistige Lebensnetzwerke und Lebensfelder. Sie hat die mystischen Impulse der klassischen Lebensphilosophie, z.B. bei Dilthey und Heidegger aufgenommen. Sie erkennt höhere und tiefere Bewusstseinsschichten als die klassische Lebensphilosophie, die nur den unbewussten Körper (Schopenhauer, Nietzsche) oder das tiefere Ich (Bergson) kannte. Die gegenwärtige Lebensphilosophie versucht nicht das bestehende Bewusstsein zu zementieren, sondern sie zielt auf die Entwicklung eines höheren Bewusstseins vom Leben ab. Die Lebensphilosophie der Individualisten kann durch die Lebensphilosophie der Gegenwart eine enorme Bereicherung erfahren.

## 3.2 Hans Jonas (1903-1993): Das richtige Leben im Falschen suchen

Hans Jonas eröffnet die Lebensphilosophie der Gegenwart. Er beginnt mit der Erfahrung des feindlichen und ängstigenden Universums, in dem sich der Mensch wie ein Fremder fühlt. Diese Vorstellung hat die ganze klassische Lebensphilosophie begleitet, und Jonas ist es, der diese Vorstellung überwindet. Jonas bringt damit die Idee der **Gnosis**, einer religiösen Strömung im 1. bis 3. Jahrh. n. Chr. in die Lebensspekulation mit ein. Am historischen Beispiel der Gnosis macht Jonas deutlich, dass das Leben in der Welt wie eine Hölle ist, aus der es zu entkommen gilt. Der Bewältigung der Abgrunderfahrung des Lebens als sinnlosem Herumirren in der Weltnacht gilt dann Jonas' weitere Lebensphilosophie.

Seine Lebensphilosophie versucht gegen die materialistische Entwertung des Lebens mit seinen kosmischen Aspekten das spezifisch Menschliche am Leben als Selbstsorge und Sorge für die Natur in den Vordergrund zu rücken.

Hans Jonas wurde 1903 in Mönchengladbach geboren. Er studierte Philosophie und Theologie. 1928 promovierte er über die späthellenistische Gnosis bei Martin Heidegger und dem Theologen Bultmann. Das Gnosisbuch wurde nach 1933 als sein erstes Hauptwerk noch verlegt. Oswald Spengler schrieb damals an Jonas nach der Veröffentlichung des Gnosis-Buches: „Es handelt sich um eine der wichtigsten Epochen der Weltgeschichte. Und doch ist sie nie genügend beachtet und bearbeitet worden. Was ich darüber gesagt habe, hat außer Ihnen niemand verstanden." (H. Jonas: Erinnerungen. Frankfurt 2003, S. 150)

1933 emigrierte Hans Jonas nach England. 1935 lehrte er dann in Jerusalem. Im 2. Weltkrieg kämpfte Jonas in der britischen Armee. Nach einem Jahr Aufenthalt in Jerusalem siedelte er dann 1949 nach Kanada über und lehrte ab 1954 als Professor für Philosophie in Montreal und Ottawa.

Während der letzten Kriegsjahre hatte Jonas schon begonnen, seine Philosophie der **Biologie** zu entwickeln. Er begann nach dem Krieg nachzudenken, „warum es Organismen gibt und welchen Sinn das Wesen des organischen Daseins für das Leben birgt." (H. Jonas: Erinnerungen, a.a.O., S. 211) In Lehrbriefen an seine Frau Lore schreibt er dann über die Besonderheit des Lebens: „Das Leben steht von Anfang an im Zeichen der Vergänglichkeit, der Vernichtbarkeit und des Todes … Seine Wirklichkeit, paradox und ein ständiger Widerspruch zur mechanischen Natur, ist im Grunde fortgesetzte Krise." (H. Jonas: Erinnerungen, a.a.O., S. 362)

***Übung:***
***Weshalb ist Leben im Gegensatz zur Materie ständige Krise?***

Von 1955 bis zu seiner Emeritierung 1976 war er dann Professor an der New School for Social Research in New York. 1979 veröffentlichte er sein zweites Hauptwerk „Das Prinzip Verantwortung“. Dieses Buch, das die Gefährdung des Lebens durch die wachsenden technischen Eingriffe in die Natur thematisiert, machte auch Jonas in Deutschland sehr bekannt. 1987 erhielt er für sein Werk den „Friedenspreis des deutschen Buchhandels“. Kurz vor der Vollendung seines 90. Lebensjahres ist Hans Jonas 1993 in New York gestorben.

Jonas’ erstes Hauptwerk von 1933 „Gnosis. Die Botschaft des fremden Gottes“ entwickelt die dramatische Lebenslehre der Gnostiker, die zeitweise eine ernsthafte Konkurrenz des jungen Christentums waren. Für die Gnostiker ist die **Gottheit** außerweltlich. Sie hat das Universum weder geschaffen, noch regiert sie es. Dem Reich des Lichtes außerhalb der Welt steht der Kosmos als Reich der Finsternis gegenüber. Der jenseitige Gott ist in der Welt nicht erkennbar.

***Übung:***
***Ist der Kosmos gottlos?***

Der Kosmos ist ein Gefängnis, dessen innerstes Verlies die Erde und der Schauplatz des menschlichen Lebens ist. Ein Entkommen des Lebens aus diesem Gefängnis verhindern die sieben Planetendämonen.

***Übung:***
***Ist die Welt ein großes Gefängnis für das Leben?***

Im Menschen gibt es für die Gnostiker nur einen Seelenfunken, der „ein Teil der göttlichen Substanz von außerhalb ist, der in die Welt gefallen ist.“ (H. Jonas: Gnosis. Frankfurt 2000, S. 71) Seele und Körper sind völlig vom Gift der Welt berauscht. Erst die Erkenntnis, die „Gnosis“, bringt Befreiung. „Was Befreiung bringt, ist die Erkenntnis, wer wir waren, was wir wurden, wohin wir geworfen wurden, wohin wir eilen, woraus wir erlöst werden, was Geburt ist und was Wiedergeburt.“ (H. Jonas: Gnosis, a.a.O., S. 72)

***Übung:***
***Beantworten Sie nun alle sieben Fragen:***
***1. Wer waren wir?***
***2. Was wurden wir?***
***3. Wohin wurden wir geworfen?***
***4. Wohin eilen wir?***
***5. Woraus werden wir erlöst?***
***6. Was ist Geburt?***
***7. Was ist Wiedergeburt?***

Durch Erlangung der Erkenntnis vom Verfallen seines Lebens in die Höllenwelt kann die Seele nach dem Tod sich aller weltlichen Einflüsse entkleiden. Sie erlangt den völlig jenseitigen Gott und „vereinigt sich wieder mit der göttlichen Substanz.“ (H. Jonas: Gnosis, a.a.O., S. 73) Die Wiedervereinigung der Seelenfunken in Gott lässt schließlich den Kosmos zu Ende gehen.

Für die Gnostiker ist das Leben feindlich, dämonisch und widernatürlich. Für die Moderne, soweit es die klassische Lebensphilosophie entwickelt, ist die **Natur** ebenso gleichgültig, rücksichtslos und teilnahmslos. Für Jonas ist deshalb am Anfang seines Philosophierens über das Leben die Vorstellung, dass „die Natur sich nicht kümmert, der wahre Abgrund.“ (H. Jonas: Das Prinzip Leben. Frankfurt 1997, S. 371) Der Mensch erfährt sich in der Moderne und auch in der modernen Lebensphilosophie als aus der Natur heraus geworfen.

***Übung:***
***Erfahren Sie sich als Fremdling in der Natur?***

Jonas will deshalb in seiner weiteren Philosophie, die natürlich ihre gnostischen Spuren beibehält, den tiefen Graben zwischen Mensch und Natur überbrükken. Mit seiner biologischen Lebensphilosophie will Jonas die Einsamkeit des Menschen in der Natur überwinden. Jonas entwickelt deshalb in seinem zweiten Hauptwerk „Das Prinzip Leben“ seine Lebensphilosophie aus der Einsicht, dass das Leben „selbst zentrierte Individualität ist, für sich seiend und in Gegenstellung gegen alle übrige Welt, mit einer wesentlichen Grenze zwischen innen und außen.“ (H. Jonas: Das Prinzip Leben, a.a.O., S. 149)

***Übung:***
***Entwickeln Sie eine eigene Definition von Leben in Auseinandersetzung mit der Lebensdefinition von Hans Jonas.***

Leben als Selbst-Sein ist ständige Selbsterneuerung „durch Prozess, getragen auf dem Fluss des immer anderen. Erst diese aktive Selbstintegration des Lebens liefert den ontologischen Begriff des Individuums. (H. Jonas: Das Prinzip Leben, a.a.O., S. 150) Das Geheimnis des Lebens spricht sich am deutlichsten „in der organischen Existenzweise des Organismus aus, nicht im Atom, nicht im Molekül, nicht im Kristall, auch nicht in den Planeten und Sonnen." (H. Jonas: Erinnerungen, a.a.O., S. 316)

Der Ursprung des Lebens bleibt aber ein Geheimnis, so dass für Jonas der Übergang von lebloser zu lebendiger Substanz „eine so zu bezeichnende Tendenz in den Tiefen des Seins selber war." (H. Jonas: Das Prinzip Leben, a.a.O., S. 157)

***Übung:***
***Was ist für Sie die Ursache für den Übergang von lebloser zu lebendiger Substanz?***

Leben hat gewisse **Merkmale**, die Jonas folgendermaßen herausstellt:
- Jedes Leben muss im Stoffwechsel mit der Natur stehen.
- Das Leben ist zur Welt hin zugewandt. Es ist von der Welt immer abhängig.
- Das Leben besitzt immer die Tendenz, sich selbst zu überschreiten.
- Die Identität des Lebens entwickelt sich als Innerlichkeit nur in der Kommunikation mit den äußeren Dingen.
- Das Leben unterliegt der Zeit. Das Leben blickt vorwärts sowie auswärts.
- Jedes Leben muss also eine Art Gedächtnis besitzen, als subjektive Form seiner Identität in der Dauer.

(H. Jonas: Das Prinzip Leben, a.a.O., S. 158-163)

***Übung:***
***Wie weit ist Ihr Leben von diesen sechs Lebensaspekten geprägt? Schreiben Sie sechs Sätze mit folgenden Anfängen:***
1. ***Mein Stoffwechsel ist …***
2. ***Meine Welt ist …***
3. ***Mein Streben ist …***
4. ***Meine Innerlichkeit ist …***
5. ***Meine Lebenszeit ist …***
6. ***Meine Erinnerung ist …***

Das menschliche Leben unterscheidet sich von allen anderen Lebensarten, indem es lernt, „Ich" zu sagen. Damit entdeckt das menschliche Leben seine eigene Identität in ihrer „einsamen Einzigkeit“. In dieser Einzigkeit haben „die höchsten Erhebungen und tiefsten Niedergeschlagenheiten menschlichen Lebens ihren Platz.“ (H. Jonas: Das Prinzip Leben, a.a.O., S. 309) Das menschliche Leben kann im Selbstmord zum Objekt der Zerstörung seiner selbst werden. Damit erweist sich menschliches Leben im Besitz der Freiheit.

***Übung:***
***In welcher Lebenssituation haben Sie Freiheit erlebt? Geben Sie einen kurzen Bericht in vier Sätzen.***

Aber diese Freiheit ist teuer erkauft. Das menschliche Leben muss dem Tod und dem **Nichts** standhalten. „Dass nur der Mensch sich um sich kümmert, in seiner Endlichkeit nichts als den Tod vor sich, allein mit seiner Zufälligkeit und der objektiven Sinnlosigkeit seiner Sinnentwürfe, ist wahrlich eine präzedenzlose Lage im All.“ (H. Jonas: Das Prinzip Leben, a.a.O., S. 371)

***Übung:***
***Wie werden Sie mit Ihrer aussichtslosen Lage gegenüber Ihrem Tod fertig?***

Hans Jonas rät, die Endlichkeit des Individuums nicht zu verleugnen: „Wir beanspruchen unsere Vergänglichkeit, ja, wir bestehen darauf, dem Nichts uns gegenüber zu stellen und die Kraft zu haben, mit ihm zu leben.“ (H. Jonas: Das Prinzip Leben, a.a.O., S. 381)

***Übung:***
***Woher nehmen Sie die Kraft, mit dem Nichts zu leben?***

Jonas zieht die Kraft, dem Nichts zu widerstehen, aus den wichtigsten Entscheidungen des Individuums für sich selbst. In diesen existentiellen Entscheidungen fühlen wir, „als ob wir unter den Augen der Ewigkeit handelten, als ob das, was wir jetzt tun, sich unauslöschbar ins Buch des Lebens einträgt … als ob wir mit dem Geist unserer Tat durch eine kommende Ewigkeit zu leben vermögen oder mit ihm sterben können im nächsten Augenblick … oder dass wir bereit sind, in einer ewigen Wiederkehr der Dinge uns selbst zu sehen, wie wir, wenn die Reihe an uns kommt, wiederum dastehen, in der Wahl, wie jetzt.“ (H. Jonas: Das Prinzip Leben, a.a.O., S 382f.)

***Übung:***
***Gibt es Entscheidungen in Ihrem Leben, die Sie in alle Ewigkeit nicht revidieren würden? Machen Sie eine Liste.***

Um dem Ur-Nichts standzuhalten, muss das Leben sich auch der gnostischen Bilder von der sich opfernden und rettenden **Gottheit** außerhalb des Kosmos wieder versichern: „Alle Geschichte ... stellt schließlich die ursprüngliche Ganzheit des leidensfähigen Gottwesens wieder her ... dessen vorweltliche Selbstauslieferung an die Dunkelheit und Gefahr des Werdens das stoffliche Universum möglich und zugleich notwendig machte." (H. Jonas: Das Prinzip Leben, a.a.O., S. 388) Gott, in der Evolution verloren, baut sich aus den Schmerzen und Leiden des Lebens am Ende wieder neu auf. Diesem Mythos gesteht Jonas die Kraft zu, „die große Pause der Metaphysik, in der wir uns befinden und die mit dem Nihilismus besetzt ist ... zu überbrücken." (H. Jonas: Das Prinzip Leben, a.a.O., S. 394)

***Übung:***
***Welcher Privatmythos hilft Ihnen, die nihilistische Weltnacht zu überbrükken?***

Die Gefahr der Lebenszerstörung zeigt sich für Jonas in der expandierenden Atom- und Biotechnik, die deutlich macht, dass „das Bild Gottes an unserem Ort des Universums in Gefahr ist, wie nie zuvor." (H. Jonas: Das Prinzip Leben, a.a.O., S. 396) Durch unseren Einsatz für die humane Bewältigung der Technik können wir „dem leidenden, unsterblichen Gotte Helfer werden." (H. Jonas: Das Prinzip Leben, a.a.O., S. 397)

Es lag also nahe, dass Hans Jonas mit seinem weiteren Hauptwerk „Das Prinzip Verantwortung" eine **Ethik** des Lebens in der technischen Zivilisation entwickelt hat. Er ging nun der Frage nach, „wie wir mit der Natur leben können oder wie die Natur mit uns zusammen bestehen kann." (H. Jonas: Erinnerungen, a.a.O., S. 334) Die heutige Überlebensethik muss die globalen Bedingungen menschlichen Lebens und deren ferne technische Zukunftschancen berücksichtigen. Denn die durch technischen Fortschritt mögliche Bevölkerungsexplosion schafft gravierende Belastungen für die Biosphäre durch Engpässe in der Nahrung, beim Rohstoff, bei der Energie und auch angesichts der wachsenden Erwärmung des Klimas durch die Industrie. (Vgl. H. Jonas: Das Prinzip Verantwortung. Frankfurt 1984, S. 331-337) Da jedes Leben leben will, macht das Leben deutlich, dass das Leben das Leben „absolut als das Bessere gegenüber dem Nicht-Sein setzt. (Vgl. H. Jonas: Das Prinzip Verantwortung, a.a.O., S. 155) Daraus ergibt sich die ethische Grundprämisse für das 21. Jahrhundert: „Die Menschheit hat kein Recht zum Selbstmord." (H. Jonas: Das Prinzip Verantwortung, a.a.O., S. 80)

***Übung:***
***Hat die Menschheit doch ein Recht zum Selbstmord?***

In jedem Kind erkennt Jonas das Recht der Menschheit auf Weiterleben. „Mit jedem Kind, das geboren wird, fängt die Menschheit im Angesicht der Sterblichkeit neu an, und insofern ist hier auch Verantwortung für den Fortbestand der Menschheit im Spiel." (H. Jonas: Das Prinzip Verantwortung, a.a.O., S. 241) Gegen das „Prinzip Hoffnung", z.B. von Ernst Bloch und dem Marxismus, der am ewigen Fortschritt orientiert ist und damit die Existenz der Gattung gefährdet, setzt Hans Jonas ganz bewusst das Prinzip Verantwortung. Verantwortung entspringt „der Ehrfurcht für das, was der Mensch war und ist, aus dem Zurückschaudern vor dem, was er werden könnte." (H. Jonas: Das Prinzip Verantwortung, a.a.O., S. 393) Im Anschlussband an „Das Prinzip Verantwortung" mit dem Titel „Technik, Medizin und Ethik" geht Jonas auf die praktischen Modelle des Prinzips Verantwortung ein. Dabei greift er Impulse auf, die Albert Schweitzer mit seiner Idee der Ehrfurcht vor dem Leben oder Erich Fromm mit der Biophilie als Liebe zum Leben schon artikuliert hat. Dabei interessieren Jonas besonders die ethischen Fragen der **Gentechnologie**. Angesichts der Versuche der wachsenden biologischen Kontrolle über den Menschen, ergibt sich die Frage, wie ein besserer Mensch aussehen könnte und wer über das „neue Menschenbild" im Rahmen einer total beherrschten Natur zu entscheiden hätte. (Vgl. H. Jonas: Technik, Medizin und Ethik. Frankfurt 1987, S. 170) Die genetische Schaffung eines neuen Menschen durch den Menschen ist Jonas zutiefst unheimlich. Schon das Klonen führt zu einer völligen Überforderung des klonierten Ebenbildes, denn keiner kann heute sagen, „was ein Klon zu sein für das betreffende Subjekt selbst bedeutet." (H. Jonas: Technik, Medizin und Ethik, a.a.O., S. 187)

***Übung:***
***Was könnte es bedeuten, ein Klon zu sein? Schreiben Sie einen kurzen inneren Selbstdialog eines Klons.***

Der Klon hat Identitätsprobleme. Er kann sich kaum fragen: „Wer bin ich? Diese Frage muss immer aus dem Geheimnis kommen und kann ihre Antwort nur finden, wenn die Suche danach vom Geheimnis begleitet bleibt." (H. Jonas: Technik, Medizin und Ethik, a.a.O., S. 191)

***Übung:***
***Welche Antwort geben Sie sich selbst auf die Frage „Wer bin ich"?***

Jeder Mensch muss nach dem „Prinzip Verantwortung" seinen eigenen Weg finden können und sollte eine Überraschung für sich selbst bleiben. Die Gentechnologie schränkt diesen Freiraum ein.

Jonas weist dabei auf folgende **Gefahren der Gentechnologie** hin:

- Experimente an Embryos können lebenslange Schäden hervorrufen.
- Biogenetische Kunstfehler sind unumkehrbar.
- Gen-Mischungen können erst nach Generationen ihre schädlichen Folgen enthüllen.
- Der Mensch hat nicht genug Verantwortung, um eine zweite Schöpfung bis zum Ende der Menschheit neu zu gestalten.

***Übung:***
***Sollte das Projekt „Zweite Schöpfung des Lebens“ durch den Menschen verboten werden?***

Am Ende seines Philosophierens über das Leben steht für Jonas deshalb die Frage eines „Gottesbegriffs nach Auschwitz“. Um die Möglichkeiten von Auschwitz zu erklären, muss Jonas von einem allmächtigen **Gott** Abschied nehmen, denn ein vollkommener Gott hätte Auschwitz nicht zugelassen. Nur ein gänzlich unverstehbarer Gott hätte dulden können, dass ganze Völker getötet werden. Ein angemessenes Gottesbild nach Auschwitz kann nur von einem leidenden und werdenden Gott sprechen, der erst am Ende des Lebens der Menschheit ganz lebt. (H. Jonas: Philosophische Untersuchungen und metaphysische Vermutungen. Frankfurt 1994, S. 190-208)

***Übung:***
***Wie sieht Ihr Gottesbild als Grund des Lebens nach Auschwitz aus?***

Hans Jonas ist zutiefst davon überzeugt, „dass der reine Atheismus falsch ist.“ (H. Jonas: Erinnerungen, a.a.O., S. 345) Jonas findet es auch keineswegs obszön, nach Auschwitz von Gott zu sprechen. „Denn dass es ein Überweltliches im Weltgetriebe gibt, dafür scheint mir der Menschengeist ein Zeugnis zu sein.“ (H. Jonas: Erinnerungen, a.a.O., S. 347) Hans Jonas verstand seinen Mythos vom ohnmächtigen und leidenden Gott als gestammelt, als tastenden Versuch, angesichts der vollendeten Sinn- und Trostlosigkeit von Auschwitz dennoch Metaphysik aufrecht zu erhalten. Dieses dynamische Gottesbild ist allerdings keineswegs neu. Es lässt sich von Schelling über Max Scheler bis Dorothee Sölle, aber auch bei Sri Aurobindo und Teilhard de Chardin in der ganzen neuen Philosophie finden.

Sehen wir uns zum Schluss noch einmal eine Grafik der Lebensphilosophie von Hans Jonas an:

## Die Lebensphilosophie von Hans Jonas

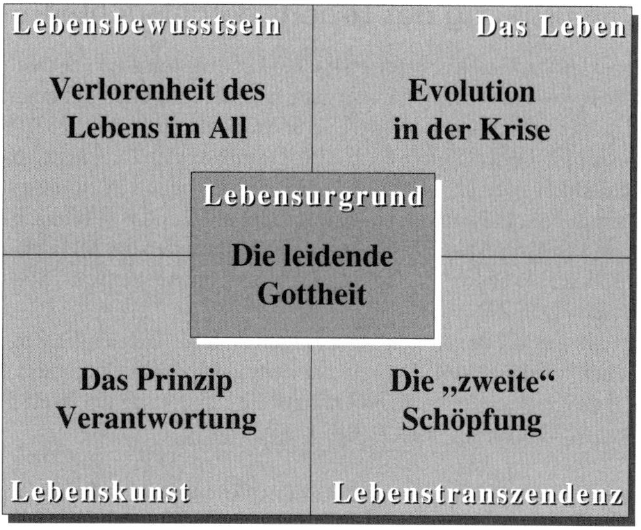


***Übung:***
***Schreiben Sie fünf Sätze zur Lebensphilosophie von Hans Jonas.***

## Literatur zu Hans Jonas

*Jonas, H.: Erinnerungen. Frankfurt 2003*
*Jonas, H.: Das Prinzip Verantwortung. Frankfurt 1984*
*Jonas, H.: Das Prinzip Leben. Frankfurt 1997*
*Jonas, H.: Technik, Medizin und Ethik. Frankfurt 1987*
*Jonas, H.: Philosophische Untersuchungen und metaphysische Vermutungen. Frankfurt 1994*
*Jonas, H.: Gnosis. Die Botschaft des fremden Gottes. Frankfurt 2000*

*Wetz, F. J.: Hans Jonas zur Einführung. Hamburg 1994*
*Schieder, Th.: Weltabenteuer Gottes. Die Gottesfrage bei Hans Jonas. Paderborn 1998*

## 3.3 Jean Gebser (1905-1973): Den Ursprung des Lebens durchleuchten

Jean Gebser verstand sich als optimistischer Lebensphilosoph, der sich gegen alle Positionen wandte, die den Untergang des menschlichen Lebens verkündeten. In seinem Hauptwerk „Ursprung und Gegenwart", das 1953 vollständig erschien, formulierte Gebser das Programm seiner Lebensphilosophie: „In diesem Buch wird ... über das Werden einer neuen Welt, eines neuen Bewusstseins Bericht erstattet. Und zwar nicht aufgrund von Wunschbildern ..., sondern von Grund auf Einsichten in die Mutationen der Menschheit von den Uranfängen bis heute." (J. Gebser: Ursprung und Gegenwart. Schaffhausen 1999, Bd. 1, S. 23)

Mitten im Zerfall unserer Epoche zeigen sich für Gebser die Züge einer neuen **Lebenswirklichkeit**. Diese neue Lebenswirklichkeit „ist die einzige Sicherheit dafür, dass die drohende materielle Zerstörung der Welt gebannt werden kann." (J. Gebser, a.a.O., Bd. 1, S. 29)

**Jean Gebser stützt sich in seiner Lebensphilosophie auf drei einfache Grundsätze:**

1. Im Verborgenen zeigt sich schon die Zukunft.
2. Das Neue scheint schon in die Gegenwart hinein.
3. Das Neue ist die Erscheinung des ganzen inneren Lebens.

(J. Gebser, a.a.O., Bd. 1, S. 32)

Am 20. August 1905 wird Jean Gebser geboren. Er wächst in Breslau auf. 1921 ist Gebser Schüler eines Berliner Gymnasiums. 1923 verlässt Gebser ohne Abitur die Schule und beginnt eine Lehre bei der Deutschen Bank. Gelegentlich besucht er Vorlesungen an der Humboldt-Universität. Nach dieser Lehre wird er Mitarbeiter in der Druckerei seines Freundes V. O. Stomps. In Stomps „Rabenpresse" veröffentlicht Gebser erste Gedichte. Danach arbeitet Gebser in mehreren Buchhandlungen. 1931 lernt er Roy Hewin Winstone kennen, mit dem er dann zehn Jahre durch die Welt fährt. Er lebt mit Winstone in Frankreich und Spanien. Er schließt Freundschaft mit dem spanischen Dichter Federico Garcia Lorca. 1933 hat Gebser eine Inspiration für sein philosophisches Hauptwerk, das er aber erst ab 1939 bearbeitet. Er erkennt, dass es eine Entwicklung im Lebensbewusstsein gibt, das sich vom Mythischen über das Spirituelle bis in das Rationale entfaltet. (Vgl. G. Wehr: Jean Gebser: Petersberg 1996, S. 125)

Gebser erkennt nun in dieser Initiation, dass es ihm um die Geschichte der Bewusstwerdung des menschlichen Lebens geht. „Es war ein Gedanke, der mich geradezu elektrisierte." (G. Wehr, a.a.O., S. 133)

***Übung:***
***Was ist Ihre wichtigste Einsicht in das Wesen des Lebens?***

Erst nach der Trennung von R. H. Winstone und der Eheschließung mit der Schweizerin Gentiane Schoch 1942 arbeitet Gebser seine Bewusstseinsgeschichte des Lebens weiter aus. Sie erhält als knappe Fassung den Titel „Abendländische Wandlung" und erscheint 1943 in Zürich.

In der „Abendländischen Wandlung" stellt Gebser drei große **Epochen der Geistesgeschichte des Lebens** vor:

- Die Achsenzeit (vor 500 v. Chr.), die den Raum entdeckte,
- das Jahr 1500 n. Chr., als man die Perspektive erfunden hat,
- das 20. Jahrhundert, als die Zeit ihre Kraft verliert.

Im 20. Jahrhundert deutet sich für Gebser eine entscheidende **Mutation des Lebensbewusstseins** an:

1. Der alte Zeitbegriff verblasst
2. Alles wird relativ.
3. Die Gegensätze lösen sich auf.
4. Es gibt sprunghafte Bewusstseinsmutationen.

Aus diesem Lebensbegriff resultieren folgende **Konsequenzen:**

- Es entsteht eine tiefere Einheit des Lebens.
- Das Unbewusste des Lebens wird bewusst.
- Das Geistige wird stärker, das Materielle schwächer.
- Ein neues ganzheitliches Lebensbewusstsein entsteht.

***Übung:***
***In welche Epochen gliedern Sie das „Abendländische Lebensbewusstsein"?***

1947-48, nach der Bewältigung seiner Krise der Lebensmitte, wird sein Hauptwerk „Ursprung und Gegenwart" ausgearbeitet, das 1953 in zwei Bänden erscheint. Der erste Band stellt die Fundamente der gegenwärtigen ganzheitlichen Lebensbewusstseinsentwicklung dar.

Gebser entwickelt das gegenwärtige Lebensbewusstsein auf der Basis von vier **Lebensbewusstseinsmutationen.**

1. Zuerst wurde das Lebensbewusstsein von der **archaischen** Struktur beherrscht. Ihre Merkmale waren:
   - Androgynität,
   - paradiesischer Zustand,
   - traumlose Zeit,
   - völlige Ununterschiedenheit von Mensch und All.

   Das archaische Lebensbewusstsein ist dem „biblischen paradiesischen Zustand am nächsten, wenn nicht dieser selbst. Es ist die Zeit, da die Seele noch schläft, und so ist sie die traumlose Zeit und die gänzliche Ununterschiedenheit von Mensch und All.“ (J. Gebser: Ursprung und Gegenwart, a.a.O., Bd. 1, S. 83)

***Übung:***
***Schreiben Sie ein Gedicht über das archaische Bewusstsein, in dem sich alles um die Einheit von Kosmos und Seele dreht.***

2. Danach entwickelt sich das **magische** Lebensbewusstsein. Der Mensch wird aus der Lebenseinheit herausgelöst. „In dieser magischen Struktur wird der Mensch aus dem Einklang, der Identität mit dem Ganzen, herausgelöst. Damit setzt ein erstes Bewusstwerden ein, das noch durchaus schlafhaft ist.“ (J. Gebser, a.a.O., Bd. 1, S. 87f.) Die vorgeschichtliche Höhlenmalerei ist das beste Beispiel für den Ausdruck des magischen Lebensbewusstseins.

   Das Ich ist in der magischen Epoche noch über die Dinge der Welt zerstreut. Bannformeln, Beschwörungen, Totem und Tabus sind Mittel der magischen Naturbeherrschung. Das Gruppen-Ich hat in dieser Zeit noch Halt im Wir des Clans.

***Übung:***
***Schreiben Sie ein Gedicht über das magische Lebensbewusstsein, das sich um seine Ich-Losigkeit zentriert.***

3. Schließlich entsteht das **mythische** Lebensbewusstsein. Nun wird die Seele bewusst. Sie singt den Mythos. Himmel und Erde treten in Gegensatz zueinander. Mythen werden zu kollektiven Träumen der Völker. Das Du erwacht. Die Meer- und Nachtmeerfahrt wird zum Symbol der Suche

nach sich selbst. „Jede Meerfahrt ist das Sinnbild dafür, dass der Mensch eine gewisse Herrschaft über die Seele erreicht ... Denn jede Meerfahrt ist ein Sich-Erfahren.“ (J. Gebser, a.a.O., Bd. 1, S. 118f.) Meerfahrt ist zugleich auch Nachtmeerfahrt, Hadesfahrt und Höllenfahrt.

***Übung:***
***Schreiben Sie ein Gedicht über die Suche nach sich selbst als Nachtmeer- und Höllenfahrt.***

4. Mit dem Jahr 1500 entsteht in Europa für Gebser das **mentale** Lebensbewusstsein. Der Mensch entdeckt sein Ich. Die Welt wird dualistisch. Die Welt wird fremd. Bewusstsein tritt an die Stelle von Ahnung und Traum. Philosophie und Wissenschaft lösen den Mythos ab. „In dem Maße, in dem die philosophischen Systeme sich vermehren, nimmt das Mythische ab.“ (J. Gebser, a.a.O., Bd. 1, S. 143) Der Mensch wendet sich von der Vergangenheit ab und richtet sich auf die Zukunft. Er will Macher der Zukunft werden. Abstraktionen dominieren nun in der Wissenschaft die Konkretion. Mit der nun eintretenden Ich-Erstarkung tritt die Gefahr der Ich-Hypertrophie auf, begleitet von Atomisierung, Vermassung und Technisierung. Die Gefahr der Regression macht sich bemerkbar, des Rückfalls des Ichs in frühere Stufen des Lebensbewusstseins. Denn die Ratio kann nun in überspitzte Rationalisierung umschlagen. Der Mensch isoliert sich in dieser Rationalisierung und schneidet sich nun von seinen Lebensgrundlagen ab.

***Übung:***
***Schreiben Sie ein Gedicht über das mentale Lebensbewusstsein und seine Regressionsgefahr.***

5. Heute wird das mentale Lebensbewusstsein durch das **integrale** Bewusstsein abgelöst. Dieses integrale Bewusstsein bezieht alle bisherigen Bewusstseinsstufen mit ein. Es umfasst den magischen Schlafcharakter, den mythischen Traumcharakter, den mentalen Wachheitscharakter. Das integrale Bewusstsein ist keine Bewusstseinserweiterung, sondern eine Bewusstseinsintensivierung. (J. Gebser, a.a.O., Bd. 1, S. 168)

Als Grafik erscheinen die Stufen des Lebensbewusstseins nun in folgender Form (Vgl. J. Gebser, a.a.O., Bd. 1, S. 179):

| Struktur | Grad | Bezug |
|---|---|---|
| Archaisch: | Tiefschlaf | All-Bezogenheit |
| Magisch: | Schlaf | Natur-Bezogenheit |
| Mythisch: | Traum | Seelen-Bezogenheit |
| Mental: | Wachheit | Raum-Bezogenheit |
| Integral: | Durchsichtigkeit | Innen-Bezogenheit |

Für Gebser ist das menschliche Leben das Ganze seiner Mutationen, „und nur insofern es ihm gelingt, die Ganzheit zu leben, ist sein Leben ein ganzheitliches." (J. Gebser, a.a.O., Bd. 1, S. 228)

**Das neue integrale Bewusstsein hat jetzt schon folgende Merkmale:**
- Anstelle der Zieldeutung tritt die Absichtslosigkeit des Handelns.
- Anstelle des Machtdenkens die Hingabe.
- Anstelle dualistischer Gegensätze tritt die Transparenz.
- Anstelle des gespaltenen Menschen tritt der ganzheitliche Mensch.

Das Wissen, auf welcher Bewusstseinsstufe das Leben sich zeigt, kann uns ohne Zweifel behilflich sein, um das Leben zu klären. Die Mutationen des Lebensbewusstseins machen deutlich, dass im Leben „ein jeweilig Unerfahrbares erfahrbar, ein Unvorstellbares vorstellbar, ein Undenkbares denkbar wurde." (J. Gebser, a.a.O., Bd. 1, S. 372)

***Übung:***
***Versuchen Sie, durch alle fünf Bewusstseinsstufen hindurch, den Ursprung des Lebens zu denken. Denn: „Nur wer um den Ursprung weiß, hat Gegenwart und lebt und stirbt im Ganzen." (J. Gebser, a.a.O., Bd. 1, S. 374)***

Für das neue integrale Bewusstsein gibt es für Gebser freie Gehirnkompetenzen: Es ist klar, dass „das menschliche Gehirn noch bisher unausgeschöpfte Entfaltungsmöglichkeiten birgt." (J. Gebser, a.a.O., Bd. 2, S. 453) Der Mensch kann in seinem Lebensbewusstsein durchaus defizitär werden und aus der mentalen Welt aussteigen, um in die integrale Lebenswelt einzusteigen. Gebser versucht, diese Bewusstseinsintensivierung des Lebens an verschiedenen neuen Wissenschaftsentwicklungen deutlich zu machen.

In der **Biologie** wird die rationale Sicht des Lebens zu einer a-rationalen Sicht, die keineswegs irrational ist. Ein neues Lebensbewusstsein zeigt sich jenseits der materialistischen Lebensmechanik: „Als ein ungeheures und undurchdrungenes Ganzes ist uns die Fülle des Lebendigen gegeben. Rätselhaft ist sie in all seinen Formen … und doch bereiten sich durch einen unfassbaren Schatz von Bildungsprozessen mitten unter uns die nächsten Wandlungen des Lebensbewusstseins vor.“ (J. Gebser, a.a.O., Bd. 2, S. 517)

***Übung:***
***Schreiben Sie ein Loblied auf die rätselhaften Mutationen des Lebens.***

Die **Tiefenpsychologie** erkennt nun die Archetypen, die selber, ohne materielle Existenz, das Psychische präformieren.

***Übung:***
***Zählen Sie alle Archetypen auf, die Ihr Leben in die Zukunft führen.***

Die **Philosophie** fällt mit Heidegger ins Irrationale zurück. Allerdings zeigt Heideggers Lehre von der Lichtung des Seins für Gebse schon auf die integrale Bewusstseinswelt voraus.

***Übung:***
***Stellen Sie sich die „Lichtung des Seins“ als Lichtung von Lebenssinn vor.***

Die **Soziologie** hat Gott totgesagt. „Die Erde ist aber nicht heller geworden … aber nicht Gott wurde getötet, sondern der Vater und damit der nur vorgestellte Gott.“ (J. Gebser, a.a.O., Bd. 2, S. 571) Allerdings „seit der Totsagung Gottes droht der Tod des Menschen.“ (J. Gebser, a.a.O., Bd. 2, S. 683) Auch die Soziologie erkennt heute, dass das aktuelle Gehirn des Menschen nur eine Zwischenstufe in der Evolution ist. Das Gehirn hat eine Zukunft, die „reich ist an hoher Verheißung.“ (J. Gebser, a.a.O., Bd. 2, S. 592)

***Übung:***
***Stellen Sie sich ein neues größeres Gehirn des Menschen vor. Was könnte dieses Gehirn am Leben neu erkennen?***

Viele der integralen Ansätze in den Wissenschaften sind vorerst Versuche. Das Ganze wird erst durchsichtig durch alle Bewusstseinsbereiche hindurch. Dann wird der Ursprung Gegenwart.

**In drei Einsichten lässt sich Gebsers Lebensphilosophie zusammenfassen:**

1. Das Lebensbewusstsein reicht über das mental-rationale Denken weit hinaus.
2. Das Leben ist universell entwicklungsfähig, im Einzelnen wie in der Kultur.
3. Eine klare Lebensmystik kann jenseits von magischen Träumen, Mythen und mentalen Begriffen gefunden werden.

(Vgl. G. Wehr: Jean Gebser, a.a.O., S. 166)

Das integrale Lebensbewusstsein lässt sich durch Selbsterkenntnis fördern: „Jedem sind heute die Mittel gegeben, sich selbst zu durchschauen ... Wem es im Alltag gelingt, das Ganze über sein Ich zu stellen (ein Ich, das er deshalb noch lange nicht verlieren muss), wer aus Ich Freiheit herauszuhandeln vermag, dem wird die Welt und selbst der Alltag durchsichtig." (J. Gebser, a.a.O., Bd. 2, S. 677)

***Übung:***
***Welche Methoden der Ich-Überwindung praktizieren Sie schon heute?***

Für den, der seine moderne Ich-Manie überwunden hat, „gibt es weder Himmel noch Hölle, weder Immanenz noch Transzendenz, sondern über deren magische Einheit, deren mythische Ergänzung, deren mentale Entzweiung und Synthese hinaus das nur wahrnehmbare Ganze ist." (J. Gebser, a.a.O., Bd. 2, S. 689)

***Übung:***
***Stellen Sie sich vor, wie sich der Ursprung in der Gegenwart als Ganzer zeigen kann.***

Für Gebser sind der Inder Sri Aurobindo und der Jesuit Teilhard de Chardin Geistesverwandte. Für beide zielt die Evolution auf die völlige Vergeistigung und Vergöttlichung des Lebens.

1961 macht Gebser seine große Asienreise, auch um Auroville, den Ashram des 1950 gestorbenen Sri Aurobindo, zu besuchen. Seine Asien-Erfahrung fasst er dann in dem Satz zusammen: „Europa ist die Ergänzung Asiens, nicht sein Gegensatz. Das will besagen, dass sie gleichwertig sind." (zit. N. G. Wehr, a.a.O., S. 185)

***Übung:***
***Wie bestimmen Sie das Verhältnis von Europa und Asien in Bezug auf die Erkenntnis des Lebens?***

Gebser war sein Leben lang Autodidakt. Weil er kein Abitur hatte, konnte er auch niemals studieren. Er blieb auch nach der Veröffentlichung von „Ursprung und Gegenwart“ ein akademischer Außenseiter. Als Generalist fehlten ihm fundierte Fachkenntnisse. 1967 bekam er dann doch eine Professur für „Vergleichende Kulturlehren“ an der Universität Salzburg. Aber wegen seiner damaligen schweren Erkrankung hat er niemals in Salzburg gelehrt. 1966 erlitt Gebser einen Magendurchbruch und einen seelischen Zusammenbruch. Diese tödliche Krise veränderte Gebser völlig. Er wurde nun zu einem abgeklärten Menschen, einem Weisen. Er riet nun zur Deutung von integralen Kernträumen, die schon Anzeichen des neuen integralen Bewusstseins der Zukunft aufweisen sollen. Diese integralen Träume sind durch das „gleichzeitige Miteinander aller Bewusstseinsstufen“ charakterisiert.

***Übung:***
***Kennen Sie integrale Kernträume, die alle Stufen des Lebensbewusstseins gleichzeitig aufzeigen?***

Gebser plädiert nun für eine **Meditation** über das Ganze des Lebens. Sein Werk gewinnt Einfluss in den USA, z.B. bei Ken Wilber und der transpersonalen Philosophie. Nicht Regression, sondern Transzendieren, das ist für Gebser die Hauptrichtung der Lebenserkenntnisse.

Seine letzten Worte beim Sterben lauteten: „Ich bin überall auf der Welt gleichzeitig vorhanden.“ (G. Wehr, a.a.O., S. 266)

***Übung:***
***Was bedeuten Gebsers letzte Worte?***

Fassen wir unsere Erkenntnisse der Lebensphilosophie von Jean Gebser noch einmal in einer Grafik zusammen:

## Die Lebensphilosophie von Jean Gebser

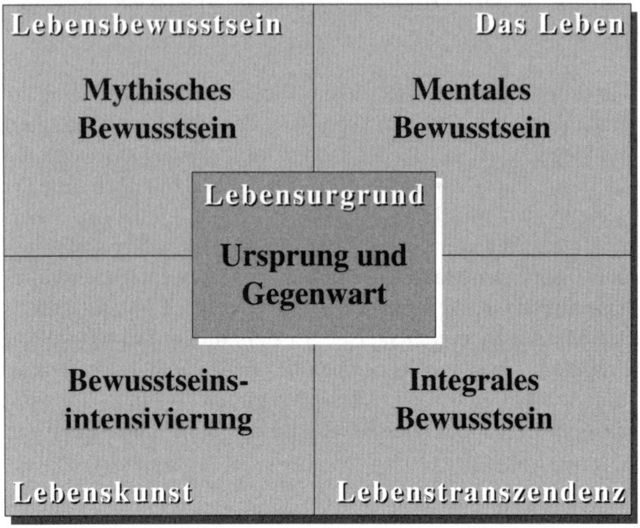


***Übung:***
***Schreiben Sie fünf Sätze zur Lebensphilosophie von Jean Gebser.***

## Literatur zu Jean Gebser

*Gebser, J.: Werke – Gesamtausgabe. Hrsg. R. Hämmerli. Schaffhausen 1999, Bd. I-VII, darin Bd. II-IV „Ursprung und Gegenwart"*

*Schübl, E.: Jean Gebser (1905-1973). Zürich 2003*
*Wehr, G.: Jean Gebser. Petersberg 1996*

## 3.4 James Lovelock (*1919): Die Selbstregulierung des Lebens erkennen

James Lovelock hat eine optimistische Ökologie in die zeitgenössische Lebensphilosophie eingebracht. Seine Grundidee, dass die Erde und das Leben an sich die Umweltzerstörung des Menschen überleben werden, entwickelte er als Theorie von **Gaia**, der Erdgöttin des griechischen Mythos. Gaia ist der Erdbiotop, der seine Reproduktion und Reparatur selbst reguliert. Dieser Biotop umfasst die Erdoberfläche, die Ozeane und die Atmosphäre. Gaia reguliert die Chemie der Ozeane, die Zusammensetzung der Atmosphäre so, dass das Leben und die das Leben fördernden Umstände, wie Temperatur, Salze und Chemikalien, seit vier Milliarden Jahren relativ konstant bleiben.

James Lovelock, 1919 geboren, studierte in Manchester und London. Er lebt heute in Cornwall. 1961 lehrte er am Universitätscollege in Texas Chemie und arbeitete dort auch mit der NASA, der amerikanischen Weltraumbehörde, zusammen. Die NASA bereitete damals Forschungsexperimente vor, um auf dem Mond und auf dem Mars mittels Raumsonden den Nachweis von außerirdischem Leben erbringen zu können. Diese Arbeit regte bei Lovelock die Gaia-Hypothese an, die annimmt, dass die Erde als einziger lebender Organismus betrachtet werden kann. Seit 1974 ist Lovelock Mitglied der Royal Society und Präsident der „Marine Biology Association".

Die Idee, dass die Erde ein Lebewesen sei, ist sehr alt. Schon Platon schrieb: „Die Gottheit gestaltete die Erde als ein vollkommenes, nie alterndes noch erkrankendes Ganzes und verlieh ihr die ihr angemessene und verwandte Gestalt. Dem Lebenden aber, das bestimmt war, alles Lebende zu umfassen, dürfte diese Gestalt angemessen sein, welche alle irgend vorkommenden Gestalten in sich schließt, deshalb gestaltete die Gottheit die lebende Erde als Kugel." (Platon: Timaios. In: Ders.: Sämtliche Werke. Hamburg 1959, Bd. V, S. 157)

***Übung:***
***Was halten Sie von der Gaia-Hypothese Platons, dass die Erde ein großes Lebewesen ist?***

Auch in der Neuzeit wurde vor Lovelock die These vom irdischen Großbiotop vertreten. So sprachen Goethe und Humboldt von der Erde als Superorganismus. Der russische Biologe Vladimir Vernadsky erkannte, dass die Biosphäre auf der Basis der Erdoberfläche und der Atmosphäre als Ganzes lebt.

Lovelock verdankte die Entdeckung von Gaia seinem Vater. Sein Vater war ein begeisterter Gärtner. Er vermittelte seinem Sohn ein Gefühl der intensiven Verwandtschaft des Menschen mit allem Lebenden. „Viele meiner Gefühle für die Natur verdanke ich Spaziergängen mit dem Vater über Feldwege und alte Fuhrwege, die mir in der Kindheit eine süße Geborgenheit und Ruhe auszustrahlen schienen." (J. E. Lovelock: Unsere Erde wird überleben. München 1982, S. 201)

***Übung:***
***Kennen Sie solche pantheistischen Erfahrungen der All-Einheit der Natur aus Ihrer Kindheit? Geben Sie einen Bericht.***

Lovelocks Staunen über die Ökologie des Lebens auf der Erde wurde durch Gespräche mit dem Schriftsteller William Golding, einem Nachbarn von Lovelock, unterstützt, der auch den Namen „Gaia", den griechischen Namen für die Erde und die Göttin der Erde, in das Gespräch einbrachte. (Vgl. J. E. Lovelock. In: E. Capra u.a.: Der wissende Kosmos. Freiburg 2001, S. 83)

Lovelock sprach über die Gaia-Hypothese als den Rahmen für den Ursprung und die Erhaltung des Lebens auf der Erde zuerst 1969 auf einem wissenschaftlichen Kongress in Princeton, New Jersey (USA). Diese Hypothese wehrt sich gegen die verbreitete Vorstellung, dass die Erde nur eine primitive Kraft ist, die es zu erobern und zu unterwerfen gilt. Lovelock betrachtete im Zeitalter der Raumfahrt die Erde aus dem Weltraum als Ganzes.

***Übung:***
***Stellen Sie sich vor, Sie betrachten die Erde als Ganzes vom Ort eines Raumschiffes aus. Beschreiben Sie Ihr Bild der lebendigen Erde.***

Lovelock machte die Trennung von Erd- und Biowissenschaft, die im 19. Jahrhundert eintrat, wieder rückgängig. Für ihn ist Gaia „eine Evolutionstheorie, die die Evolution der Gesteine, der Atmosphäre und der Meere und die der Arten von Organismen als einen einzigen, eng ineinander greifenden Prozess begreift." (F. Capra u.a., a.a.O., S. 89) Die Gaia-Forscher auf der Erde sind heute nur eine kleine Gemeinde. Fünf Wissenschaftler vertreten heute diese These bei ihren Forschungen. „Wir arbeiteten alle in unserer Freizeit an diesem Thema, und niemand wurde dafür bezahlt." (F. Capra u.a., a.a.O., S. 94)

***Übung:***
***Wie würden Sie vorgehen, um die „verborgene Gaia" in der Natur zu entdecken?***

**Für Lovelock sprechen drei Aspekte für die Existenz Gaias:**

1. Es gibt eine Tendenz in der Natur, das Leben zu optimieren. Diese Tendenz existiert schon 3,5 Milliarden Jahre, bevor der Mensch auf der Erde erschien.
2. Gaia hat konstante Prozesse entwickelt, die vom Erdkern bis zur Atmosphäre das Lebensgleichgewicht immer aufrechterhalten.
3. Gaias Reaktion der Verschlechterung der Lebensbedingungen setzt heute langsame Reaktionen der Verbesserung der Lebensbedingungen frei.

(J. E. Lovelock, a.a.O., S. 181)

***Übung:***
***Entwickeln Sie Pro- und Contra-Argumente für das konstante Lebensgleichgewicht auf der Erde.***

Lovelock geht von der Idee aus, dass Leben aus offenen und sich erhaltenden Systemen besteht, die „ihre innere Energie auf Kosten von Substanzen entwickeln, die sie aus ihrer Umgebung aufnehmen und in einer einfachen Form wieder abgeben … Leben besteht also dort, wo es einen fortgesetzten Energiefluss gibt.“ (J. E. Lovelock, a.a.O., S. 18)

Die **Umweltbedingungen** für diesen Austausch von sich selbst erhaltenden Systemen mit ihrer Umwelt bestehen auf der Erde seit vier Milliarden Jahren und diese Umweltbedingungen sind immer noch konstant: „Das Klima und die chemischen Eigenschaften der Erde scheinen jetzt wie auch während der gesamten Erdgeschichte optimal für das Leben geeignet.“ (J. E. Lovelock, a.a.O., S. 25)

Das Leben beginnt auf der Erde mit Mikro-Organismen, die in der Lage waren, „mit Hilfe des Sonnenlichtes aus den Molekülen der Umgebung ihr eigenes Duplikat zu erzeugen.“ (J. E. Lovelock, a.a.O., S. 31)

Die Erde muss bei der Entstehung des Lebens eine wasserstoffhaltige Atmosphäre besessen haben. Die Ozeane waren auf der Erde niemals gefroren oder haben gekocht, wie es auf anderen Planeten der Fall war. Die Eiszeiten bedeckten auf der Erde nur 30% der Erdoberfläche. Das Leben begann sicher in seichten Gewässern, Flussmündungen, Flussufern und Feuchtgebieten. Die ersten Lebensorganismen waren bestimmt Aasfresser, weil sie die wertvollen Lebenselemente aus toten Körpern herausholten. Umweltverschmutzung hat es deshalb seit Beginn des Lebens auf der Erde gegeben.

***Übung:***
***Schließen Sie die Augen. Stellen Sie sich den Ursprung des Lebens durch Mikroorganismen auf der Erde vor.***

Das Leben war von Anfang an bedroht. Vor 650 Mio. Jahren gab es im Kambrium ein Massensterben. Dann vor 440 Mio. Jahren im Silur. Vor 410 Mio. Jahren ereigneten sich im Devon mehrere Fälle von Artensterben. 245 Mio. Jahre vor unserer Zeit wiederholte sich das Massensterben, ebenso 208 Mio. Jahre vor unserer Zeit im Trias und dann 65 Mio. Jahre vor unserer Zeit im Paleozän. Diesmal waren die Saurier dran. Die Gründe für das Massensterben des Lebens: „Aussterben ist letztlich das Schicksal aller Arten." (N. Eldridge: Wendezeiten des Lebens. Katastrophen in Erdgeschichte und Evolution. Frankfurt 1997, S. 87) Aber Aussterben ist auch die Folge der Kollision der Erde mit außerirdischen Objekten. „Die Folge davon waren Wolken pulverisierten Staubs, welche die Erde umhüllten, das Sonnenlicht abschirmten und die Photosynthese behinderten. Dadurch wurde über Nacht ein globaler Zusammenbruch der Ökosysteme herbeigeführt." (N. Eldridge, a.a.O., S. 143)

***Übung:***
***Stellen Sie sich den Untergang der Saurier vor. Beschreiben Sie Ihr Bild.***

Dazu kam als Ursache des Massensterbens „der Verlust bewohnbarer Fläche." (N. Eldridge, a.a.O., S. 211) Daraus folgte die wachsende Konkurrenz der zusammengedrängten Arten. Ein globaler Wandel der Umwelt verursachte weiter das Massensterben in der Geschichte des Lebens.

***Übung:***
***Stellen Sie sich die Geschichte der Umwelt des Lebens auf der Erde in den letzten 3,5 Milliarden Jahren vor. Welche Umweltwandlungen erkennen Sie?***

Auch in der historischen Lebenszeit der Menschheit haben **Katastrophen** die Bedrohung des Lebens sichtbar gemacht. Fred Hoyle vertritt die These, dass „die periodischen Phasen der Einschläge von Bruchstücken zerfallender Kometen mit den wichtigen Epochen der menschlichen Geschichte, in denen Religionen geformt wurden, zeitlich zusammenfallen." (F. Hoyle: Kosmische Katastrophen und der Ursprung der Religionen. Leipzig 1997, S. 108)

Dass diese Katastrophen das Lebensbewusstsein der Menschen immer unbewusst prägen, führt Immanuel Velikovsky auf die kollektive Verdrängung zurück. Die Spuren der jüngsten Lebenskatastrophen, von denen die Sintflut berichtet, zeigen sich in allen Mysterien, in denen Himmelsgötter verehrt werden. Diese Verehrung verarbeitet die Angst, die die Beinahe-Kollision der Erde mit anderen Planeten bei den Erdbewohnern ausgelöst hat. (E. Velikovsky: Das kollektive Vergessen. Verdrängte Katastrophen der

Menschheit. Berlin 1987, S. 92) Aber das Leben ist über 4 Milliarden Jahre nicht gänzlich ausgerottet worden. Es wird noch weitere 4 Milliarden Jahre mit Hilfe Gaias bis zum Verlöschen der Sonne existieren.

Allerdings: Der heutige Abbau der Ozonschicht könnte wegen der Vermehrung der ultravioletten Strahlung schwere Folgen für das Leben auf der Erde haben. Jedoch würde das Leben auf dem Meeresgrund, der 75% der Erde ausmacht, von dieser Strahlung überhaupt nicht betroffen, weil das tiefe Wasser die Mikroorganismen schützt. Auch die Zündung aller Kernwaffen würde „von den einzelligen Lebewesen kaum bemerkt werden.“ (J. E. Lovelock, a.a.O., S. 65)

***Übung:***
***Welche Folgen für das Leben erwarten Sie bei einem globalen Atomkrieg?***

Ein Atomkrieg würde Gaia also nicht wesentlich stören. Heute sollte man sich aber bewusst werden, dass „wir auf keinem unbedeutenden Planeten wohnen ... Was immer in der fernen Vergangenheit geschehen ist, wir sind zweifelsohne lebender Bestandteil einer seltsamen und wunderbaren Ausnahmeerscheinung in unserem Sonnensystem.“ (J. E. Lovelock, a.a.O., S.48)

Allerdings ist die Troposphäre, die 90% der Luft enthält und die Erde bis zu einer Höhe von 16 km umhüllt, noch wenig erforscht und kaum verstanden, obwohl sie den allerwichtigsten Teil von Gaia darstellt. Die Troposphäre enthält eine Mischung von Stickstoff (79%), Sauerstoff (21%) und Kohlendioxid (0,03%). Diese Mischung wird durch die Biosphäre ständig im Gleichgewicht gehalten. Damit gewährleistet Gaia eine optimale Lufthülle für das irdische Leben. Die konstante Sauerstoffkonzentration lässt auf ein aktives Kontrollsystem schließen. Dieses System umfasst Mikroorganismen, die ohne Sauerstoff leben und das Gas Methan produzieren. Ohne dieses Methan „würde die Sauerstoffkonzentration anwachsen bis zu einem Bereich, in dem Brände auf der Erde alles Leben vernichten würden.“ (J. E. Lovelock, a.a.O., S. 111)

Auch ohne das viele Wasser auf der Erde gäbe es keine von Gaia gehüteten gleich bleibenden Lebensbedingungen. „Die Erde ist ein Wasserplanet. Ohne Wasser gäbe es kein Leben. Das Leben ist vollkommen auf die unparteiische Großmut des Wassers angewiesen. Wasser ist die wichtigste Bezugsgröße für das Leben.“ (J. E. Lovelock, a.a.O., S. 121)

***Übung:***
***Schreiben Sie ein Lobes-Elfchen auf Wasser und Luft.***

Allerdings: Wir wissen nichts Genaues über die Entstehung der Ozeane der Erde. Jedoch gibt es einen stabilen Salzgehalt von 3,4% der Meere seit Milliarden Jahren. Lebende Organismen können bei einer Versalzung der Meere über 5% nicht mehr leben.

***Übung:***
***Wie kann Gaia den Salzgehalt der Meere über Milliarden Jahre unter Kontrolle halten?***

Lovelock macht Vorschläge, wie Gaia den Salzgehalt konstant hält:
- Es gibt Meerestiere, die bei steigendem Salzgehalt des Wassers sofort sterben. Ihre Körper sinken auf den Meeresgrund und vermindern den Salzgehalt der Meeresoberfläche.
- Durch riesige Korallenriffe entstanden Verdunstungsbecken, die überschüssiges Salz an die Luft abgaben.
- Die Verschiebung der Kontinente ermöglicht schließlich die Ausweitung des Meeresbodens und den Abtransport überflüssiger Salze.

Allerdings ist das Verhältnis von Gaia und der Menschheit ein Problem. Gaia produziert selbst eine entsprechende Umweltverschmutzung durch Vulkane, durch natürliche Gifte, durch Erdbeben und die Ausdehnung von Wüsten. Die vom Menschen und seiner Industrie produzierte Umweltverschmutzung scheint im Kontext von Gaia „sogar unwichtig." (J. E. Lovelock, a.a.O., S. 157) Gaia produziert alle Umweltgifte, wie radioaktives Material, Schwefeldioxid, karzinogene Substanzen usw. Die Industriewüsten sind gegenüber den Wüsten Gaias gering. Riesige Ansammlungen von Mikroorganismen leisten für Gaia die Kontrolle des planetarischen Gleichgewichts zwischen Leben und Umwelt.

***Übung:***
***Kann Gaia die Umweltschäden des Menschen ausgleichen?***

Die Bevölkerungsexplosion ist allerdings ein ernster Faktor, der Gaia ernsthaft beschädigen kann. Zehn Milliarden Menschen wären auch für Gaia zu viel.

***Übung:***
***Wie kann die Bevölkerungsexplosion kontrolliert werden? Legen Sie eine Liste von Maßnahmen an.***

Gaia drohen, wie wir gesehen haben, auch folgende intergalaktische Gefahren: Sonnenausbrüche, Meteore, Umpolung des Erdmagnetfeldes, Supernovaexplosion oder schwarze Löcher. Aber der Mensch kann durch Satelliten vielleicht einige dieser Gefahren rechtzeitig erkennen und Gegenmaßnahmen einleiten. Zu den wichtigsten Erhaltungsmaßnahmen für Gaia gehört eine vernünftige Seewirtschaft, die, wenn sie sich nach dem Beispiel der zerstörerischen Landwirtschaft entwickelt, auch Gaia gefährden könnte. Eine extensive Tangwirtschaft im Meer bedroht die Meeresorganismen, die den Salzgehalt kontrollieren.

***Übung:***
***Wie kann die Seewirtschaft entwickelt und kontrolliert werden?***

Die grundlegende Beziehung der Menschen zu Gaia kann durch Gedanken und Emotionen gefördert werden. Dazu gehört das Bewundern der mystischen Schönheit der Natur der Erde. Dabei erleben wir, „dass wir uns im Hauptstrom des Lebens befinden." (J. E. Lovelock, a.a.O., S. 202) Eine stabile Beziehung zu Gaia ist nur möglich, wenn der Mensch sich als Teil und Partner von Gaia versteht und erlebt. Gaia und ihr Kunstwerk Erde deuten auf ihre Intelligenz hin. „Gaia muss unsere Fähigkeit zu denken im Grunde mit uns teilen." (J. E. Lovelock, a.a.O., S. 211)

***Übung:***
***Ist Gaia die neue Göttin des 21. Jahrhunderts?***

Fassen wir unsere Erkenntnisse der Lebensphilosophie von James Lovelock noch einmal in einer Grafik auf der folgenden Seite zusammen.

***Übung zur Grafik:***
***Schreiben Sie fünf Sätze zur Lebensphilosophie von James Lovelock in den fünf Feldern.***

## Die Lebensphilosophie von James Lovelock

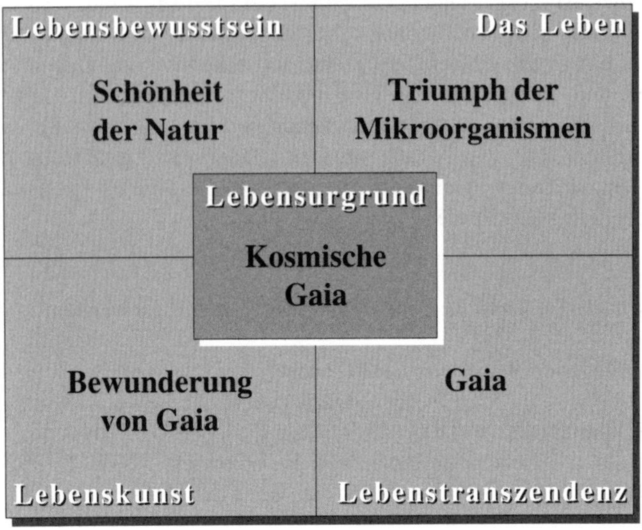


### Literatur zu James Lovelock

*Lovelock, J. E., Capra, F. (Hrsg.): Der wissende Kosmos. Freiburg 2001, S. 79-111*

*Lovelock, J. E.: Unsere Erde wird überleben. Gaia – eine optimistische Ökologie. München 1982*

*Lovelock, J. E.: The Ages of Gaia: A Biography of Living Earth. Oxford 1996*

*Lovelock, J. E.: Gaia: The Practical Science of Planetary Medicine. London 1991*

*Bunyard, P. (Hrsg.): Gaia in Action : Science of the Living Earth. Edinburgh 1996*

*Eldridge, N.: Wendezeiten des Lebens. Katastrophen in Erdgeschichte und Evolution. Frankfurt 1997*

*Fortey, R.: Leben. Eine Biographie. Die ersten vier Milliarden Jahre. München 2003*

*Hoyle, F.: Kosmische Katastrophen und der Ursprung der Religionen. Frankfurt 1997*

*Velikovsky, I.: Das kollektive Vergessen. Verdrängte Katastrophen der Menschheit. Berlin 1987*

## 3.5 Stanislav Grof (* 1931): Den Beginn des Lebens enttraumatisieren

Stanislav Grof begann als marxistischer Atheist und entwickelte sich in seinem Leben zum Erforscher des ganzen inneren Lebens von der Geburt über die Gipfelerfahrung, das Sterben und den Tod. Sah er das Leben erst objektiv durch den Klassenkampf bestimmt, so später subjektorientiert durch die transpersonalen Schichten der Psyche determiniert.

Stanislav Grof wurde 1931 in Prag geboren. Gegen Ende seiner Schulzeit entwickelte er schon ein Interesse an der Psychologie. Er las Sigmund Freuds Schriften und beschloss nach dem Abitur Mediziner zu werden. Noch während seines Studiums war er überzeugter Marxist. Doch zum Ende seines Studiums schloss er sich einer subversiven Gruppe von Psychoanalytikern an. Er erkannte aber, dass die Psychoanalyse sehr zeitraubend war. Deshalb experimentierte er dann als Krankenhausarzt mit der Droge LSD. Die Einnahme von Drogen erschloss ihm die Welt des unbewussten inneren Lebens. Zu diesen Erfahrungen der Welt des Unbewussten gehörten bald Erlebnisse der Trennung vom Körper, der Ausdehnung seines Bewusstseins über Raum und Zeit, der Begegnung mit dem Göttlichen als Kern des Lebens. Im Laufe dieser Erfahrungen gab er den Marxismus auf. Er überwand auch Freuds dreiteiliges Modell der Psyche.

Für Grof gab es im inneren Leben nicht nur das biographische, sondern auch das prä- und perinatale Unbewusste sowie das transpersonale Überbewusstsein. Erst alle Bewusstseinsstufen erschließen das Wesen des Lebens nach Grof und müssen Teil der eigenen Lebensphilosophie werden.

***Übung:***
***Kennen Sie Ihr peri- und transpersonales Unbewusstes? Woran haben Sie es schon erkannt?***

Als Grof 1967 aus Prag in die USA ausreisen konnte, stellte er fest, dass sein neues Bild vom inneren Leben gut in die amerikanische „transpersonale Philosophie" von Maslow, Tart und Ken Wilber passte. (S. Grof: Geburt, Tod und Transzendenz. Reinbek 1991, S. 101) Die weitere Erforschung des inneren Lebens stützte Grof bald nicht mehr auf LSD, sondern auf das gesetzlich unbedenkliche „beschleunigte Atmen, auf Musik und Körperarbeit". (C. u. S. Grof: Die stürmische Suche nach dem Selbst. München 1991, S. 47)

Stanislav Grof erforschte zuerst die Welt des prä- und perinatalen Unbewussten, wie es das embryonale Leben und den **Geburtsvorgang** begleitet.

***Übung:***
***Was wissen Sie von Ihrer Geburt:***
***a) durch eigene Erinnerung?***
***b) durch Berichte Ihrer Mutter?***
***c) durch Hinweise Ihrer Verwandten?***
***d) durch Aussagen der Hebamme?***

Grof gehörte damit zu den Pionieren der pränatalen Philosophie des Lebens. (Vgl. L. Janus: Die Psychoanalyse der vorgeburtlichen Lebenszeit. Pfaffenweiler 1990) Für Grof wurden also die tiefsten und die höchsten Schichten der Psyche und des inneren Lebens durch vorgeburtliche Erlebnisse und Erfahrungen des Geburtsvorganges geprägt, von denen das bewusste Ich in seinem Leben oft überhaupt nichts weiß. Die vier Phasen der Geburt entsprechen nach Grof vier Erlebniskontexten, die wesentliche Seiten des inneren Lebens und der späteren Lebensphilosophie prägen.

**Diese vier Phasen des Geburtsvorganges heißen:**

1. Erste perinatale Matrix (Einheit mit der Mutter): Das ist die Situation des Fötus im Uterus vor dem Beginn des Geburtsvorganges.
2. Zweite perinatale Matrix (Antagonismus mit der Mutter): Wenn die Wehen einsetzen, wird nun der Fötus in den Geburtskanal gepresst.
3. Dritte perinatale Matrix (Synergie mit der Mutter): Der Kopf des Fötus wird in das mütterliche Becken eingekeilt. Der Fötus erlebt Erstickungsanfälle und Stockung der Blutzufuhr zum Gehirn.
4. Vierte perinatale Matrix (Trennung von der Mutter): Der Fötus wird durch den Geburtskanal ins Leben gedrückt. Nach Anspannung und Leiden erlebt er plötzlich Licht und Entspannung.

(S. Grof: Topographie des Unbewussten. Stuttgart 1991, S. 117-170)

***Übung:***
***Schreiben Sie vier Sätze: einen Satz zur Einheit mit der Mutter, einen zweiten Satz zum Antagonismus mit der Mutter, einen dritten Satz zur Synergie mit der Mutter und einen vierten Satz zur Trennung von der Mutter.***

Diese vier Phasen der Geburt und des vorgeburtlichen Lebens können bei traumatischen Erfahrungen und bei der Benutzung psychoaktiver Methoden wieder bewusst werden.

**Dabei können über die Bewusstseinsinhalte der vier Matrixen folgende Aussagen gemacht werden:**

- Bei der Regression auf die Stufe der **ersten Matrix** (Einheit mit der Mutter) wird im Menschen „das ozeanische Gefühl der Ureinheit mit der Mutter als Gefühl des Einsseins mit dem Kosmos erweckt.“ (S. Grof: Auf der Schwelle zum Leben. München 1989, S. 24) Durch diese Regression ins intrauterine wird eine naturmystische Lebensphilosophie des Erwachsenen stimuliert. **Das Leben erscheint als kosmische Einheit.**

- Die Regression auf die **zweite** perinatale Matrix (Antagonismus mit der Mutter) wird als Angstzustand erlebt. „Man fühlt sich angegriffen und in seinem Innersten bedroht, ohne aber zu wissen, was eigentlich passiert.“ (S. Grof: Auf der Schwelle zum Leben, a.a.O., S. 26) Gewinnt diese Erfahrung eine dominante Gewalt, so stimuliert sie beim Erwachsenen eine nihilistische Lebenssicht: Die Welt ist eine endlose Folge von Schmerzen, Qualen, Kriegen, Völkermorden, Umweltkatastrophen, Epidemien – kurz gesagt: **Das Leben, das ist die Hölle**.

- Die Regression auf die **dritte** perinatale Matrix (Synergie mit der Mutter) reaktiviert alle Formen des Kampfes ums Überleben. Beherrscht diese Erfahrung den Geburtsprozess, so entsteht später eine eigene Lebensphilosophie, die durch titanische Konflikte und divergente Mächte bestimmt wird. Tod und Wiedergeburt spielen in dieser Lebensphilosophie eine entscheidende Rolle. Kurz ausgedrückt: **Das Leben ist Kampf.**

- Die Regression auf die **vierte** perinatale Matrix (Trennung von der Mutter) vermittelt den Durchbruch zum blendend weißen Licht. Für den, den diese Erfahrung prägt, entsteht später eine Lebensphilosophie der Suche nach Erleuchtung und Befreiung. (S. Grof: Geburt, Tod und Transzendenz. Reinbek 1991, S. 106-124) Kurz gesagt: **Das Leben ist die Reise von der Nacht ins Licht.**

Die Geburt als Anfang des Lebens hat Auswirkungen auf Ihr Leben und das Philosophieren über das Leben. Grof gibt in der folgenden Grafik Zusammenhänge zwischen Geburt, Lebenserfahrungen und Lebensphilosophie an. Stellen Sie sich diese Zusammenhänge nun genauer vor das geistige Auge.

## Stadien des Geburtsvorganges

**1**

**2**

## Assoziierte Erinnerungen aus dem postnatalen Leben

Situationen aus dem späteren Leben, wo wichtige Bedürfnisse befriedigt werden, wie z.B. glückliche Augenblicke aus dem Säuglingsalter und der Kindheit (gute Bemutterung, Spiel mit Gleichaltrigen, harmonische Perioden in der Familie usw.), Liebeserfüllung, Romanzen; Reisen oder Ferien in schöner Natur; Begegnung mit künstlerischen Schöpfungen von hohem ästhetischem Wert; Schwimmen im Meer und in Seen mit klarem Wasser usw.)

Situationen, die das Überleben und die körperliche Unversehrtheit gefährden (Kriegserlebnisse, Unfälle, Verletzungen, Operationen, schmerzhafte Krankheiten, Beinah-Ertrinken, -Ersticken, Gefangenschaft, Gehirnwäsche und ungesetzliche Verhöre, körperliche Misshandlung usw.); schwere psychische Traumatisierungen (emotionelle Entbehrung, Ablehnung, bedrohliche Situationen, bedrückende Familienatmosphäre, Verhöhnung und Demütigung usw.).

## Lebensphilosophie

Das Leben ist das kosmische Eine.

Das Leben ist die Hölle.

## Stadien des Geburtsvorganges

3

4

## Assoziierte Erinnerungen aus dem postnatalen Leben

Kämpfe, Raufereien und abenteuerliche Betätigungen (aktive Angriffe in Schlachten und Revolutionen, Erlebnisse im Militärdienst, Flüge und Schiffsfahrten bei stürmischem Wetter, riskantes Autofahren, Boxen); stark sinnliche Erinnerungen (Karneval, Vergnügungsparks, Nachtklubs, ausgelassene Gesellschaften, sexuelle Orgien, usw.); Kindheitsbeobachtungen von sexuellen Betätigungen Erwachsener; Erlebnisse von Verführung und Vergewaltigung; bei Frauen Gebären der eigenen Kinder.

Glückliches Entrinnen aus gefährlichen Situationen (Ende des Krieges oder der Revolution, Überleben eines Unfalls oder einer Operation); Überwindung schwerer Hindernisse durch aktive Bemühung; Episoden von Stress und hartem Kampf mit eindeutig erfolgreichem Ausgang; Naturszenen (Frühlingsanfang, Ende eines Sturmes auf dem Meer, Sonnenaufgang usw.).

## Lebensphilosophie

Das Leben ist Kampf.

Das Leben ist die Reise von der Nacht ins Licht.

***Übung:***
***Schreiben Sie eine Geschichte Ihrer Geburt, die die vier Phasen der Einheit und Trennung des Kindes von der Mutter nach Grof schildert: als Ich-Bericht, als Märchen, als Gedicht, als Brief an den Vater oder die Mutter oder als Bericht einer Hebamme.***

***Übung:***
***Wählen Sie auch eine von den vier Lebensformeln der Lebensphilosophie aus, die zu Ihnen passt. Schreiben Sie dann entweder den Satz weiter: „Das kosmische Eine ...“ oder: „Die Hölle ...“ oder: „Der Kampf ...“ oder: „Die Reise ...“***

Neben der Geburtsregression gibt es noch andere Möglichkeiten der Erfahrung der höheren transpersonalen Schichten des Unbewussten im inneren Leben. Für diese Erschließung des **transpersonalen Unbewussten** können folgende Methoden nützlich sein: die Anwendung von Atemtechniken, Singen, Trommeln, monotones Tanzen, Überflutung der Sinne mit Reizen, soziale Isolation, Fasten, Schlafentzug, Reizung des Gehirns mit Licht und Tönen, Hypnose, Primärtherapie, Körperarbeit, Gestalttherapie, Rebirthing und Nah-Tod-Erfahrungen. (S. Grof: Das Abenteuer der Selbstentdeckung. Reinbek 2001, S. 10)

***Übung:***
***Welche dieser Techniken haben Sie schon praktiziert? Was haben diese Techniken Ihnen über das Leben an Erkenntnissen vermittelt?***

Bei der Erschließung des transpersonalen Unbewussten unterscheidet Grof folgende **Typen der Ich-Überwindung**:

a) Erweiterung der räumlichen Grenzen des Ichs: Identifikation mit anderen Menschen, mit Gruppen, mit Tieren, mit Pflanzen, Erfahrung der Einheit des Lebens, Identifikation mit toter Materie, anorganischen Prozessen, Identifikation mit der Erde oder mit dem Kosmos.
b) Erweiterung der zeitlichen Grenzen des Ichs: Erinnerung an die Evolution des Lebens oder an die Evolution des Kosmos.
c) Erfahrungen jenseits von Raum und Zeit des Ichs: Begegnung mit Geistern, Göttern, anderen Universen, Archetypen mit dem Weltschöpfer, mit der Leere, schließlich Entwicklung des kosmischen Bewusstseins.

(Vgl. S. Grof: Das Abenteuer der Selbstentdeckung, a.a.O., S. 69f.; S. Grof: Topographie des Unbewussten, a.a.O., S. 178f.)

***Übung:***
***Schließen Sie die Augen. Stellen Sie sich vor, Sie besteigen einen Berg. Beschreiben Sie Aufstieg, Gipfelrundblick und Abstieg in drei Sätzen.***

Eine natürliche Form der Ich-Überwindung ist für Grof die Begegnung mit dem **Tod**. Grof akzeptiert die fünf Sterbephasen von Elisabeth Kübler-Ross: „Der typische Patient durchläuft nacheinander die Stufen der Verleugnung und Isolierung, des Zorns, des Feilschens, der Depression und schließlich der Annahme des Todes.“ (S. Grof, J. Halifax: Die Begegnung mit dem Tod. Stuttgart 1993, S. 24)

***Übung:***
***Kennen Sie diese fünf Phasen der Ich-Überwindung, auch bei Trennungen und Abschieden in der Liebe? Was haben Sie bei diesen Abschieden über das Wesen des Lebens erfahren? Schreiben Sie drei Sätze.***

Für Grof spielt bei der Sterbebewältigung die vorhergehende Art der Bearbeitung des Traumas der Geburt eine wesentliche Rolle. Die Todesängste beim Sterben sind für Grof meist „ein Wiedererleben des wirklichen biologischen Geburtstraumas“. (S. Grof, J. Halifax, a.a.O., S. S. 65)

***Übung:***
***Beschreiben Sie Ihren antizipierten Sterbeprozess als Prozess der Durcharbeitung Ihrer Trennung, Ihrem Widersprechen und Ihrer Wiedervereinigung mit Ihrer Mutter.***

Nach dem Sterben, davon ist Grof überzeugt, erlebt der Mensch die Strukturen der **Nah-Tod-Erfahrung**, die Raymond Moody, Kenneth Ring, Michael Sabom und Bruce Greeson erforscht haben.

Normalerweise beginnt das Erleben nach dem Gehirntod „mit dem Erlebnis des Aus-dem-Körper-Tretens, einem persönlichen Lebensrückblick und dem Passieren eines dunklen Tunnels. Anschließend begegnen die Gestorbenen einem strahlenden göttlichen Wesen, und ihr Leben wird nach ethischen Maßstäben beurteilt. Manchmal werden verschiedene transzendentale Reiche besucht … Seltener sind qualvolle, Angst einflößende und höllische Arten von Nah-Tod-Erfahrungen, wenn der Lebensrückblick nicht über die negativen Geburtserfahrungen hinausreicht.“ (S. Grof: Die Psychologie der Zukunft. Weltwil 2002, S. 239)

***Übung:***
***Stellen Sie sich vor, Sie sterben: Beschreiben Sie Ihren ganzen Sterbeprozess nach Kübler-Ross und ergänzen Sie ihn dann um die fünf Phasen der Nah-Todes-Erfahrung nach Raymond Moody.***

Wenn durch entsprechende bewusstseinsaktive Methoden Erinnerungen an frühere Leben vor dem eigenen Leben auftauchen, ergibt sich eine weitere neue Sicht des Lebens.

Grof unterscheidet bei derartigen **Reinkarnationserinnerungen** folgende drei Typen:
- Spontane Erinnerungen an vergangene Leben bei Kindern
- Spontane Erinnerungen an vergangene Leben bei Erwachsenen
- Weckung von Erinnerungen an frühere Leben durch Meditation, Hypnose, Sinnesreizentzug, Körperarbeit, Rebirthing und Atemtherapie.

(S. Grof: Die Psychologie der Zukunft, a.a.O., S. 240-248)

***Übung:***
***Benutzen Sie Ihre Imaginationsfähigkeit. Schreiben Sie 10 Sätze über 10 vorherige Leben. Beginnen Sie jeden Satz über jedes Leben mit den Worten: „Ich war …“***

Stanislav Grof ist sich sehr bewusst, dass die Erforschung des inneren Lebens in seinen tieferen und höheren Bereichen mit **spirituellen Krisen** einhergehen kann: „Außergewöhnliche Bewusstseinszustände decken ein breites Spektrum ab, das von rein spirituellen Erfahrungen bis zu psychischen Erkrankungen reicht, welche klare biologische Ursachen aufweisen und ärztlicher Behandlung bedürfen.“ (S. Grof: Die Psychologie der Zukunft, a.a.O., S. 151)

**Zu den spirituellen Krisen gehören nach Grof:**
- die schamanische Krise,
- das Erwachen der Kundalini,
- die Gipfelerfahrung,
- außersinnliche Wahrnehmung,
- Erinnerungen an frühere Leben,
- Kommunikation mit höheren Wesen,
- Nah-Tod-Erfahrungen
- Zustände von Besessenheit.

**Als Mittel zur Selbsthilfe bei spirituellen Krisen empfiehlt Grof:**

- Spielen Sie Musik zur kathartischen Entladung.
- Deuten Sie Ihre Träume.
- Benutzen Sie künstlerische Ausdrucksmittel für die Gestaltung Ihrer inneren Bilder.
- Entwickeln Sie Rituale der Beruhigung und Erdung.
- Stellen Sie schließlich, wenn die Krise sich nicht beruhigen will, alle aktiven inneren Erforschungen ein.

(C. u. S. Grof: Die stürmische Suche nach dem Selbst, a.a.O., S. 225-242)

***Übung:***
***Kennen Sie spirituelle Krisen und benutzen Sie entsprechende Hilfsmittel?***

Für Grof waren seine peri- und transpersonalen Erforschungen des inneren Lebens auch Anlass zur Entwicklung seiner Lebensphilosophie, die Geburt und Transpersonalität berücksichtigt. Für Grof erscheint das Leben nicht als Resultat einer mechanischen kosmischen Supermaschine im Newtonschen Sinn, sondern als Teil einer unendlich komplexen Realität, „die von einer höheren kosmischen Intelligenz, dem absoluten Bewusstsein, oder dem universalen Geist erschaffen und von diesem durchdrungen ist." (S. Grof: Die Psychologie der Zukunft, a.a.O., S. 275)

Den universalen **Geist**, als Leere, drängt es zur Realisierung aller Lebensmöglichkeiten. Der Geist betätigt sich in einem kreativen Spiel, auf das seinerzeit schon der antike Philosoph Heraklit hingewiesen hat. Als Einheit entwirft der Geist sich in die Vielheit. Als Vielheit strebt er dann wieder zur Einheit. Dieser Prozess bietet dem menschlichen Leben viele „Möglichkeiten, ein eigenständiges Individuum zu werden, er bietet aber auch ein buntes Spektrum von Gelegenheiten, die zur Entgrenzung und zur Rückkehr zum Absoluten führen." (S. Grof: Die Psychologie der Zukunft, a.a.O., S. 285)

Allerdings ist die Rückkehr des menschlichen Lebens zu seinem transpersonalen Ursprung durchaus voller Leid und Mühsal. Der spirituelle Rückweg des Lebens wird von starken Gegenkräften bedroht. Alles, was lebt, muss durch die Vernichtung des Todes gehen. Deshalb ist das menschliche Leben ständig von „Bedeutungslosigkeit, Unbeständigkeit und Tod bedroht. Aber die Erfahrungen transpersonaler Zustände helfen dem menschlichen Leben Situationen auszuhalten, die ansonsten vielleicht unerträglich wären." (S. Grof, a.a.O., S. 294)

Die heutige globale Krise zwingt das Leben dazu, den spirituellen Ausweg in höhere Schichten des Lebensbewusstseins zu suchen: „Unsere Beobachtungen lassen darauf schließen, dass eine radikale seelisch-geistige Transformation der Menschheit nicht nur möglich ist, sondern schon begonnen hat.“ (S. Grof, a.a.O., S. 299; S. Grof: Die Chance der Menschheit. München 1988)

Das menschliche Leben hat noch eine Chance, denn: Unwissenheit, Gewalt und Gier als Quellen der heutigen Krise können durch die Bewältigung der perinatalen, biographischen und gesellschaftlichen Ursachen gemeistert werden. „Die Erfahrung der eigenen Göttlichkeit in einem transpersonalen Bewusstseinszustand kann unsere tiefsten Bedürfnisse befriedigen und die Grundlage für den Weltfrieden schaffen.“ (S. Grof: Die Psychologie der Zukunft, a.a.O., S. 319)

***Übung:***
***Befriedigt die Vorstellung der Ko-Evolution Ihres kleinen Selbst mit dem großen kosmischen Selbst alle Ihre Bedürfnisse?***

Schauen wir uns nun noch mal eine Grafik der Lebensphilosophie von Stanislav Grof an:

**Die Lebensphilosophie von Stanislav Grof**

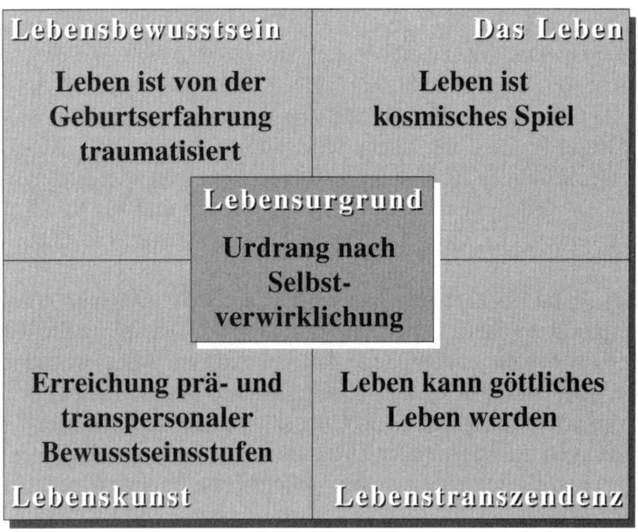

***Übung:***
***Schreiben Sie fünf Sätze zur Lebensphilosophie von Stanislav Grof.***

## Literatur zu Stanislav Grof:

*Grof, S. u. C.: Jenseits des Todes. München 1984*
*Grof, S.: Die Chance der Menschheit. München 1988*
*Grof, S.: Auf der Schwelle zum Leben. München 1989*
*Grof, C. u. S.: Spirituelle Krisen. München 1990*
*Grof, C. u. S.: Die stürmische Suche nach dem Selbst. München 1991*
*Grof, S.: Geburt, Tod und Transzendenz. Reinbek 1991*
*Grof, S.: Topographie des Unbewussten. Stuttgart 1991*
*Grof, S., Halifax, J.: Die Begegnung mit dem Tod. Stuttgart 1993*
*Grof, S.: Kosmos und Psyche. Frankfurt 1997*
*Grof, S.: Das Abenteuer der Selbstentdeckung. Reinbek 2001*
*Grof, S.: Die Psychologie der Zukunft. Weltwil 2002*

*Ruch, H.: Unsere Geschichte – unser Potential. Petersberg 2001*
*Zundel, E., Fittkau, B. (Hrsg.): Spirituelle Wege und transpersonale Psychotherapie. Paderborn 1989*

## 3.6 Fritjof Capra (* 1939): Das Netzwerk des Lebens kosmisch betrachten

Fritjof Capra leitet einen Paradigmawechsel in der Betrachtung des Lebens ein. Er erkennt – statt mechanischer – neue ganzheitliche Ordnungsmuster der physikalischen und biologischen Lebensgrundlagen. Mit diesem Paradigmawechsel, seiner Theorie der „Wendezeit", ist er weltberühmt geworden.

Fritjof Capra wurde 1939 in Wien geboren. 1966 promovierte er an der Universität Wien in Physik. Von 1966 bis 1974 forschte er an wichtigen physikalischen Instituten in Paris, London und den USA. 1984 gründete er das Elmwood-Institut für Tiefenökologie, das sich heute zum „Center for Ecoliteracy" in Berkeley gewandelt hat. Er lehrt heute Physik an der Universität Berkeley in Kalifornien.

Die Wende in Capras Leben vom klassischen theoretischen Physiker zum Lebensphilosophen erlebte er an einem Spätnachmittag im Sommer 1969. Capra erlebte das Wendeerlebnis von einem mechanischen zu einem dynamischen Lebensbegriff, weil er mit Albert Einstein wusste, dass die feste Materie in Wirklichkeit dynamische Energie ist. Er schreibt über seine erste Erfahrung einer dynamischen Lebensphilosophie:

„Eines Nachmittags im Spätsommer saß ich am Meer, ich sah, wie die Wellen anrollten und fühlte den Rhythmus meines Atems, als mir plötzlich meine Umgebung als Teil eines gigantischen kosmischen Tanzes bewusst wurde. Ich sah die Atome der Elemente und die meines Körpers als Teil dieses kosmischen **Energietanzes**. Ich fühlte seinen Rhythmus und hörte seinen Klang. Und in diesem Augenblick wusste ich, dass das der Tanz Shivas, des Gottes der Tänzer, war, den die Hindus verehren." (F. Capra: Das neue Denken. München 1992, S. 33)

***Übung:***
***Kennen Sie solche naturmystischen Erfahrungen? Beschreiben Sie sie.***

Capra erkannte, als Basis seiner neuen Lebensphilosophie, dass es eine Parallele zwischen europäischer **Atomphysik** und asiatischer Mystik gibt. Diese Parallele, die er in seinem Buch „TAO der Physik" entwickelte, zwang sich ihm auf, weil er begriff, dass das mechanistische Denken von Descartes bis Newton das Leben als Maschine deutete. „In Newtons Sicht hat Gott am Anfang die Masseteilchen, die Kraft zwischen ihnen und die Grundgesetze der Bewegung geschaffen. Auf diese Art wurde das ganze Universum in Bewegung gesetzt und lief von da an weiter wie eine Maschine, gelenkt von unveränderlichen Naturgesetzen." (F. Capra: Das TAO der Physik. München 1997, S. 54) Die moderne Physik von Einstein, Plank und Heisenberg löste Newtons Lebensmodell auf. Die moderne Physik erkannte, dass Atome keine unzerstörbaren Festkörper sind, sondern leerer Raum, in dem sich „extrem kleine Teilchen bewegen." (F. Capra: Das TAO ..., a.a.O., S. 66) Die moderne Physik enthüllte auch die Einheit des Universums. Wenn wir in die Materie eindringen, erscheint das kosmische Leben „eher als ein kompliziertes Gewebe von Zusammenhängen zwischen den verschiedenen Teilen des Ganzen als eine Maschine." (F. Capra: Das TAO ..., a.a.O., S. 68) Materie, früher der Inbegriff des Festen, erscheint der modernen Physik als völlig wandelbar: „Das ganze Universum erscheint als dynamisches Gewebe von untrennbaren Energiestrukturen." (F. Capra: Das TAO ..., a.a.O., S. 80)

***Übung:***
***Stellen Sie sich das kosmische Leben als gigantisches Gewebe von Energie vor. Beschreiben Sie dann Ihre Vorstellung.***

Zu Capras Erstaunen vertreten aber auch die östlichen Mystiker die Idee, dass „das kosmische Leben ein kompliziertes Gewebe von Beziehungen zwischen verschiedenen Teilen eines vereinigten Ganzen ist." (F. Capra: Das TAO ..., a.a.O., S. 139) Die moderne Atomtheorie macht deshalb einen großen Schritt in die Richtung der Weltanschauung der östlichen Mystiker. So sagt der chinesische Taoist Chuang-Tzu als Resultat der Meditation über das Wesen des Lebens: „Meine Verbindung zum Körper und seinen Teilen ist gelöst. Meine Sinnesorgane sind abgeschafft. Indem ich meine stoffliche Form und meinen Willen fahren lasse, werde ich eins mit dem großen Durchdringer. Dies nenne ich sitzen und alle Dinge vergessen." (Chuang-Tzu zit. N. F. Capra: Das TAO ..., a.a.O., S. 143)

***Übung:***
***Was halten Sie von der erstaunlichen Parallele in der Sicht des Lebens zwischen Atomphysik und östlicher Mystik? Entwickeln Sie eine Stellungnahme.***

Die östliche Mystik sieht im Universum den unaufhörlichen Energiefluss „der durch eine unendliche Vielfalt von Strukturen hindurchgeht, die miteinander verschmelzen. Die moderne Physik hat gezeigt, dass der Rhythmus von Erzeugung und Zerstörung ... die eigentliche Essenz der anorganischen Materie ist." (F. Capra: Das TAO ..., a.a.O., S. 244)

Für Capra musste sich aus den Erkenntnissen der modernen Materie-Theorie auch eine neue Theorie des Lebens entwickeln. Capra begriff, dass die Welt sich in der Gegenwart in einer „Wendezeit" des Lebensbegriffes befindet. Er erkannte, dass viele Probleme der Moderne durch eine veraltete mechanische Lebensphilosophie entstehen, an deren Stelle eine dynamische Lebensphilosophie zu treten hat.

Die **mechanische** Lebensphilosophie stellt nämlich folgende Behauptung auf:

- Das Universum ist eine große Maschine, die nach den Gesetzen der Mechanik funktioniert.
- Der Mensch ist eine Maschine, die nach physikalischen und chemischen Gesetzen arbeitet.
- Das Leben des Menschen ist blinde Evolution und bloßer Konkurrenzkampf.
- Das menschliche Leben ist grenzenloser Fortschritt, der ohne Rücksicht auf die Natur vollzogen werden darf.
- Das heute herrschende Lebensbewusstsein ist atheistisch, pragmatisch, patriarchalisch und hierarchisch.

(F. Capra: Wendezeit. Bern 1990, S. 107-130)

***Übung:***
***Wie weit bauen Sie noch auf eine mechanistische Lebensphilosophie?***

Die **moderne** und **dynamische** Lebensphilosophie, die die Erkenntnisse der modernen Physik berücksichtigt, behauptet dagegen:

- Das Universum ist ein riesiger lebender Organismus.
- Die ganze Biosphäre ist ein Gewebe von lebenden und nicht-lebenden Formen.
- Der Mensch ist ein Organismus in diesem Gewebe, der durch die zyklischen Muster von Informationen gelenkt wird und Feed-Back-Schleifen der Selbststabilisierung kennt.
- Das menschliche Leben ist ein sich selbst organisierendes System, das nicht nur von der Umwelt bestimmt wird, sondern mit ihr in Wechselwirkung steht.
- Das menschliche Leben besitzt Selbstorganisation, Selbsterneuerung und Selbsttranszendenz.
- Das menschliche Leben erneuert und entwickelt sich durch Fortpflanzung und ständige Anpassung an eine sich ständig verändernde Umwelt.
- Kooperation der lebenden und nicht-lebenden Formen ist ein wesentlicher Motor der Evolution.
- Das Leben beginnt mit einzelligen Bakterien, die den Tod nicht kennen, sondern sich durch Teilung fortpflanzen. Dieses bakterielle Leben ohne Tod bestimmt 2/3 der Geschichte der Evolution. Der Tod als Teil des

Lebens erscheint erst mit der gegengeschlechtlichen Fortpflanzung vor 600 Millionen Jahren.

- Das richtige Lebensbewusstsein begreift, dass die Materie voller Geist ist. Gott existiert pantheistisch und mystisch gesehen als „Selbstorganisationsdynamik des gesamten Kosmos." (F. Capra: Wendezeit, a.a.O. S. 324) In seltenen Augenblicken des Lebens haben wir das Gefühl in Resonanz mit dem ganzen Universum zu sein.
- Der menschliche Geist schafft sich eine innere Welt des Denkens und Träumens, mit der er auf die äußere Welt einwirkt.

(F. Capra: Wendezeit, a.a.O. S. 293-339)

***Übung:***
***Wie weit haben Sie die mechanische Lebensphilosophie überwunden und vertreten schon eine solche dynamische Lebensphilosophie?***

Mit seinem Buch „Lebensnetz. Ein neues Verständnis der lebendigen Welt" (1996) baut Capra seine dynamische Lebensphilosophie aus. Das Leben ist für ihn jetzt ein Netzwerk aus Geist, Materie und Leben. Der Geist ist schon in Bakterien am Aufbau des Lebens aktiv. Der Geist produziert sich schon von Anfang an als ein Netzwerk von Informationsinteraktionen. Im Menschen denkt der Geist nicht im Gehirn, sondern im Kontext des Gehirnes mit allen Organen des Leibes. (F. Capra: Lebensnetz. Bern 1996, S. 323) Der Geist arbeitet nicht in der Hervorbringung von Objekten, sondern primär in der Erkenntnis von Beziehungen.

***Übung:***
***Ist Geist ein Bestandteil des Netzwerkes des Lebens seit Beginn der Evolution? Oder genauer: Haben Bakterien schon Geist?***

Die Materie im Netzwerk des Lebens basiert natürlich auf chemischen Prozessen. Diese sind aber nicht statisch: „Diese Prozesse unterliegen der Geschichte. Ihre Entwicklung ist ungewiss und diese Ungewissheit ist das Herzstück der Kreativität in der Evolution." (F. Capra: Lebensnetz, a.a.O., S. 221)

***Übung:***
***Wie stellen Sie sich die Zukunft der Entwicklung der Materie als Energie vor? Schließen Sie die Augen und lassen Sie sich ein Bild kommen, das Sie dann beschreiben.***

Die **Evolution** des Lebens ist für Capra Kreativität. Diese Kreativität entwickelt sich im Kontext des Erd-Biotopen. „Gaia ist eindeutig selbstbegrenzt. Sie ist auch selbsterzeugend ... Schließlich ist das Gaia-System selbsterhaltend." (F. Capra: Lebensnetz, a.a.O., S. 245)

Die Geschichte von Gaia als Raum des Lebens auf der Erde ist für Capra schnell erzählt: Das Leben begann auf der Erde vor 3,5 Milliarden Jahren. In den ersten Milliarden Jahren gab es nur Bakterien. „Sie begannen die Temperatur und die chemische Zusammensetzung der Atmosphäre so zu regulieren, dass sie für die Evolution höherer Lebensformen geeignet wurden." (F. Capra: Lebensnetz, a.a.O., S. 246)

99% aller bisherigen Arten sind ausgestorben, nur die Bakterien haben überlebt. Sie werden auch den Menschen überleben. Die Bakterien entwickelten fast alle Formen der Kreativität, um das Leben auf der Erde zu sichern. „In 2 Milliarden Jahren erfanden die Bakterien alle für das Leben wichtigen Biotechnologien: Gärung, Photosynthese, Stickstoffbindung, Atmung und die Drehmechanismen für schnelle Bewegungen." (F. Capra: Lebensnetz, a.a.O., S. 259)

***Übung:***
***Schreiben Sie nun ein Lobes-ELFchen auf die Bakterien und ihre Kreativität.***

Die Geschichte des Lebens änderte sich völlig, als der Mikrokosmos der Bakterien den Makrokosmos des höheren Lebens und damit auch des Menschen hervorbrachte. Dieser Makrokosmos des Lebens zeigt folgende Merkmale: Fortbewegung, sexuelle Fortpflanzung, frühe Tiere, frühe Pflanzen, Landtiere, Dinosaurier, Säugetiere, Blütenpflanzen und erste Primaten. (F. Capra: Lebensnetz, a.a.O., S. 267)

***Übung:***
***Erzählen Sie mal die Geschichte des höheren Lebens auf der Erde in fünf Sätzen.***

Den Bakterien sind auch weitere Rettungsaktionen des Lebens auf der Erde zu danken. Die Bakterien lösten die Sauerstoff-Krise: Als das Zeitalter der Bakterien begann, strahlte die Sonne 25% weniger Wärme aus als heute. Die Gärungsbakterien entwickelten Kohlendioxid und verhinderten damit, dass die Erde erfror und die Meere vereisten. Die Gärungsbakterien verhinderten durch die Produktion von Kohlendioxid auch, dass sich der Sauerstoffanteil in der Atmosphäre über 21% erweiterte. „Stiege der Sauerstoffgehalt in der Luft über 25%, würde alles brennen." (F. Capra: Lebensnetz, a.a.O., S. 275)

***Übung:***
***Wie erklären Sie sich die Rettung des Lebens auf der Erde angesichts immer wieder auftretender globaler und interstellarer Bedrohung?***

Die Geschichte von Gaia ist eine Geschichte der Symbiose. Seit Beginn der Evolution „ist die Erde nur durch Kooperation und Koevolution vorangekommen." (F. Capra: Lebensnetz, a.a.O., S. 277) Auch die Evolution von Pflanzen, Tieren und Menschen unterliegt dem Gesetz der Symbiose. Ohne die Anpassung an das Wasser: kein Leben. Ohne die Eroberung des Landes durch das Leben: keine höheren Lebensformen. Vor 700 Millionen Jahren entwickelten sich die ersten Tiere, die 80 Millionen Jahre später winzige Tiergehirne entwickelten. „Die Eroberung des Landes war eine atemberaubende evolutionäre Leistung der Tiere." (F. Capra: Lebensnetz, a.a.O., S. 284) „Wir sind zwar vor über 400 Millionen Jahren aus dem Ozean herausgekommen, aber wir haben das Meerwasser nie ganz verlassen – es befindet sich noch immer in unserem Blut, in unserem Schweiß und in unseren Tränen." (F. Capra: Lebensnetz, a.a.O., S. 285)

***Übung:***
***Beschreiben Sie den Weg des Salzes aus dem Meer bis in unsere Tränen in einem Gedicht.***

Allerdings stellt der Mensch einen besonderen Aspekt des Lebensnetzes dar. Er entwickelt Geist und bringt damit die Welt des Geistes hervor, die auch immer schon ein Teil des Netzwerkes des Lebens ist. Aber das Selbstbewusstsein des menschlichen Geistes lässt sich nicht physikalisch und chemisch erklären. Das Ich entsteht nicht durch Chemie und Physik, sondern durch die soziale Interaktion der menschlichen Individuen. Das Ich ist, wie die östliche Mystik sagt, nur sozialer Schein. Deshalb gilt für Capra die ökologische Ethik. Diese Ethik hat folgende Maxime: „Damit wir unsere ganze Menschlichkeit wieder gewinnen, müssen wir die Erfahrung unserer Verbundenheit mit dem gesamten Lebensnetz wiedergewinnen." (F. Capra: Lebensnetz, a.a.O., S. 335) Der Mensch braucht heute eine spirituelle Begründung seiner Lebensphilosophie als **Tiefenökologie**.

**Diese tiefenökologische Lebensphilosophie umfasst folgende Werte:**
- „Achtung der Lebensprozesse
- Basisdemokratie
- Gewaltlosigkeit
- Dezentralisierung

- Lokale Ökonomie
- Transpatriarchalische Beziehungen
- Respekt vor der Vielfalt
- Generationenbewusstsein
- Globale Verantwortung

(F. Capra: Lebensnetz. Bern 2000, S. 322)

***Übung:***
***In welchen Basissätzen würden Sie Ihre dynamische Lebensphilosophie formulieren?***

Die Grundlage dieser Tiefenökologie als richtige Lebensphilosophie ist die Spiritualität als Erfahrung, „in der wir uns mit dem gesamten Kosmos verbunden fühlen." (F. Capra: Synthese, a.a.O., S. 357) Spiritualität, wie Capra sie versteht, bedeutet das „Gewahrsein des fundamentalen Zusammenhangs und der wechselseitigen Abhängigkeit aller Phänomene und ihrer Einbettung in den Kosmos." (F. Capra: Synthese, a.a.O., S. 367)

***Übung:***
***Was heißt für Sie Spiritualität? Versuchen Sie eine Definition.***

Capra stimmt der Gaia-Hypothese von James E. Lovelock zu, dass „die gesamte Erde ein zusammenhängendes lebendes System ist." (F. Capra: Synthese, a.a.O., S. 371) Für Capra ist, wie für Spinoza, Gott = Natur. Das Universum ist für Capra ein selbstorganisierendes, göttliches, lebendiges Wesen.

2002 sah sich Capra aufgrund der globalen Verantwortung für das Leben gezwungen, die aktuellen Veränderungen der Weltgesellschaft zu analysieren. Die heutige **Globalisierung** kapitalistischer Ökonomie basiert auf der informationstechnologischen Revolution, die den Computer, die Telekommunikation und das Internet hervorgebracht hat. Diese Medien haben den Kapitalismus mit seinen Produktivkräften völlig verändert. Der globale Markt wurde zu einem globalen System von elektronischen Finanztransaktionen. Dieser globale Geldmarkt entzieht sich jeder Kontrolle von Regierungen und Konzernen. Das Bankkapital wälzt auf virtuell elektronischem Wege täglich etwa zwei Billionen Dollar um. (F. Capra: Verborgene Zusammenhänge. Bern 2002, S. 185) Das heutige Bankkapital ist global, die Arbeit bleibt aber meistens lokal. Die Banken sind vernetzt, der Arbeiter wird mehr und mehr isoliert. Unter diesen Bedingungen entsteht im globalisierten Kapitalismus eine 4. Welt des Lebens. „Die 4. Welt ist von Millionen obdachloser, verarmter, oft auch analphabetischer Menschen bevölkert, von denen viele in die Regionen der Verbrechenswirtschaft absteigen." (F. Capra: Verborgene Zusammenhänge, a.a.O., S. 192) Die Verbrechenswirtschaft, die den Drogen- und Waffenhandel, das Glücksspiel, das Kidnapping, die Prostitution, die Geld- und Dokumentenfälscherei umfasst, expandiert, während die ohnmächtigen Staaten zu „Netzwerkstaaten" werden, um einen Rest von Macht zu erhalten. Die Medien in diesen Netzwerkstaaten lassen die Grenzen von Realität und Fiktion verschwimmen. Die Politik wird so immer mehr Theater. Kein Wunder, dass der Widerstand gegen diese Art von Globalisierung des Lebens wächst.

***Übung:***
***Welche Form des Widerstandes gegen die negativen Folgen der Globalisierung des kapitalistischen Lebens betreiben Sie heute?***

Jeder Widerstand beginnt mit der Entwicklung eines neuen Lebensbewusstseins. In Capras „Center for Ecoliteracy" in Berkeley entsteht deshalb ein **Bildungssystem** für ein nachhaltiges Leben, „das auf dem ökologischen Bewusstsein basiert und für die Grund- und weiterführenden Schulen bestimmt ist." (F. Capra: Verborgene Zusammenhänge, a.a.O., S. 301) In diesem Bildungssystem steht das Verstehen des Lebens im Mittelpunkt. Die junge Generation soll lernen, dass „die Materie sich ununterbrochen zyklisch durch das Netz des Lebens bewegt, dass die Energie aus der Sonne fließt, dass Vielfalt Elektrizität garantiert, dass das Leben seit seinem Anbeginn vor über 3 Milliarden Jahren unseren Planeten nicht durch Kampf, sondern durch Vernetzen eroberte." (F. Capra: Verborgene Zusammenhänge, a.a.O., S. 301)

***Übung:***
***Welche Schlüsselinhalte einer dynamischen Lebensphilosophie sollten auch in den deutschen Schulen gelehrt werden?***

Fritjof Capra vertritt eine optimistische Lebensutopie. Er hofft auf eine neue Energiewende als Basis eines neuen Lebens. Die **Energie** soll sich weg von Öl und Atomkraft hin zur Sonnenenergie entwickeln. Er ist auch für die Schaffung von Hyper-Autos: leicht, billig und mit einer Wasserstoff-Brennstoffzelle versehen. Sonnenkraftwerke werden alle Energieengpässe überwinden.

***Übung:***
***Wie weit würde das Leben auf der Basis von Sonnenkraftwerken Ihre Lebensphilosophie verändern?***

Sehen wir uns nun noch einmal eine Grafik der Lebensphilosophie von Fritjof Capra an:

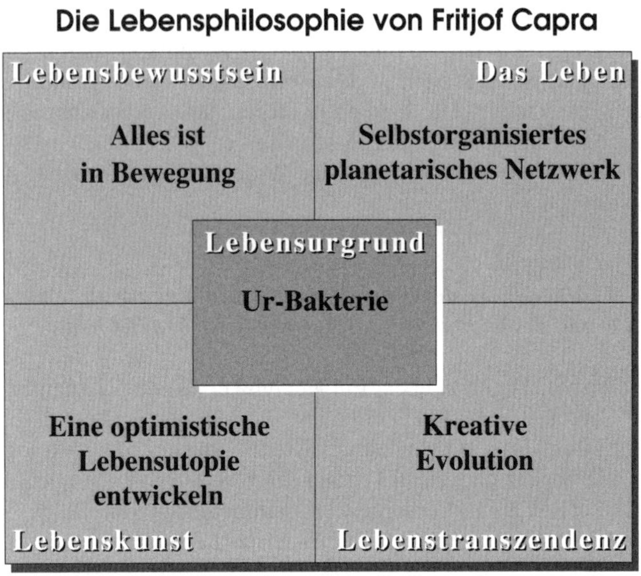


***Übung:***
***Schreiben Sie fünf Sätze zur Lebensphilosophie von Fritjof Capra.***

## Literatur zu Fritjof Capra

*Capra, F.: Das TAO der Physik. München 1997*
*Capra, F.: Wendezeit. Bern 1990*
*Capra, F.: Lebensnetz. Bern 1996*
*Capra, F.: Synthese. Bern 2000*
*Capra, F. u. a.: Wendezeit im Christentum. München 1991*
*Capra, F.: Creativity and Leadership. Berkeley 1997*
*Capra, F.: Verborgene Zusammenhänge. Bern 2002*
*Capra, F.: Das neue Denken. München 1992*
*Capra, F. u. a.: Green Politics. New York 1984*
*Capra, F. u. a.: Belonging to the Universe. San Francisco 1991*

## 3.7 Rupert Sheldrake (* 1942): Den Geist des Lebens beeinflussen

Rupert Sheldrake glaubt, wie viele andere Lebensphilosophen, dass die herrschende Naturwissenschaft dem Leben nicht gerecht wird. Er will die Natur als Organismus, nicht als Materie verstehen. Er wendet sich gegen die materialistischen Stoff-Denker und stützt sich auf die idealistischen Form-Denker, z.B. auf Aristoteles.

Aristoteles' Entelechie als geistige Form jedes Lebendigen regte Sheldrake zu neuen Modellen der Entschlüsselung der Naturgeschichte an. Aristoteles' Idee der Entelechie wird bei Sheldrake zur Idee der formbildenden Kausalität, dem wie er sagt, „**morphogenetischen Feld**" in jedem lebendigen Organismus. Das morphogenetische Feld steckt, wie die Entelechie des Aristoteles, als geistige Potenz in jedem Organismus und formt seine lebendige Entwicklung. Die Entwicklung von Tieren, Pflanzen und Menschen wird für Sheldrake von diesen unsichtbaren Organisationsfeldern des Geistes gestaltet. Diese morphogenetischen Organisationsfelder entwickeln sich auch in der Evolution des Kosmos. Für Sheldrake sind Naturgesetze von ewiger Gültigkeit ebenso unvorstellbar wie die Erklärung der Natur aus den bekannten Gesetzen der Physik und Chemie. (Vgl. H.-P. Dürr, F.T. Gottwald (Hrsg.): Rupert Sheldrake in der Diskussion. Bern 1997, S. 38ff.)

Aber Rupert Sheldrake behauptet nicht nur ein neues organisches Lebensverständnis. Durch Experimente versucht er dieses ganzheitliche Lebensverständnis zu untermauern. Damit versucht er, die materialistische Lebenswissenschaft mit ihren eigenen Waffen zu schlagen. Er will endlich den Geist als Triebkraft der Natur labormäßig beweisen.

Rupert Sheldrake wurde 1942 im englischen Newark-on-Trent geboren. Sein Vater weckte bei ihm das Interesse für die Natur. Der Vater zeigte ihm, wie im Wassertropfen Millionen Lebewesen leben, wie die Schuppen auf Schmetterlingsflügeln aussehen, wie Brieftauben ihren Schlag wiederfanden. Auf der Schule schon entschied er sich für das Studium der Biologie. Er promovierte in Biochemie an der Universität Cambridge. Aber im Laufe seiner Ausbildung zum Biologen entwickelte er eine Skepsis gegenüber der herrschenden Meinung: Organismen seien nur genetisch programmierte Maschinen, die man problemlos töten und zerschneiden könne. Bald war Sheldrake im biologischen Labor aus Gründen seiner Ausbildung mit dem Vergiften, Zerschneiden und Vergasen von Tieren beschäftigt. „Aus Tierliebe hatte ich Biologie studiert, und so weit hatte mich dieses Studium gebracht. Irgendetwas war schiefgelaufen." (R. Sheldrake: Der siebte Sinn der Tiere. Berlin 2004, S. 11) Nach einem anschließenden Philosophiestudium in

Harvard, kam er nach Cambridge zurück und schloss sich einer Gruppe von Lebensphilosophen an, die die mechanische und materialistische Lebensphilosophie strikt als falsch und lebensfeindlich ablehnte. Sheldrake machte Karriere. Er wurde Studiendirektor für Biochemie und Zellbiologie, ging für Jahre nach Malaysia und forschte im Regenwald, arbeitete in Indien bei der Entwicklung der Ertragssteigerung von Feldfrüchten. 1981 veröffentlichte er sein erstes Buch: „Das schöpferische Universum". In diesem Buch stellte er die morphogenetischen Felder als geistige Kraft der Formgestaltung in der Natur vor.

Jede Gestaltung des Formreichtums in der Natur unter Ausformung unendlicher Individualitäten basiert auf der Vererbung von organisierenden geistigen Feldern, die auch Erinnerung vererben. Pflanzen und Tiere werden nicht nur von Genen bestimmt, sondern auch von morphogenetischen Entwicklungs- und Verhaltensmustern, die Resultat der Evolution sind. Die morphogenetischen Felder korrespondieren als geistige Kräfte miteinander. Sie stehen in **morphogenetischer Resonanz**. Diese Resonanz führt dazu, dass, wenn Ratten in einem Labor (z. B. in London) etwas lernen, andere Ratten in anderen Laboren (z. B. in Berlin) schnell das Neue übernehmen. (R. Sheldrake: Das schöpferische Universum. München 2002, S. 222)

***Übung:***
***Wie erklären Sie sich die Kreativität in der Evolution, sowohl in der Entwicklung der Arten, als auch in der Entwicklung der Individuen?***

Diese geistigen Formbildungskräfte in der Natur und im Kosmos lassen sich in naturmystischen Erfahrungen auch beim Menschen beobachten: „Die Erfahrung einer inneren Einheit mit allem Lebendigen, der Erde oder dem Universum ist häufig beschrieben worden." (R. Sheldrake, a.a.O. S. 244)

***Übung:***
***Was haben Sie durch naturmystische Einheitserfahrungen über das Leben herausgefunden, z.B. über Ursprung, Gestalt und Ziel des Lebens?***

In seinem 1988 erschienenen Buch „Das Gedächtnis der Natur" hat Sheldrake die Hypothese der morphogenetischen Felder weiterentwickelt. Eine **geistige Evolution** bestimmt Atome, Bakterien und Galaxien. Die Evolution selbst wird gelenkt von einem morphischen geistigen Ur-Feld. Neue Organisationsmuster in der Evolution gehen mit der Entstehung neuer morphischer Felder einher. Morphische Felder unterliegen der natürlichen Auslese. Durch morphische Resonanz werden diese Felder, wie wir schon gehört haben, vererbt. Evolution ist eine Variation von morphischen Grundmustern. So entstehen z.B. alle Wirbelsäulentiere mit Gehirn aus dem Ur-Wurm Pekaia, der vor 500 Millionen Jahren lebte und sowohl ein Rückrat wie auch ein Nervensystem, einen Mund, ein Verdauungssystem und einen After besaß.

***Übung:***
***Beschreiben Sie den Ur-Wurm Pekaia.***

Das Gravitationsfeld, die elektromagnetischen Felder und die Quantenmateriefelder des **Kosmos** sind nicht-materielle Ausprägungen ein und desselben geistigen Grundfeldes. Das zeigt sich schon bei der Identität der morphischen Gestaltung von Galaxien, z.B. in ihrer Kreisform. Galaxien variieren damit typische Muster.

***Übung:***
***Beschreiben Sie eine typische Galaxie, z.B. unsere eigene „Milchstraße“.***

Zwischen den morphischen Feldern von Galaxien bestehen auch Resonanzverbindungen. „Wenn sich nun auf anderen Planeten ähnliche Lebensformen wie auf der Erde herausbilden, so könnte deren Evolution durch morphische Resonanz vom Entwicklungsgang auf der Erde mitbestimmt sein.“ (R. Sheldrake: Das Gedächtnis der Natur. Bern 2002, S. 365)

***Übung:***
***Können Sie sich vorstellen, dass unsere Evolution des Lebens durch die Lebensevolution anderer Galaxien mitbestimmt wird?***

Alle Galaxien scheinen in ein kosmisches Resonanzgeflecht einbezogen zu sein, könnten also Ausdruck einer kosmisch-geistigen Gaia-Macht bedeuten. Man sollte sich deshalb nach Sheldrake den Kosmos als „allumfassenden Organismus“ vorstellen.

***Übung:***
***Stellen Sie sich den Kosmos als newtonsche materielle Maschine und dann als Organismus aus morphogenetischen Feldern vor. Welche Unterschiede können Sie beim Vergleich beider Bilder entdecken?***

**Der kreative Kosmos besteht also aus morphogenetischen Feldern, die folgende Eigenschaften haben:**

1. Die Felder sind selbstorganisierte geistige Ganzheiten, die sich selbst reparieren.
2. Sie besitzen rhythmische Muster in Raum und Zeit.

3. Sie unterliegen Zielkräften, so genannten Attraktoren, die ihre Entwicklung auf ihr Ziel lenken.
4. Die Verschachtelung der Felder bildet eine Holarchie.
5. Diese Felder sind Wahrscheinlichkeitsstrukturen.
6. Sie enthalten ein Gedächtnis.

(R. Sheldrake: Das Gedächtnis der Natur, a.a.O., S. 382f.)

Die Frage nach dem Ur-Feld des Kosmos führt auf einen schöpferischen Urgrund, der für Sheldrake folgende Namen haben könnte: „Das Eine, Brahma, die Leere, das TAO, die ewige Vereinigung von Shiva und Shakti, die heilige Dreieinigkeit." (R. Sheldrake: Das Gedächtnis der Natur, a.a.O., S. 391)

***Übung:***
***Welche Namen würden Sie dem morphogenetischen geistigen Ur-Feld geben? Begründen Sie Ihre Namenswahl.***

1992 führte Sheldrake mit dem Wissenschaftler Terence McKenna und Ralph Abraham einen Trialog unter dem Titel „Denken am Rande des Undenkbaren". In diesem Trialog entfaltete er seine Theorie des kreativen kosmischen Lebens weiter. Sheldrake stellte die morphogenetischen Felder nun als „**Weltseele**" eines Weltorganismus dar, die alle kosmischen Formen imaginiert und in die Realität transformiert.

Damit greift Sheldrake eine alte philosophische Tradition auf, die annimmt, dass die Weltseele die Brücke zwischen Belebtem und Unbelebtem ist und die Präsenz von Geist im All manifestiert. Diese Idee wurde zuerst bei Platon ausgesprochen. In der Neuzeit beruft sich der deutsche Idealist Schelling auf den alten Begriff von der Weltseele. Schelling meint damit die geistige Kraft, die die organische und anorganische Natur miteinander verbindet. Sheldrake erweitert nun diese Tradition. Er spricht der Weltseele als geistiger kosmischer Kraft kreative Potenzen der Schaffung neuer Pflanzen und Lebewesen zu. Die Weltseele umfasst nach Sheldrake alle morphogenetischen Felder des Kosmos.

***Übung:***
***Schließen Sie die Augen. Können Sie sich die unbewussten Träume der Weltseele vorstellen, die neue Pflanzen und Lebewesen in der anstehenden Evolution antizipiert?***

Die Welt-Seele – für Sheldrake auch die kosmische Gaia – denkt. Als denkende Kraft teilt sie sich dem Menschen im Traum mit. Alle Arten von Geistwesen werden als Abkömmlinge der kosmischen Gaia im Traum erlebt.

„Geistwesen gibt es in vielen Bereichen. Es gibt die Bereiche der Toten, die Bereiche des Traums und die Bereiche der Imagination ... Alle diese Wesen sind Teile der schamanischen Fauna der kosmischen Weltseele." (R. Sheldrake u.a.: Denken am Rande des Undenkbaren. München 2002, S. 189)

***Übung:***
***Kennen Sie schamanistische Krafttiere in Ihren Träumen, z.B. Löwen, Falken, Schlangen usw.? Schildern Sie einen Ihrer Tier-Träume.***

Die Religion befindet sich heute auf einem Tiefstand ihrer Entwicklung. Nötig zur richtigen Resonanz mit der kosmischen Weltseele wäre deshalb heute eine **grüne mystische Bewegung**, die sich in Orden ökumenischer Art organisiert und ökologische und psychodelische Kulte veranstaltet. Auch mystische Reisen zu Kraft-Orten der Erde und des Kosmos müsste diese grüne Bewegung organisieren.

***Übung:***
***Legen Sie eine Liste grüner Kraft-Orte der Erde und des Kosmos an, an denen die Fühlung mit der Weltseele oder der kosmischen Gaia möglich wäre.***

Eine solche grüne Bewegung könnte die atomare und ökologische Krise aufhalten. Denn hinter der drohenden Vernichtung der Menschheit könnte „ein anderer Daseinszustand sein, der im Vergleich mit allem, was wir hier kennen, außerordentlich, glückselig und viel vollkommener ist." (R. Sheldrake, a.a.O. S. 248)

***Übung:***
***Was wäre ein besserer Lebenszustand als der gegenwärtige? Entwerfen Sie ein Bild bei geschlossenen Augen und beschreiben Sie es.***

Die weiteren Forschungen von Rupert Sheldrake galten der empirischen Überprüfung seiner Hypothese von den morphogenetischen geistigen Feldern als Kern der kosmischen Weltseele und der geistigen Resonanz zwischen Mensch und Tier. 1994 veröffentlichte er das Buch „Sieben Experimente, die die Welt verändern könnten". Mit diesen **Experimenten** versuchte er die Existenz morphogenetischer geistiger Felder als Ausdruck der Weltseele auf der Erde nachzuweisen. Die Experimente zur Nachweisung der morphogenetischen Felder lassen sich als einfache Beobachtungen im Alltag, mit denen der kosmische Geist auf die Materie wirkt, organisieren. Wir wollen sie jetzt im Folgenden in fünf kleinen Übungen durchführen:

***Übungen:***

- ***Klären Sie, ob Ihr Hund früh weiß, wann Sie nach Hause kommen.***
- ***Stellen Sie die Gründe fest, warum Flugtauben ihren Schlag immer wieder finden, auch wenn sie Hunderte von Kilometern ausgesetzt werden oder der Schlag seinen Standort verändert.***
- ***Klären Sie, warum ein Termitenstaat mit Millionen von Termiten in 100 km Breite und Länge funktioniert.***
- ***Untersuchen Sie, ob Menschen, die Sie von hinten anstarren, Ihren Blick bemerken und sich umdrehen.***
- ***Überprüfen Sie, ob Menschen, die Gliedmaßen verloren haben, es spüren, wenn Sie ihre verlorenen Gliedmaßen berühren.***

Derartige Forschungen sind ein Tabubruch für die Lebenswissenschaft, die auf der Suche nach dem Geheimnis des Lebens im Labor meistens Tiere vergiftet, zerschneidet und vergast. Aber Sheldrakes Forschungen können zu echten Entdeckungen führen. Mit einfachen Experimenten lässt sich die materialistische Meinung über das Leben verändern. Die unsichtbaren geistigen Beziehungen von Tier und Mensch, Mensch und Natur, Natur und Weltseele könnten so experimentell aufgedeckt werden. „Denn viele Grundfragen an das Leben sind immer noch offen." (R. Sheldrake: Sieben Experimente, die die Welt verändern könnten. München 1997, S. 251)

1998 führte Rupert Sheldrake einen zweiten Trialog mit Terence McKenna und Ralf Abraham, der unter dem Titel „Cyber-Talk" veröffentlicht wurde. In diesem Trialog vertritt Sheldrake die Position, dass die Rückbesinnung des Menschen auf den **Geist** des Universums das Wichtigste zur Bewältigung der Ökokrise ist. Er schlägt dafür die Erforschung des Himmels vor. Er geht davon aus, dass man den Geist der Weltseele nicht mit Radioteleskopen des SETI-Programms erforschen kann. (Vgl. Sebastian von Hörner: Sind wir allein? SETI und das Leben im All. München 2003) Man sollte – anstatt mit Maschinen – eher mit den höheren Bereichen des Geistes der Weltseele kommunizieren: mit Gebeten, mystischer Erfahrung oder Intuition. „Dann könnte das Ergebnis eine Form von gezielter Geistreise sein, die über ein beliebiges Reisen hinausginge. Damit würde die Erkundung des Weltalls Neuland mit einem sehr geringen Budget erschließen." (R. Sheldrake u.a.: Cyber-Talk. Bern 1998, S. 197)

***Übung:***

***Können Sie sich vorstellen, den Kosmos und seine Intelligenz durch Geistreisen in Form von „aktiver Imagination" zu erforschen?***

Sheldrake glaubt auch nicht, dass ein **Ende** der Menschheit ein Ende des Lebens bedeutet: „Selbst wenn wir an der Wand der Geschichte hier auf Erden zerschellen sollten, halte ich es doch für ganz ausgeschlossen, dass das übrige Sonnensystem einfach den Laden dichtmacht und aussteigt, ganz zu schweigen von der Galaxis und den unendlichen Galaxienhaufen."
(R. Sheldrake u.a.: Cyber-Talk, a.a.O., S. 222)

Sheldrake entwickelt eine neue Lebensphilosophie für eine Übergangszeit, in der sich das Leben auf der Erde transformiert.

**Diese Übergangszeit ist für ihn durch vier Merkmale zu kennzeichnen:**
1. Der allgemeine Einsatz von Psychedelika,
2. die Wiederbelebung des Animismus,
3. die wachsenden geistigen Beziehungen zur Weltseele, die für alle am Computer via Internet sichtbar gemacht werden sollen,
4. die Kommunikation mit den Sternen.

Durch bewusste Kommunikation wird sich ein Netz des Bewusstseins weit über die Erde hinaus zu anderen Sternen, anderen Galaxien knüpfen lassen. Sheldrake schätzt: „Es wird ein Jahrtausend dauern, bis diese Vernetzung des Bewusstseins durch den gesamten Kosmos vollzogen ist, und dann könnte am Ende das wahre und absolute Eschaton, das Ende des Kosmos zwecks Transformation möglich sein. Derzeit wäre die Endzeit auf die Erde oder allenfalls auf unser Sonnensystem beschränkt."
(R. Sheldrake u.a.: Cyber-Talk, a.a.O., S. 224)

***Übung:***
***Wie stellen Sie sich das Ende unseres derzeitigen Lebens vor?***

In Wirklichkeit glaubt aber Rupert Sheldrake gar nicht an ein Ende des Lebens. Er sagt: „So wie die Eiche immer wieder Eicheln ansetzt, so bringt das Universum ein Baby-Universum hervor, und alles beginnt von vorn. Das ist nicht etwas, was innerhalb unseres Universums passiert, das ja per Definition immer eine Einheit ist – ein Universum und kein Multiversum. Wenn unser Universum einen Attraktor aufweist, in Form eines universalen Prozesses, dann kann die Frage offen bleiben, ob es nach ihm noch ein anderes Universum geben wird. Dann gibt es eine Kulmination, das Universum erlebt seine Blüte, seine Reife. Aber wenn sich die Evolution detailliert entfaltet, erhalten wir Galaxien, Sterne, Planetmoleküle, Kristalle, Fische, Kamele usw. – eine riesige Formenvielfalt. Im Evolutionsprozess steckt eine

Menge Freiheit, einschließlich des Evolutionsprozesses des Menschen. Alles könnte sich in anderen Galaxien auch ganz anders entwickeln." (R. Sheldrake u.a.: Cyber-Talk, a.a.O., S. 238f.)

***Übung:***
***Wie könnte das Leben in einem neuen Baby-Universum aussehen?***

1999 veröffentlichte Rupert Sheldrake seine Forschung über den „siebten Sinn der Tiere". Er stellte durch Forschung fest, dass **Tiere** wissen, wann ihre Menschen nach Hause kommen, dass Tiere trösten können, dass Tiere telepathische Fähigkeiten haben, dass Tiere einen höheren Ortssinn haben, dass Tiere zu Vorahnungen befähigt sind. Alle diese Fähigkeiten verweisen auf die Existenz von Geist in Form von morphogenetischen Feldern und morphogenetischer geistiger Resonanz auch in Tieren. Dazu Rupert Sheldrake: „Wir befinden uns an der Schwelle eines neuen Verständnisses der Beschaffenheit des Geistes." (R. Sheldrake: Der siebte Sinn der Tiere. Berlin 2004, S. 420)

***Übung:***
***Kennen Sie übersinnliche Fähigkeiten bei Tieren?***

2003 legte Sheldrake seine Geistforschungen zum Menschen unter dem Titel „Der siebte Sinn des Menschen" vor. Auch in diesem Buch wies er die Fähigkeit des **Menschen** zur Telepathie, zum alarmierenden Blick, zum Hellsehen und zu Vorahnungen nach. Sein Resümee: Der Geist ist nicht auf das Innere des Kopfes beschränkt, sondern erstreckt sich weit über den Kopf hinaus in die Welt und das All, jenseits unseres Körpers. „Mit Hilfe der morphogenetischen Felder lassen sich Telepathie, das Gefühl des Angestarrtwerdens, des Hellsehens und der Vorahnung erklären." (R. Sheldrake: Der siebte Sinn des Menschen. Bern 2003, S. 361) Wir erkennen, dass Leben mit Leben geistig verbunden ist. Das ist seine Botschaft der Ganzheitlichkeit des Lebens durch das Wirken der geistigen Weltseele: „Wir sind nicht mehr in der Enge unseres Schädels eingesperrt, unsere Geister sind nicht mehr voneinander getrennt und isoliert. Wir sind nicht mehr unserem Körper, unserer Umwelt und anderen Arten entfremdet. Wir sind wechselseitig miteinander verbunden." (R. Sheldrake: Der siebte Sinn des Menschen, a.a.O., S. 369)

***Übung:***
***Beginnen Sie ein Tagebuch über Ihre übersinnlichen Erfahrungen, z.B. Telepathie, Hellsehen, Vorahnungen. Notieren Sie jetzt Ihre erste Erfahrung.***

Werfen wir zum Schluss noch mal einen Blick auf die Lebensphilosophie von Rupert Sheldrake in der folgenden Grafik:

**Die Lebensphilosophie von Rupert Sheldrake**

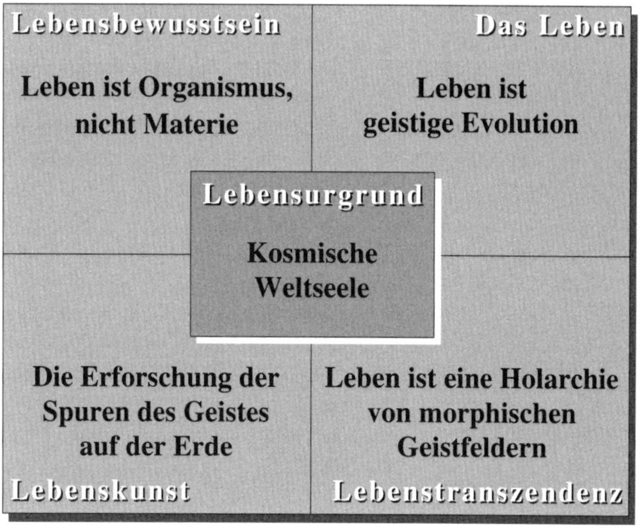


***Übung:***
***Schreiben Sie fünf Sätze zur Lebensphilosophie von Rupert Sheldrake.***

## Literatur zu Rupert Sheldrake

*Sheldrake, R.: Das schöpferische Universum.München 2002*
*Sheldrake, R.: Das Gedächtnis der Natur. Bern 2002*
*Sheldrake, R. u.a.: Denken am Rande des Undenkbaren. München 2002*
*Sheldrake, R. u.a.: Cyber-Talk. Bern 1998*
*Sheldrake, R.: Die Wiedergeburt der Natur. Bern 1992*
*Sheldrake, R.: Sieben Experimente, die die Welt verändern könnten. München 1994*
*Sheldrake, R.: Der siebte Sinn der Tiere. Berlin 2004*
*Sheldrake, R.: Der siebte Sinn des Menschen. Bern 2003*
*Sheldrake, R.: Die Wiedergeburt der Natur. Wissenschaftliche Grundlagen eines neuen Verständnisses der Lebendigkeit und Heiligkeit der Natur. Bern 1991*

*Sheldrake, R., Fox, M.: Die Seele ist ein Feld. Der Dialog zwischen Wissenschaft und Spiritualität. Bern 1998*

*Dürr, H.-P., Gottwald, F.-T. (Hrsg.): Rupert Sheldrake in der Diskussion. Bern 1997*

*Lovelock, J. u.a.: Der wissende Kosmos. Freiburg 2001*

## 3.8. Raymond Moody (*1944): Die Nacht des Todes erforschen

Die Geheimnisse des Lebens lassen sich auch vom Ende her erforschen. Die zeitgenössische Lebensphilosophie muss deshalb die empirischen Wissenschaftler der Erforschung der **Nah-Tod-Erfahrung** zu Wort kommen lassen. Was nach dem Sterbeprozess im Nachtmeer beim Eintritt des klinischen Todes passiert, kann die Lebensphilosophie weiter vertiefen. Den tiefsten Ebenen des Sterbens, dem Nah-Tod, wenden wir uns deshalb im Folgenden zu. Die Wende zur Erforschung der tiefsten Lebensnacht am Rande des Todes leitete Raymond Moody ein.

Raymond Moody wurde 1944 in Poterdale, Georgia (USA) geboren. Moody begeisterte sich für Philosophie. Dieses Fach studierte er sieben Jahre an der Universität von Virginia. Schon im Studium lernte er den Professor George Ritchie kennen, der ihm von Erfahrungen vor dem Ende des Lebens berichtete. Allerdings kam Moody auf solche Erfahrungen erst wieder zurück, als er Professor für Philosophie an der Universität von North Carolina wurde. In einem Seminar über Platon, in dem über den Tod als Trennung der Seele vom Körper diskutiert wurde, meldete sich ein Student und gab an, dass Platons Bilder der außerkörperlichen Seelenreise seiner Schwester in der Gegenwart passiert seien. Seine Schwester wäre beinahe gestorben, sagte der Student. Sie brachte aber aus ihrem Koma eine platonische Vision mit. Diese Vision lautete: „Eine Art Leere, eine Art Tunnel, an dessen Ende ein Licht strahlte, das intensiver war als die Sonne, aber die Augen nicht blendete. Eine Sonne, bei deren Berührung die junge Frau das Gefühl hatte, im Paradies zu sein.“ (P. v. Eersel: Sterben – Der Weg in ein neues Leben. München 1991, S. 86)

***Übung:***
***Kennen Sie solche Visionen?***

Moody beginnt, die Visionen von reanimierten, klinisch toten Menschen zu sammeln, die im Koma innere Bilder gesehen hatten. Er sattelt um und fängt mit 28 Jahren als Zweitstudium das der Medizin an. Noch als Medizinstudent nutzt er seine Krankenhausaufenthalte, um entsprechende Informanden zu finden. Als er 150 Berichte zusammen hatte von Leuten, die im Koma lagen, klinisch tot waren und nach der Reanimation ihre Visionen erzählen konnten, verfasste Moody das Buch „Leben nach dem Tod“.

**Moody beschreibt 15 Merkmale dieser Berichte vom Rande des Lebens: vom Nah-Tod.**

1. Alle Berichterstatter hatten Schwierigkeiten, ihre Visionen zu schildern.
2. Der Sterbende hörte, wie er für tot erklärt wurde.
3. Ein Gefühl von Ruhe und Frieden trat ein.
4. In seinem Inneren hörte der Betroffene ein merkwürdiges Geräusch.
5. Der Mensch hatte das Gefühl, seinen Körper zu verlassen.
6. Der Sterbende wurde in einen schwarzen Tunnel gesaugt.
7. In dem Tunnel erschienen andere Wesen, die den Sterbenden begleiteten.
8. Am Ende des Tunnels erschien ein Licht.
9. Der Sterbende vollzog nun einen vollständigen Lebensrückblick.
10. Der Sterbende traf auf eine Grenze.
11. Der Sterbende kehrte zurück.
12. Die Mitmenschen schenkten dem Wiederbelebten und seiner Vision keine Beachtung.
13. Der Zurückgekehrte fühlte sich bald reifer und selbstsicherer.
14. Er hatte nun überhaupt keine Angst vor dem Tod mehr.
15. Wenn der Zurückgekehrte seinen Bericht überprüfte, konnte er oft Beweise für die Richtigkeit seiner Vision finden.

(R. Moody: Leben nach dem Tod. Stuttgart o.J., S. 29-120)

***Übung:***

***Schreiben Sie ein Märchen, einen Bericht, ein Gedicht oder nur sechs Sätze über die sechs Kernbereiche des Nah-Todes. Benutzen Sie dafür folgende Grafik:***

| Stufen des Nah-Todes | Eigene Einfälle |
|---|---|
| 1. Trennung der Seele | |
| 2. Reise durchs Weltall | |
| 3. Tunnel-Erfahrung | |
| 4. Licht-Erfahrung | |
| 5. Rückkehr ns Leben | |
| 6. Verarbeitung dieser Erfahrungen in der eigenen Lebensphilosophie | |

Natürlich setzte sich Moody mit möglichen wissenschaftlichen **Erklärungen** für diese Nah-Tod-Erfahrung auseinander (vgl. C. Zaleski: Nah-Tod-Erlebnisse und Jenseits-Visionen. Frankfurt 1995, S. 244-281).

Die **Pharmakologen** sagten: „Nah-Tod-Erfahrungen seien verursacht worden durch chemische Substanzen, die dem Patienten zum kritischen Zeitpunkt aus therapeutischen Gründen verabreicht wurden." (R. Moody, a.a.O., S. 164)

Moody antwortete: Rauschmittel verursachen nur verschwommene Erfahrungen. Außerdem hatten die meisten Sterbenden überhaupt keine Mittel bekommen.

Die **Physiologen** sagten: „Da die Sauerstoffversorgung des Gehirns beim klinischen Tod unterbrochen ist, müssen die Visionen verstanden werden als letztes Ersatzluftholen des sterbenden Gehirns." (R. Moody, a.a.O., S. 170)

Moody antwortete: Die meisten Todeserfahrungen wurden gemacht, bevor es zur Gehirnkrise der postulierten Art gekommen war.

Die **Neurologen** sagten: „Nah-Tod-Erfahrungen sind Fehlfunktionen im Nervenfunktion der Sterbenden." (R. Moody, a.a.O., S. 171)

Moody antwortete: Dieses Argument ist zu unspezifisch für die spezifische Vision des Nah-Todes.

Die **Psychologen** sagten: „Nah-Tod-Erfahrungen sind Isolationserfahrungen, Träume, Halluzinationen oder bloße Wahnvorstellungen." (R. Moody, a.a.O., S. 177ff.)

Moody antwortete: Die Nah-Tod-Erfahrungen sind in vielen Kulturen belegt. Sie wurden nicht von Psychotikern berichtet. Die Berichterstatter selber hielten sie nicht für Träume, sondern für Realität.

***Übung:***
***Was spricht für und was gegen die Realität der Nah-Tod-Erfahrungen? Legen Sie eine Liste mit Pro- und Contra-Argumenten an.***

Zwei Jahre später lässt Moody sein zweites Buch erscheinen: „Nachgedanken über das Leben nach dem Tod". Er weist auf folgende Elemente der Nah-Tod-Erfahrung hin, die er in seinem ersten Buch nicht dargestellt hatte: Die Nah-Tod-Erfahrungen können auch Visionen des universellen Wissens, himmlischer Lichtstädte, das Höllenreich verwirrter Geister behandeln und das innere Gericht über das eigene Leben enthalten. So stellt Moody fest, dass auch die Nazi-Mörder mit ihrem Leben im Nah-Tod konfrontiert werden. Die Nazis geraten also im Nah-Tod in eine schreckliche und unerträgliche Hölle der eigenen Selbstkonfrontation.

***Übung:***
***Gibt es eine Art „himmlischer Ahndung" der Nazi-Verbrechen?***

Moodys Forschungen wurden außerdem von Theologen angegriffen:

Die **linken Theologen** sagten: „Jede Lehre über ein Leben im Jenseits ist nichts anderes als eine verschleierte Form der sozialen Unterdrückung im Diesseits." (R. Moody, a.a.O., S. 251)

Moody antwortete: „Soziale Verantwortung und Interesse für das Leben nach dem Tode schließe sich doch gar nicht aus." (R. Moody, a.a.O., S. 252)

***Übung:***
***Sind Nah-Tod-Erfahrungen das postmoderne Opium für das Volk?***

Die **rechten Theologen** sagten: „Nah-Tod-Erfahrungen sind nur das Werk teuflischer Mächte oder böser Dämonen."

Moody antwortete: Die Auswirkungen der Nah-Tod-Erfahrungen sind nicht teuflisch – im Gegenteil.

***Übung:***
***Halten Sie die Nah-Tod-Erfahrungen für teuflischen Ursprungs?***

Die **modernen Mystiker** sagten: „Nah-Tod-Erfahrungen haben Ähnlichkeiten mit mystischen Erleuchtungen."

Moody antwortete: „Es gibt Ähnlichkeiten, aber wichtige Unterschiede, z.B. den panoramahaften Rückblick auf das eigene Leben." (R. Moody, a.a.O., S. 297)

***Übung:***
***Sind Nah-Tod-Erfahrungen eine Form mystischer Erleuchtung?***

Als Folge von Moodys Buch, das zum Bestseller mit 4 Millionen verkauften Exemplaren wurde, entstand eine neue akademische Industrie: die Beschäftigung mit Nah-Tod-Erlebnissen. Die wichtigsten Mitarbeiter in dieser Industrie hießen: Kenneth Ring, Michael Sabom, Edith Fiore, Maurice Rawlings, Margot Grey u.a. (vgl. C. Wilson: Nach dem Tode. München 1987, S. 305; C. Zaleski, a.a.O., S. 159ff.)

1988 veröffentlichte Raymond Moody eine weitere Stellungnahme zum Nah-Tod-Problem mit dem Titel: „Das Licht von Drüben“. Diesmal ging es ihm darum, mehr Fakten und Zahlen über das Nah-Tod-Erleben zu publizieren. So stellte er die Gallup-Umfrage des größten Umfrage-Institutes der USA über die Nah-Tod-Erfahrung vor, die feststellte, dass 8 Millionen Amerikaner schon Nah-Tod-Erfahrungen gehabt haben. Allerdings verteilen sich die Elemente der Nah-Tod-Erfahrungen signifikant.

**Resultate der Gallup-Umfrage zum Nah-Tod**

| **Element** | **Prozent** |
|---|---|
| Verlassen des Körpers | 26% |
| Genaue visuelle Wahrnehmung | 23% |
| Hörbare Stimmen | 17% |
| Gefühl von Frieden | 32% |
| Lichterscheinungen | 14% |
| Lebensrückblick | 32% |
| Eintritt in eine andere Welt | 32% |
| Begegnung mit anderen Wesenheiten | 23% |
| Tunnelerlebnis | 9% |

(R. Moody: Das Licht von Drüben. Reinbek 2002, S. 22)

Gefühl von Frieden, der Lebensrückblick und der Eintritt in eine andere Welt sind beim Nah-Tod die verbreitetsten Erlebnisse.

***Übung:***
***Schreiben Sie vom Ende Ihres Lebens her einen eigenen Lebensrückblick in zehn Sätzen.***

Die nach der Gallup-Studie erfolgten Studien von Kenneth Ring von der Forschungsgruppe „Evergreen“ und von Green und Friedmann kamen zu folgenden Ergebnissen zu fünf Aspekten der Nah-Tod-Erfahrung:

**Neuere Ergebnisse zum Nah-Tod**

| **Element** | **Ring** | **Evergreen** | **Green Friedmann** |
|---|---|---|---|
| Friedenserlebnis | 60% | 74% | 70% |
| Trennung vom Körper | 37% | 70% | 66% |
| Tunnelerlebnis | 23% | 38% | 32% |
| Lichterscheinungen | 14% | 56% | 62% |
| Eintritt in eine andere Welt | 10% | 34% | 18% |
| Höllenerlebnis | 0,3% | 0,1% | – |

(R. Moody: Das Licht von Drüben, a.a.O., S. 38f. u. 187)

Diese drei Studien zeigen, dass besonders das Friedenserlebnis signifikant verbreitet und das Höllenerlebnis signifikant selten ist.

***Übung:***
***Beschreiben Sie das größte Friedenserlebnis und das schlimmste Höllenerlebnis in Ihrem Leben in jeweils zwei Sätzen.***

Moody zeigt dann auf, dass das Nah-Tod-Erlebnis ein wichtiger Lebenseinschnitt ist. Er stellt folgende Auswirkungen des Nah-Tod-Erlebnisses auf das Leben der reanimierten Betroffenen fest (R. Moody, a.a.O., S. 46-67):

- Keine Angst vor dem Tod
- Eine Empfindung für die Bedeutung der Liebe
- Das Gefühl der Verbundenheit mit allen Dingen
- Wertschätzung des Lernens
- Eine neue Verantwortlichkeit
- Ein Gefühl für die Kostbarkeit der Zeit
- Die Ausprägung philosophischer Interessen.

***Übung:***
***Welches Ereignis in Ihrem Leben hat solche Auswirkungen auf Sie gehabt?***

Moody verteidigt die Nah-Tod-Erfahrung auch gegen den Vorwurf, sie sei eine Geisteskrankheit: „Der Unterschied zwischen Geisteskrankheiten und der konstruktiv wirkenden Nah-Tod-Erfahrung fällt sofort auf.“ (R. Moody, a.a.O., S. 121)

***Übung:***
***Halten Sie die Nah-Tod-Erfahrung für einen psychotischen Schub?***

Die Nah-Tod-Erfahrungen sind ziemlich ähnlich und werden kaum durch unterschiedliche religiöse Glaubensbekenntnisse verändert. „Im großen und ganzen kommen die Tiefgläubigen jedoch aus einer Nah-Todes-Erfahrung eher überkonfessionell gestimmt zurück. Sie berichteten, Gott achte eher auf die spirituellen als auf die dogmatischen Seiten des Glaubens.“ (R. Moody, a.a.O., S. 186)

***Übung:***
***Welchen Einfluss könnte Ihre Lebensphilosophie auf Ihre Erfahrung des Nah-Todes haben? Stellen Sie eine Spekulation an.***

Moody, der Erforscher vom Nachtmeer des Todes, schließt sich C.G. Jung an, der als weltbekannter Tiefenphilosoph schrieb: „Das, was jenseits des Todes sich ereignet, ist so unaussprechlich großartig, dass unsere Imagination und unsere Gefühle nicht ausreichen, um es auch nur einigermaßen richtig aufzufassen.“ (R. Moody, a.a.O., S. 199)

**Jedoch eine Warnung:** Wissenschaftlich bewiesen ist das Leben nach dem Tod bisher nicht! Es wird im Rahmen der herrschenden Naturwissenschaft auch niemals bewiesen werden können.

Aber für die eigene Lebensphilosophie hat der Nah-Tod die Bedeutung einer zentralen Grenzerfahrung. Sie ist sogar mehr als eine Grenzerfahrung. Sie ist, wie Moody sagt, eine Erleuchtungserfahrung am Ufer des Nachtmeeres des Todes.

Sehen wir uns nun die Lebensphilosophie von Raymond Moody in der folgenden Grafik an:

## Die Lebensphilosophie von Raymond Moody

***Übung:***
***Schreiben Sie fünf Sätze zur Lebensphilosophie von Raymond Moody.***

## Literatur zu Raymond Moody

*Moody, R.: Leben nach dem Tod. Stuttgart o.J.*
*Moody, R.: Nachgedanken über das Leben nach dem Tod. Stuttgart o.J.*
*Moody, R.: Das Licht von Drüben. Reinbek 2002*

*Eersel, P. v.: Sterben – der Weg in ein neues Leben. München 1991*
*Ring, K.: Den Tod erfahren – das Leben gewinnen. München 1986*
*Sabom, M.: Erinnerungen an den Tod. München 1986*
*Wilson, C.: Nach dem Tode. München 1987*
*Zaleski, C.: Nah-Tod-Erlebnisse und Jenseitsvisionen. Frankfurt 1995*

## 3.9 Peter Sloterdijk (*1947): Leben als Geschenk des Uterus verstehen

Peter Sloterdijk ist einer der seltenen deutschen Philosophen, die, wie Stanislav Grof, die Geburt als Ursprung des eigenen Lebens bedenken. Er steigt zu den Müttern (Goethe) hinab und enthüllt das folgende Leben als Versuch, dem Trauma der **Geburt** gerecht zu werden.

Peter Sloterdijk wurde 1947 in Karlsruhe geboren. Er studierte am Beginn der Studentenbewegung 1968, als etwas vom „Advent der Revolution" in der Luft lag. (P. Sloterdijk: Selbstversuch. München 1996, S. 51) Schon die 68er-Ereignisse nehmen für ihn Geburtscharakter an, aber angesichts der RAF, den Charakter einer Fehlgeburt. „Was zur Welt kommt, ist nicht der Gott, sondern eine kriminelle Fehlgeburt." (P. Sloterdijk, a.a.O., S. 52) Sloterdijk beginnt seine Lebensphilosophie in seiner Dissertation mit Studien zur Biografie des Individuums in den 20er Jahren des 20. Jahrhunderts. Auf dem Weg zu den Müttern macht Sloterdijk Zwischenstationen in Poona (Indien) bei seinem Guru Bhagwan. Bei Bhagwan lernt er auch Sigmund Freud besser verstehen. In seinem nachindischen Werk „Kritik der zynischen Vernunft" stellt Sloterdijk fest, dass das Unbewusste das Leben stärker prägt als die Vernunft. (P. Sloterdijk: Kritik der zynischen Vernunft. Frankfurt 1983, Bd. 1, S. 128) Dieses Unbewusste hat seinen Ursprung in der Geburt.

In seinen Frankfurter Vorlesungen von 1988 hat Sloterdijk die Geburtsvergessenheit der Lebensphilosophie, unter Auslassung von S. Grof, heftig beklagt. Er hat sich aber zugleich daran gemacht, den wichtigen Anfang mit dem Leben – „die Geburt" –philosophisch zu erhellen. (P. Sloterdijk: Zur Welt kommen – Zur Sprache kommen. Frankfurt 1988, S. 38)

Die Geburt geschieht für Sloterdijk als Blitz: „Der Geburtsblitz ist die Lichtung, in der alle Zur-Welt-Gekommenen sich bewegen." (P. Sloterdijk, a.a.O., S. 65) Dieser Blitz hat Wirkungen: „Es donnert gelegentlich im Bewusstsein, wenn Ereignisse auftreten, die dem Geburtsereignis gleichen." (P. Sloterdijk, a.a.O., S. 65) Die Hauptanzeichen der Wiederholung der Geburtserfahrung sind Angst und Ekstase. „Angst und Ekstase sind unter anderem Manifestationen jenes Geburtsdonners, der manchmal ein halbes Leben braucht, um sein Subjekt zu erreichen." (P. Sloterdijk, a.a.O., S. 66)

***Übung:***
***Wann haben Sie Spuren Ihres Geburtserlebnisses in Ihrem Denken erlebt? Oder genauer: Wann hat es in Ihrem Bewusstsein gedonnert?***

Geburt, das ist das anfängliche Trauma, das Philosophen wie E. M. Cioran „zu einer lebenslangen Serie geschliffener Geburtsschreie motiviert hat." (P. Sloterdijk, a.a.O., S. 109)

***Übung:***
***Schreiben Sie Ihren Geburtsschrei jetzt auf.***

Die Geburt entbindet jedes Individuum aus der fötalen Kommunikation mit der Mutter. Das Kind war im Mutterleib leicht und frei: „Durch die Geburt wird es schwer gemacht und an die Welt geheftet." (P. Sloterdijk, a.a.O., S. 110) Allerdings durchläuft das Kind beim Geburtsvorgang die „Schwebehölle der nirvanischen Mittelzeit zur Engehölle der perinatalen Endzeit." (P. Sloterdijk, a.a.O., S. 110) Der Geburtsvorgang prägt das Denken des Erwachsenen. Die perinatale Höhlenerfahrung wird später zur lebensspezifischen Höllenerfahrung. Die Entbindung prägt einmal das philosophische Grundmuster des „perinatalen Katastrophenszenarios", zum anderen kann die Lebensphilosophie durch die Entbindung auch die Erfahrung transportieren: „Entkleinung und Entengung". Die Geburt liefert so „den szenischen Prototypus aller Erfahrungen von Befreiung." (P. Sloterdijk, a.a.O., S. 110)

***Übung:***
***Welche tieferen Gefühle begleiten bei Ihnen die Erfahrungen der Engehölle und der Befreiung? Wie erklären Sie sich das Auftauchen von Höllen- und Befreiungserfahrungen in Ihrer Lebensphilosophie?***

Das Leben wird deshalb immer begleitet von der Panik, „die aus der Ahnung steigt, dass Welt etwas ist, was auch nicht gegeben sein kann und was nur an dem dünnen Faden von Versprechen hängt." (P. Sloterdijk, a.a.O., S. 112)

***Übung:***
***Wann hatten Sie Ahnungen, dass das Leben etwas ist, was auch nicht gegeben sein kann?***

Die klassische Lebensphilosophie hat die Bedeutung der Geburt für das Leben weithin verdrängt. Marx und Heidegger z.B. „verschweigen beide noch immer die Arbeit der Mütter." (P. Sloterdijk, a.a.O., S. 116)

***Übung:***
***Verschweigt Ihre Lebensphilosophie z.B. die Geburtsarbeit Ihrer Mutter?***

Allerdings kann Heidegger die Unerkenntlichkeit der **Mutter** in seinem Seinsbegriff artikulieren. Nach ihm ist das Sein „eine Art Mutter, die uns von ihr her auf den mutterlosen Weg geschickt hat … Heideggers Uterozentrismus geht so weit, dass er noch das Vergessen der Mutter als Geschick der Mutter interpretiert, auch die Seinsvergessenheit ist bei Heidegger vom Sein verhängt." (P. Sloterdijk, a.a.O., S. 125)

***Übung:***
***Leiden Sie am Verlust Ihrer Mutter? Was bedeutet philosophisch Ihre Mutter für Ihren Begriff vom Leben?***

Sigmund Freud geht mit dem Geburtstrauma für Sloterdijk ganz anders um als Heidegger. Um bei sich anzufangen, nach der Geburt, soll man sich nach Freud möglichst schnell erinnern, „um die neurotische Schale zu sprengen, die sich um das zur Welt kommende Leben gelegt hat." (P. Sloterdijk, a.a.O., S. 127) Das Erinnern der Traumen erlöst dann die verdrängten Lebensenergien: „Es kommt zur Revision des Triebschicksals." (P. Sloterdijk, a.a.O., S. 127)

***Übung:***
***Legen Sie eine Liste aller Traumen Ihres Lebens an, und sehen Sie zu, wie Sie die traumatischen Verdrängungen der Lebensenergie im Laufe Ihres Lebens aufgelöst haben.***

Nicht in der Fixierung auf den **Tod** ist der Mensch zu begreifen, sondern nur im Blick auf seine Geburt. Anders als bei Heidegger ist bei Sloterdijk der Mensch derjenige, der immer wieder geboren wird und damit immer wieder den Tod übersteigt. Diese Vorstellung verbindet Peter Sloterdijk auch mit Hannah Arendt (vgl. H. Arendt: Vita activa. München 1981).

Marxismus und Faschismus haben auf ihre Weise die Geburtstraumen beerbt. Marx durch seine Idee der pränatalen Befreiung als klassenlose Gesellschaft, Hitler durch seine Inszenierung perinataler Höllentraumen in Auschwitz (P. Sloterdijk, a.a.O., S. 172). Was wir aber brauchen, ist freier Atem, der uns zuerst durch die Geburt gegeben wird. „Im Atem … wird das Weltversprechen erneuert." (P. Sloterdijk, a.a.O., S. 175)

***Übung:***
***Atmen Sie einmal tief durch und beschreiben Sie genau die Erfahrung des Ausatmens.***

Allerdings beschäftigt die Ambivalenz der Geburt Sloterdijk weiter. In seinem Buch „Weltfremdheit“ von 1993 geht er auf den Doppelcharakter des **Uterus** ein, den Ort der Enge und der Befreiung. Der Schoß könnte einmal als Grab oder zum anderen als „prä-existentielle Perfektion in Gott interpretiert werden.“ (P. Sloterdijk: Weltfremdheit. Frankfurt 1993, S. 191) Jeder Mensch fragt sich im Leben, woher er kommt und wohin er geht. Für Sloterdijk gibt es hier eine klare Antwort: „Wohin will ich? Dorthin, woher ich komme. Woher komme ich? Aus einem Schoß. Aus welchem Schoß jedoch? Scheidung der Geister – Scheidung der Schöße.“ (P. Sloterdijk: Weltfremdheit, a.a.O., S. 193)

***Übung:***
***War für Sie der Schoß Ihrer Mutter Grab oder Himmel?***

Die Existenz des **Fötus** stellt Sloterdijk als Schweben dar. Er verweist zugleich auf die immense Schwierigkeit, etwas über das Leben des schwebenden Fötus auszusagen. „Wer über Sein-vom-Schoß-her etwas in Erfahrung bringen will, muss gleichsam die Sprache des Wassers sprechen.“ (P. Sloterdijk: Weltfremdheit, a.a.O., S. 195) Sloterdijk behauptet, eine richtige Rede vom fötalen Dasein sollte sich in der Sprache des Wassers oder des Himmels äußern.

***Übung:***
***Versuchen Sie über Ihr Leben als Fötus in der Wasser- oder in der Himmelssprache einen kurzen Text zu schreiben.***

Die Wassersprache hat allerdings Vorrang vor der Himmelssprache. Von Thales, dem ersten Philosophen der Antike, bis zur modernen Psychoanalyse sprechen namhafte Theoretiker des Lebensursprungs immer vom Wasser. Dabei vollzieht der Mensch bei seinem Lebensanfang einen Wechsel der Elemente: Vom Fruchtwasser kommt er aufs Land des Lebens.

***Übung:***
***Beschreiben Sie Ihren Elementewechsel vom Fruchtwasser in der Mutter in Ihre Wiege auf festem Land.***

Für die Erklärung des Lebens reicht für Sloterdijk der Uterus aus. Sloterdijk greift deshalb lieber auf den Uterus als auf **Gott** als Lebensursprung zurück. Er vertritt keine Theodizee (Rechtfertigung der Welt aus Gott), sondern eine Uterodizee (eine Rechtfertigung der Welt aus dem Uterus). „Uterodizee, das ist die Lehre von den letzten Dingen.“ (P. Sloterdijk: Weltfremdheit, a.a.O., S. 190)

***Übung:***
***Was können Sie aus dem Uterus als Ursprungsprinzip für Ihre Lebensphilosophie ableiten? Schreiben Sie einen Satz, der beginnt: „Mein Uterus war …“***

Geburt bleibt für Sloterdijk das Thema aller Themen. Aus der Geburt begleitet den Menschen der Wunsch, ins Freie zu kommen oder das schockierende Erlebnis, in die falsche Welt hineingeboren worden zu sein.

***Übung:***
***Zeigt Ihre Lebensphilosophie mehr Freiheits- oder mehr Fluchtaspekte?***

In seinem großen Werk „Sphären“ bildet für Sloterdijk die Meditation über den Uterus dann auch die Eingangspforte zur Besichtigung des ganzen Weltraums. Hat das **Matriarchat** den Erdschoß verherrlicht, so das **Patriarchat** den Himmelsschoß. Im Matriarchat wird das „blutende Tor zum Leben … nun ein Zugang zur Unter- und Überwelt. Der Uterus wächst zum Jenseits heran, die Vulva wird zum grauenerregend-einladenden Portal dorthin.“ (P. Sloterdijk: Sphären. Frankfurt 2000, Bd. 1, S. 279) Alle Wahrheitssucher der frühen Zeit sind darum ihrem Lebensmotiv nach Schoßheimkehrer. Der Held will in die Welt hinaus und findet am Schluss das Grab als „eigenste Höhle“.

***Übung:***
***Beschreiben Sie eine kurze Reise Ihres liebsten Helden bzw. Ihrer liebsten Heldin zwischen Start- und Schluss-Uterus.***

Erst in der Antike wurde mit dem Patriarchat „das Mutterleibsmonopol des Ursprungsdenkens gebrochen, indem sie dem Männlichen, als dem „Transzendenten“ einen Anteil an der Ursprungsfunktion zuerkannten.“ (P. Sloterdijk: Sphären, a.a.O., S. 282) Das hat Konsequenzen: Neben die mütterliche Erdbestattung tritt die väterliche Luftverbrennung.

***Übung:***
***Warum wollen Sie in der Erde begraben oder in die Luft verbrannt werden?***

In „Sphären I“ wird das Leben im Uterus genauer analysiert. Der Fötus lebt im Uterus in Kooperation mit der Mutter. Die Mutter liefert „plazentales Blut, Fruchtwasser, die Plazenta, die Nabelschnur und die Erfahrung des Bauchwiderstandes.“ Der Fötus bewegt sich „in einem vage konturierten Umgreifungsraum mit steigender Engetendenz.“ (P. Sloterdijk: Sphären, a.a.O., S. 300) Der Fötus wird auch in die mutterleibliche Klangwelt eingeführt. Die Folge der uteralen Kooperation des Uterus mit der Mutter ist für Sloterdijk nun „die mediale Zelle aller Gemeinschaftsbildungen“, somit ist für Sloterdijk der Uterus der **Ursprung der Staats- und der Weltgemeinschaft**.

***Übung:***
***Welche Ursprünge des Staates leuchten Ihnen ein?***

Über die Existenz des Fötus hat sich nach Peter Sloterdijk besonders anschaulich der Psychiater Ronald D. Laing mit den Mitteln der freien regressiven Assoziation in seinem Buch „ Die Tatsachen des Lebens“ (München 1990) geäußert. In seinen Exkursen wirft Laing wichtige Fragen des fötalen Ursprungsdenkens auf, die wir jetzt in zwei Übungen nachvollziehen wollen:

**Ronald D. Laings Fragen:**
- Wie kann eine einzige Zelle im Uterus die Milliarden und Abermilliarden von Zellen hervorbringen, aus denen ich heute bestehe?
- In welchem Leib würdest du die ersten neun Monate deines nächsten Lebens zubringen wollen?

***Übung:***
***Bitte beantworten Sie die Fragen von Laing in jeweils einem Satz.***

Peter Sloterdijk arbeitet nun die Theorie des **Schwebens des Fötus** genauer aus: „Der Fötus ist in eine träumerische, doch tendenzhaft vorwärts träumende Unentschiedenheit getaucht.“ (P. Sloterdijk: Sphären, a.a.O., S. 323)

***Übung:***
***Welche Träume nach Vorwärts haben Sie als Fötus geträumt? Untersuchen Sie Ihre heutigen Tagträume auf fötale Ausbruchsmotive.***

Der Fötus erlebt einerseits das total glücklich machende Nirvana, aber andererseits auch „Tendenzpfeile, die weltwärts zielen.“ Einen primären Narzissmus, wie die Psychoanalyse behauptet, kann der Fötus überhaupt nicht erleben, denn der Uterus ist gar nicht leer. In dem als Skandal bekannten Kapitel 5 von „Sphären I“ ergreift Sloterdijk Partei für ein verworfenes Organ, die **Plazenta**, den Mutterkuchen des Volksmundes. Diese Plazenta ist für Sloterdijk der Urbegleiter des Fötus: der Doppelgänger des Fötus. Diese Plazenta sollten wir als namenlos und erscheinungslos begreifen. „Wir würden zurückprallen … wenn das schwammige Etwas … uns zu Gesicht käme – dieses elendste Phantom in der Oper der Eingeweide." (P. Sloterdijk: Sphären, a.a.O., S. 362) Die einzige Möglichkeit, etwas von der Plazenta der Fötuszeit zu erleben, zeigen archetypische Träume oder das einfache Einrollen in die Bettdecke zur Nacht, das wie eine Rückkehr in den Uterus inszeniert werden kann.

***Übung:***
***Kehren Sie Nacht für Nacht im Traum und unter der Bettdecke in den Uterus zurück?***

Die Geburt ist allerdings erst fortgeschritten, wenn die Plazenta, die Nachgeburt, ans Licht gekommen ist. Am Ende der Geburt steht dann die Abnabelung. Der **Nabel** am Körper ist ein Zeichen für den Beginn des Individualisierungsdramas. „Der moderne Nabel ist ein Resignationsknoten, und seine Inhaber wissen mit ihm nichts anzufangen." (P. Sloterdijk: Sphären, a.a.O., S. 393)

***Übung:***
***Was wissen Sie denn von Ihrem Nabel? Schreiben Sie eine kleine Nabelbiografie mit der Methode des freien regressiven assoziativen Schreibens.***

Was das Leben nach der Abnabelung ausmacht, ist für Sloterdijk „eine Serie von geglückten Trennungen, von Sublimationen und Kastrationen." (P. Sloterdijk: Sphären, a.a.O., S. 397) Aber für diese Überwindungsleistung der Lebensbarrieren hat das fötale Leben die wichtigste Vorarbeit geleistet. „Das vorwärtslebende Kind erobert schließlich den freien Gebrauch der Welt." (P. Sloterdijk: Sphären, a.a.O., S. 397) Das Leben gelingt aber nur in Gemeinschaft, die sich im Uterus in der Kommunikation zwischen Fötus und Plazenta schon angebahnt hat.

***Übung:***
***Führen Sie das Gemeinschaftsgefühl Ihrer Lebensphilosophie auf Ihre Koevolution mit Ihrer Plazenta zurück?***

Peter Sloterdijk landet schließlich bei einer Gemeinschaftsmystik, die ihren Ursprung in der Symbiose von Plazenta und Fötus hat.

Sehen wir uns nun die Lebensphilosophie von Peter Sloterdijk in der folgenden Grafik an:

## Die Lebensphilosophie von Peter Sloterdijk

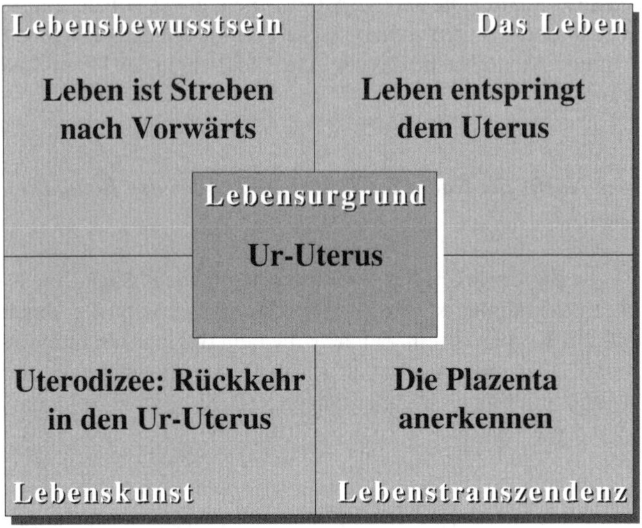


***Übung:***
***Schreiben Sie fünf Sätze zur Lebensphilosophie von Peter Sloterdijk.***

### Literatur zu Peter Sloterdijk

*Sloterdijk, P.: Kritik der zynischen Vernunft. Frankfurt 1983, Bd. 1-2*
*Sloterdijk, P.: Zur Welt kommen – zur Sprache kommen. Frankfurt 1988*
*Sloterdijk, P.: Weltfremdheit. Frankfurt 1993*
*Sloterdijk, P., H.-J. Heinrichs: Die Sonne und der Tod. Dialogische Untersuchungen. Frankfurt 2001*
*Sloterdijk, P.: Sphären. Frankfurt 2000-2004, Bd. 1-3*
*Sloterdijk, P.: Selbstversuch. München 1996*

*Dobeneck, H. F. v.: Das Sloterdijk Alphabet. Würzburg 2002*

## 3.10 Ken Wilber (*1949): Den *Einen Geschmack* des Lebens kosten

Ken Wilber ist der bedeutendste amerikanische Geistesphilosoph der Gegenwart. Das Leben ist für Ken Wilber deshalb eine Leiter von der Materie bis zum absoluten Geist. Er steht mit dieser Grundorientierung ganz in der Tradition der klassischen Lebensphilosophen von Heraklit bis zu Plotin. Das Leben entwickelt sich innen als Bewusstsein, außen als Kultur, Gesellschaft und Kosmos. Im Kern ist das Leben das All-Eine, das im Außen nicht erscheint, während das All-Eine für das subjektive Erleben im Inneren erfahrbar wird. Ken Wilber hat bisher mehrere Modelle der Entschlüsselung des Lebens vorgelegt.

Ken Wilber wurde 1949 in den USA geboren. Er studierte erst Medizin und dann Biochemie. 1968 wurde Ken Wilber zunächst Teilnehmer und dann bald Kritiker der New-Age-Bewegung. Nach Abschluss seines Studiums wusch er Teller, mähte Rasen, verkaufte Obst, Gemüse und Benzin. Er las daneben bis zu drei Bücher am Tag. Er meditierte täglich mehrere Stunden im Zen-Stil. Er vermied eine Universitätskarriere. In drei Monaten schrieb er 1972 mit 23 Jahren sein erstes Buch: „Das Spektrum des Bewusstseins“. Damit entwickelte er einen bewusstseinsphilosophischen Zugang zum inneren Leben. Ken Wilber beginnt die Erforschung der transpersonalen Bewusstseinsstufen als Synthese östlicher und westlicher Philosophie. Nach den westlichen Psychotherapien entwickelt der Mensch ein Körper-Ich, ein Ich und ein Über-Ich. Das kann für Ken Wilber nicht alles sein. Wilber fundiert die transpersonale Sicht des inneren Lebens im Rückgriff auf die Annahmen der „philosophia perennis“ (der ewigen Lebensphilosophie), die in der Achsenzeit der Zivilisation von 800 vor bis 300 nach Christus entstanden ist.

**Diese ewige Philosophie besagt:**

1. Der absolute Geist existiert.
2. Der absolute Geist existiert im inneren Leben des Menschen als absolutes Ich.
3. Solange wir in der Subjekt-Objekt-Spaltung des Alltagsbewusstseins leben, erkennen wir diesen Geist nicht.
4. Es gibt aber einen Weg der Erkenntnis des Geistes.
5. Dieser Weg beendet das Leiden am Leben.
6. Die meditative Erkenntnis des Geistes führt zum Mitgefühl mit allen Lebenden.

(K. Wilber: Das Spektrum des Bewusstseins. Reinbek 2003, S. 163ff.)

***Übung:***
***Welche idealistischen Grunderkenntnisse über den Geist umfasst Ihre ewige Lebensphilosophie?***

Die **Seele** im Lebensbegriff der transpersonalen Philosophie umfasst im Gegensatz zur westlichen Psychologie des Ichs und des Unbewussten folgende Stufen der höheren geistigen Potenzen:
1. Persona
2. Ego
3. Zentaur: Integration von Körper und Psyche
4. Absolutes Ich (Absoluter Zeuge)
5. Absoluter Geist

***Übung:***
***Was können Sie sich unter „Absolutem Geist" vorstellen? Geben Sie eine Definition.***

Das **Leben** entwickelt sich in Wilbers Evolutionstheorie als Abstieg vom Absoluten Geist zum Menschen und in seiner Involutionstheorie als Aufstieg vom Menschen zum Absoluten Geist. Für die Erforschung des inneren seelischen Lebens bietet Wilber, weit über die klassische Lebensphilosophie hinaus, eine ganze Staffel von Psycho-Methoden an:

| **Seelische Ebenen** | **Methoden der Erkenntnis des inneren Lebens** |
|---|---|
| Persona | Beratung |
| Ego | Selbstanalyse, Transaktionsanalyse, Psychodrama |
| Zentaur (Integration von Körper und Psyche) | Bioenergie, Gesprächstherapie, Gestalttherapie, Logotherapie |
| Transpersonaler Zeuge | Tiefenpsychologie nach C. G. Jung und Roberto Assagioli |
| Absoluter Geist | Vedanta-Mahayana, Taoismus, Mystischer Islam, Mystik des Judentums, Mystik des Christentums |

***Übung:***
***Mit welchen Methoden haben Sie schon Ihr inneres Leben erforscht? Welche Erfahrungen haben Sie mit dem Erlebnis des absoluten Geistes gemacht?***

Die Auseinandersetzung mit C. G. Jung ist für Ken Wilber eine zentrale Quelle der Entwicklung seiner Lebensphilosophie. Das **Lebensbewusstsein** – das übernimmt Wilber von C. G. Jung – entwickelt sich im Lebenslauf.

***Übung:***
***Welche Bilder vom Leben haben sich schon im Laufe Ihres Lebens bei Ihnen entwickelt? Geben Sie eine Reihe von Metaphern zu Ihrem Lebensverständnis an. Ergänzen Sie den Satz seriell: „Das Leben ist wie …“***

C. G. Jung meint, der Lebenslauf gliedert sich in zwei Bewusstseinsphasen: vom Säugling zum Erwachsenen und vom Erwachsenen zum erleuchteten Menschen im hohen Alter. Dabei trennt sich für Jung der Mensch vor seiner Geburt von seinem höheren Selbst und kehrt mit seinem Tod zu diesem Selbst zurück. Ken Wilber sieht dagegen bei der Geburt keine Trennung des Ichs von einem höheren Selbst, sondern nur die Entstehung eines Selbst in einer materiellen und biologischen Symbiose des Kindes mit der Mutter. Diese präpersonale Symbiose hat für Wilber keine spätere transpersonale Bedeutung.

***Übung:***
***Welche spirituelle Bedeutung hat für Sie Ihre Geburt?***

Ken Wilber entdeckt, entgegen C. G. Jung, P. Sloterdijk und S. Grof, die Gefahr, das präpersonale Bewusstseinsleben mit drem transpersonalen Bewusstsein zu verwechseln. In unserer Lebensvergangenheit entdecken wir nach Wilber keine Transpersonalität, sondern nur kindliche Präpersonalität. Die progressive Entwicklung des Lebens heißt für Wilber: Vom Körper zum Ich, vom Ich zur Seele, von der Seele zum Geist.

***Übung:***
***Was wissen Sie von der Geschichte Ihres Körpers, Ihres Bewusstseins, Ihrer Seele und Ihres Geistes? Erzählen Sie Ihre Lebensgeschichte in vier kleinen Etappen:***
1. ***Mein Körper***
2. ***Mein Bewusstsein***
3. ***Meine Seele***
4. ***Mein Geist***

Das eigentliche Interesse Wilbers gilt den transpersonalen Entwicklungsstadien des menschlichen Überbewusstseins: von der groben über die subtile und kausale bis zur höchsten Ebene. Auf der kausalen Ebene wird der Mensch zum Mystiker: Er erlebt Glück, Weisheit und Einssein mit Gott. Auf der höchsten Bewusstseinsstufe erscheint dann das reine Bewusstsein oder die Leere als der **Eine Geschmack**.

***Übung:***
***Haben Sie schon mal die höchste Bewusstseinsstufe des Lebens erlebt, den einen Geschmack der Leere?***

Allerdings ist die Entwicklung höherer Bewusstseinsformen von Leben mit Komplexen belastet. Hier lauert nicht nur aus früheren Stufen der Ich-Entwicklung die Wiederkehr des Ödipus-Komplexes, der sich als Hass auf Vater-Götter und als Selbstvergötterung des Sohnes darstellt. Auch der Apollo-Komplex kann auftreten, der das Denken verabsolutiert, oder der Vishnu-Komplex, der die Gefühle explodieren lässt.

***Übung:***
***Welche Bedeutung hat der Ödipus-Komplex für Ihre Lebensphilosophie besonders in den höheren Schichten Ihres Bewusstseins? Wie stark ist Ihre Lebensphilosophie durch antiautoritäre Impulse geprägt?***

Mit dem Schweizer Philosophen Jean Gebser ist Ken Wilber der Meinung, dass wir heute an der Schwelle eines neuen Zeitalters stehen. Für Jean Gebser hat die Evolution des Lebensbewusstseins schon fünf Stufen durchlaufen. Die archaische, magische, mythische, mentale und integrale Stufe. Gebser und Wilber glauben, dass die mentale Stufe sowohl zur Herausbildung als auch zur Krise des Ichs führt. Aber die Folgen der integralen Stufe der Evolution kann die Chance für die Eröffnung der heilenden höheren transpersonalen Bewusstseinsschichten eröffnen.

***Übung:***
***Stehen wir heute im 21. Jahrhundert an der Schwelle zu einem neuen Zeitalter des höheren inneren geistigen Lebens?***

Die klassische Lebensphilosophie hat sich zu sehr an den präpersonalen Bewusstseinsstufen orientiert. Schon Sigmund Freud hatte alle transpersonalen ozeanischen Bewusstseinsinhalte auf die infantile Symbiose reduziert. Klages hatte die Urbilder in der Urgeschichte gesucht. Als Kern des inneren Lebensbewusstseins setzt Ken Wilber das **Selbst** dagegen: Das Selbst ist der

Antrieb des individuellen Lebens. Es entscheidet über die progressive oder regressive Entwicklung des inneren Leben und seines Bewusstseins.

**Das Selbst durchläuft in den drei Phasen präpersonal, personal und transpersonal folgende Stadien der Entwicklung:**

- Von der Geburt bis zum Ende des 2. präpersonalen Lebensjahres steuert es die Wahrnehmung, die Lebenskraft und das Denken in einfachen Bildern und Symbolen.
- Vom 6. bis zum 15. personalen Lebensjahr dominiert das konkrete und abstrakte Denken.
- Ab dem 21. Lebensjahr kann sich das transpersonale Potential entfalten. Es können sich visionäre, archetypische Erfahrungen und die Erfahrung der Leere einstellen.

(Vgl. K. Wilber: Integrale Psychologie. Freiamt 2001, S. 225)

***Übung:***
***Welche Stufen vom Lebensbild hat Ihr Selbst schon entwickelt? Handelt es sich um präpersonale, personale oder transpersonale Bilder?***

Dieses geistige Lebensbild wird von verschiedenen aktuellen Ideologien bekämpft. Ken Wilber kritisiert alle modernen Lebensphilosophien, die die ganze Welt auf Materie reduzieren, also auch Mystik auf Physik, wie er es bei Fritjof Capras „Tao der Physik“ sieht. Physik unterstützt für Wilber in keinem Fall Mystik. Physik erforscht die niedrigsten Ebenen des Lebens und nicht die höchsten Ebenen des Geistes, sagt Wilber.

***Übung:***
***Welche Bedeutung haben für Sie die Materie und die Physik zur Erklärung des Sinns des Lebens?***

Auch die moderne Soziologie z.B. bei Jürgen Habermas hat zwar gesellschaftliche Evolutionsmodelle entwickelt, aber dabei die transpersonale Dimension der Entwicklung des Lebensbewusstseins völlig vergessen. Auch an den Universitäten dominiert die rationalistisch-materialistische Wissenschaft, die Descartes und Newton entworfen haben. Transpersonale Impulse, die etwa 1% der amerikanischen Gesellschaft erfassen, entstehen meist nur in spirituellen Subkulturen: Neu-Hinduismus, Euro-Buddhismus, Sufismus, Euro-Zen usw. Ken Wilber sieht Gefahren für das richtige Lebensverständnis auch in den spirituellen Gruppen der New-Age-Bewegung. Beim Transzendieren des Egos ereignet sich in dieser Bewegung oft ein Rückfall in präpersonales Denken. Es kommt im New-Age oft zur Fixierung auf Autorität und Dogmen, zur Reaktivierung von Mythen, der Abkapselung vom Leben und der Einschließung in Sekten (vgl. K. Wilber u.a.: Meister, Gurus, Menschenfänger. Frankfurt 1995, S. 165ff.)

***Übung:***
***Welche Merkmale besitzt für Sie eine progressive spirituelle Gruppe?***

Mit dem Buch „Eros, Kosmos, Logos", an dem Ken Wilber drei Jahre schrieb und das 1995 erschien, erweitert Ken Wilber seinen **inneren Lebensbegriff** um seine äußeren Dimensionen. Das Leben umfasst für Wilber nun vier Dimensionen, die er **Quadranten** nennt:

1. Quadrant: Die Physiosphäre der Materie
2. Quadrant: Die Biosphäre des Lebens
3. Quadrant: Die Noosphäre des Geistes
4. Quadrant: Die Theosphäre des Göttlichen

(K. Wilber: Eros, Kosmos, Logos. Frankfurt 2001, S. 61)

***Übung:***
***Hat auch für Sie das Leben vier Grundelemente?***

Diese vier Sphären des Lebens, die Wilber Quadranten nennt, entstehen aus Holonen als ganzheitlichen Grundelementen des Kosmos in der Evolution. Diese vier Sphären lassen sich auch unterschiedlich in Sprachform fassen: Das innere Leben in der Ich-Sprache, Kultur und Gesellschaft in der Wir-Sprache, die Materie in der Es-Sprache.

***Übung:***
***Bilden Sie einen Satz in der Ich-Sprache über Ihr inneres Leben. Beginnen Sie diesen Satz mit „Ich ...".***
***Bilden Sie nun einen Satz in der Wir-Sprache über Kultur und Gesellschaft. Beginnen Sie mit „Wir ..."***
***Bilden Sie schließlich einen Satz in der Es-Sprache über die Materie. Beginnen Sie mit „Es ..."***

Der integrale Lebensbegriff, der die vier Quadranten umfasst, berücksichtigt nun mit Materie und Gesellschaft das äußere Leben und mit Kultur und Denken das innere Leben. Ken Wilber akzeptiert nun die prägende Kraft der Materie und Gesellschaft auf das innere Leben und zugleich die Auswirkung des inneren Lebens auf Materie und Gesellschaft. Seinen neuen, integralen Lebensbegriff stützt er wieder auf die „ewige Philosophie" und auf die Evolutionsforschung von Jean Gebser, Jürgen Habermas, Jean Piaget und vielen anderen. Wie diese drei genannten Evolutionsforscher geht auch Ken Wilber vom biogenetischen Grundgesetz der Evolution aus. Die äußere Entwicklung der Gattung steht in bestimmter Beziehung zur inneren Entwicklung des Individuums.

Ken Wilbers Synthese der Ergebnisse der drei Evolutionsforscher lautet:

- Jean Gebser unterscheidet **3 Kulturformen** der Evolution: magisch, mythisch und rationale Bewusstseinsstufen
- Jürgen Habermas unterscheidet **3 Identitätsformen** der Evolution: Körper, Ego und Gruppe
- Jean Piaget unterscheidet **3 Denkformen** der Evolution: prä-operational, konkret-operational, formal-operational

Ken Wilbers **Selbststadien der Evolution** heißen nun: biozentrisch, ethozentrisch und weltzentrisch.

Für die Gegenwart hält Ken Wilber das rationale, formal-operational denkende weltzentrische Ego für das entscheidende Durchgangsstadium zu höheren Stufen der inneren Entwicklung des Lebens.

***Übung:***
***Welche positive Deutung hat Ihr Ego als Durchgangs- oder als Endstadium Ihres Lebens für Sie?***

Heute wird der materialistische Lebensbegriff von Ken Wilber stark kritisiert. Materie und Sozialsysteme als zentrale Deutungsmuster des Lebens dominieren. Das innere Leben wird in jeder Form materialischen Denkens geleugnet. Für Wilber herrscht deshalb in den Industrienationen „geistiges Flachland". (K. Wilber: Eros, Kosmos, Logos, a.a.O., S. 492-537)

Jede Abweichung vom Alltagslebensbewusstsein ins Transpersonale wird in den Industrienationen negativ bewertet. „Das Absolute wird verleugnet. Gott ist tot – basta." Das ist die Losung der Postmoderne mit ihrem völlig reduzierten Lebensbegriff. Die höheren Formen des Lebensbewusstseins wie Naturmystik, Gottheitsmystik, formlose Mystik und nicht-dualistische Mystik kommen im heutigen Lebensbegriff der Lebensgene und Lebenssysteme überhaupt nicht vor. Zwei Weltkriege und Auschwitz zeigen aber, dass das heutige Alltagsbewusstsein keineswegs statisch ist, sondern durchaus in magisch-stammesethische Formen des panischen Faschismus regredieren kann. Gegen diese Gefahr der Regression kann aber nur die Progression des Bewusstseins in der Evolution auf höhere Bewusstseinsstufen etwas ausrichten.

***Übung:***
***Halten Sie eine Wiederkehr von Auschwitz für möglich?***

In Ken Wilbers Leben spielte die Erfahrung des *Einen Geschmacks* als Hilfsform des Bewusstseins eine immer größere Bedeutung.

1997 verfasste Ken Wilber ein Tagebuch, das 1999 veröffentlicht wurde. Der Titel: „Einfach Das“. In diesem Tagebuch gibt er einen Einblick in sein individuelles Leben im Kontext des integralen Lebensbegriffs und dessen Höhepunkt als den *„Einen Geschmack“*. Er weist auf seine tägliche Meditationserfahrung hin, die schon 25 dauert.

**Er notiert folgende Erkenntnisse des inneren Lebens durch Meditation:**
1. Die Entwicklung des non-dualen transpersonalen Bewusstseins des einen Geschmacks für eine Dauer von 11 Tagen.
2. Die Kontinuität des transpersonalen Bewusstseins im Alltag im Schlaf und im Traum.
3. Die Erkenntnis des Spiels des absoluten Einen in Evolution und Involution, in spielerischer Entfaltung und Wiedereinfaltung des Kosmos.
4. Das Erlebnis des höchsten Meditationsbewusstseins als den *Einen Geschmack.*

***Übung:***
***Über welche Meditationserfahrung und die ihr entsprechende Lebenserkenntnis verfügen Sie? Seit wann?***

Ken Wilber macht klar, das kleine Alltags-Ich bleibt bei jeder Bewusstseinsveränderung, auch beim *Einen Geschmack*, durchaus erhalten. Es gibt dann so etwas wie eine „spirituelle Schizophrenie“, die als Leben in zwei Welten alle großen Meditationsmeister besaßen. Bei der Erfahrung des *Einen Geschmacks*, dem absoluten Bewusstsein, erlebt man die große Liebe des Einen zum Leben.

Ken Wilber analysiert die gegenwärtige Postmoderne in seiner integralen Perspektive als **materialistischen Nihilismus**. Seit der Achsenzeit von 800 v. Chr. bis 300 n. Chr. gab es nur 1000 Meister des Überbewusstseins. Die heutigen Götter des Nihilismus heißen Geld, Ruhm und Macht. Die Verbreitung höherer Bewusstseinsformen in den USA ist auch für Ken Wilber ernüchternd. 60% der Amerikaner sind mythologisch-bibelgläubig, an Geld orientieren sich rational 10%, ebenso viele am Humanismus. Am holistischen Narzissmus der New-Age-Bewegung, die ihr Ich als Gott sehen, hängen 10%, echte Mystiker sind allenfalls 1% der Amerikaner. (K. Wilber: Einfach „Das“, a.a.O., S. 294)

***Übung:***
***Wie viel Prozent geben Sie den inneren Bewusstseinsformen in Deutschland: Bibel? Geld? Humanismus? Holismus? Mystik?***

Der *Eine Geschmack* ist der Geschmack der ewigen Wiederkehr als Lust.

„Es ist ja immer schon ungeschehen gemacht und immer schon vorbei. Im schlichten Gefühl des Seins werden Welten geboren und sterben – sie leben und tanzen und singen eine Weile und fallen dann wieder dem Vergessen anheim; nichts geschieht je wirklich in der schlichten Welt des Einen Geschmacks. Tausend Formen werden kommen und gehen, Millionen Welten werden entstehen und vergehen, Milliarden Seelen werden lieben und lachen, sich sehnen und sterben, und der Eine Geschmack wird sie alle umschließen. Und dann werde ich vielleicht einfach wieder hier stehen, wieder den Sonnenuntergang durch den feinen Regen beobachten, der jetzt leise niedergeht." (K. Wilber: Einfach „Das", a.a.O., S. 454)

***Übung:***
***Schreiben Sie ein Loblied auf die „ewige Wiederkehr". Beginnen Sie mit den Worten: „Ich liebe die ewige Wiederkehr, weil ..." und geben Sie 10 Gründe an.***

Im Jahr 2000 veröffentlichte Ken Wilber das Buch „Ganzheitlich handeln". Auf der Basis seiner integralen Sicht des Lebens, das in den vier Quadranten als Bewusstsein und Kultur, Materie und Gesellschaft erscheint, entwickelt Wilber nun Ansätze einer **integralen Weltpolitik**. Diese Politik soll die äußere und innere Evolution fördern. Zur Unterstützung dieser Politik hat Ken Wilber ein „Integrales Institut" gegründet, das für alle Bereiche der Gesellschaft integrale Bereichsinitiativen ausarbeitet.

Für den Bereich der Medizin zielt integrale Politik auf die Förderung der Bewusstseinstransformation, die neben der Berücksichtigung gesellschaftlicher Krankheitsbilder und pharmazeutischer Heilstoffe eine entscheidende Rolle spielen soll.

Die integrale Erziehung soll Meditationskenntnisse über das Leben vermitteln. (K. Wilber: Ganzheitlich handeln. Freiamt 2001, S. 111)

Die integrale Ökologie könnte die Rettung der Biosphäre im Zusammenhang mit Bewusstseins- und Gesellschaftsveränderungen beginnen.

***Übung:***
***Welche integralen Projekte könnten Sie entwickeln, z.B in den Bereichen Medizin, Erziehung und Ökologie?***

Besonders wichtig ist für Ken Wilber die vertiefte Differenz zwischen technischem Fortschritt und spiritueller Stagnation zu verringern (K. Wilber: Ganzheitlich handeln, a.a.O., S. 120).

Im Weltmaßstab ist sich Ken Wilber sicher, dass nur 2% der Weltbevölkerung Mystiker mit höchstem Bewusstsein sind, 70% der Weltbevölkerung verstehen aber das Leben auf magische oder mythische Weise. Dem Potential von weltweit 30% humanistisch und rational gesinnten Menschen steht ein Potential von 70% magisch und mythisch denkenden Menschen gegenüber. Die integrale Weltpolitik, die noch kein politisches Subjekt hat, sollte gegen den drohenden Weltkonflikt der antagonistischen Lebenskulturen z.B. zwischen christlichem und muslimischem Leben Maßnahmen entwickeln.

***Übung:***
***Wird die Menschheit am „Kampf der Kulturen", am Konflikt zwischen Rationalität und Mythos scheitern?***

Es deutet alles daraufhin, dass Ken Wilber seine Vision einer integralen Weltpolitik weiter entwickeln wird. Er stellt fest: „Dem explosiven Wachstum der Technologien steht kein gleichwertiges Wachstum von innerem Bewusstsein und Weisheit gegenüber. In der heutigen Situation jedoch könnte das Fehlen integralen Wachstums das Ende der Menschheit selbst bedeuten." (K. Wilber: Ganzheitlich handeln, a.a.O., S. 119) Für Wilber wie für alle Lebensphilosophen der traditionellen und gegenwärtigen Art untergräbt die Technik das Leben. Die Genetik, so Wilber, könnte eine weiße Pest erzeugen. Die Roboterwissenschaft könnte menschliches Bewusstsein an Maschinen verschenken. Die Nanotechnologie könnte die Biosphäre zu Staub verwandeln. Dagegen setzt Ken Wilber seine Höhenphilosophie im Kontext integraler Weltpolitik, die sich für jeden Kontinent mit unterschiedlichen Bewusstseinsspektren anders entwickeln muss: „Schließlich werden wir, die der Existenz selbst innewohnende Freude finden ... und die integrale Suche kommt schließlich an ihr Ziel." (K. Wilber: Ganzheitlich handeln, a.a.O., S. 158)

***Übung:***
***Was können Sie tun, um das Scheitern des inneren Lebens an der Technik zu verhindern?***
***Oder: Wie sieht bisher die Bewusstseinsreise Ihres inneren Lebens aus? Benutzen Sie dazu die folgende Grafik. Kreuzen Sie in der Grafik Ihr Bewusstseinsniveau für jedes Jahrzehnt an, verbinden Sie die Kreuze zu einer Linie und schreiben Sie über diese Linie einen kleinen Text.***

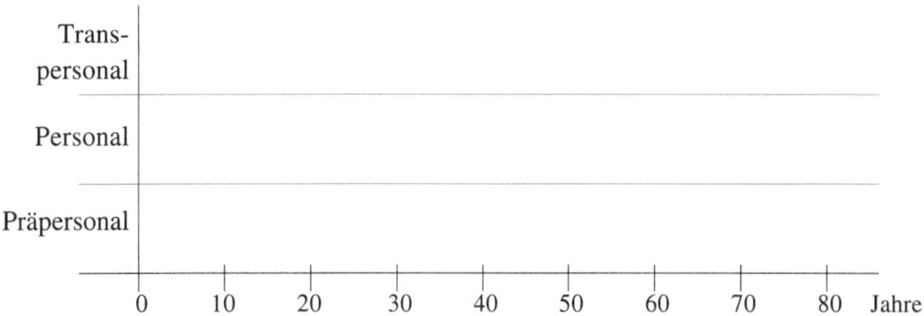


Werfen wir nun noch abschließend einen Blick auf die Lebensphilosophie von Ken Wilber:

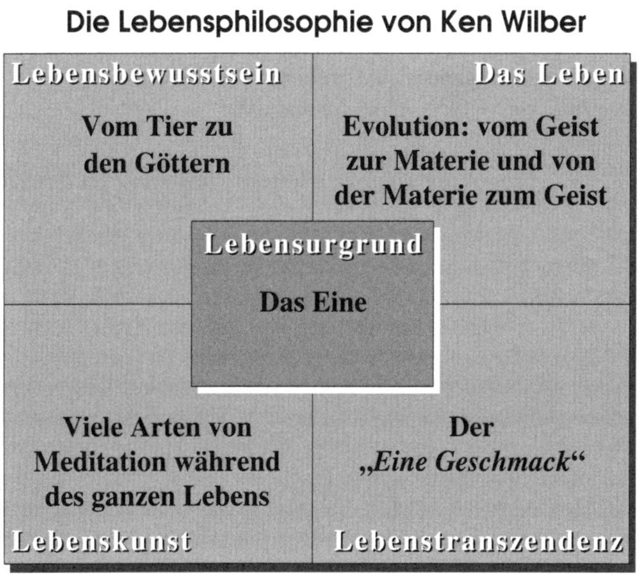


***Übung:***
***Schreiben Sie fünf Sätze zur Lebensphilosophie von Ken Wilber.***

## Literatur zu Ken Wilber

*Wilber, K.: Das Spektrum des Bewusstseins. Reinbek 2003*
*Wilber, K.: Wege zum Selbst. München 1984*
*Wilber, K.: Das Atman-Projekt. Paderborn 2001*
*Wilber, K.: Halbzeit der Evolution. München 1984*
*Wilber, K.: Der glaubende Mensch. München 1985*
*Wilber, K.: Die drei Augen der Erkenntnis. München 1986*
*Wilber, K.: Das holographische Weltbild. München 1986*
*Wilber, K.: Meister, Gurus, Menschenfänger. Frankfurt 1995*
*Wilber, K.: Psychologie der Befreiung. München 1988*
*Wilber, K.: Mut und Gnade. München 1996*
*Wilber, K.: Eros, Kosmos, Logos. Frankfurt 2001*
*Wilber, K.: Eine kurze Geschichte des Kosmos. Frankfurt 1997*
*Wilber, K.: Das Wahre, Schöne, Gute. Frankfurt 2002*
*Wilber, K.: Naturwissenschaft und Religion. Frankfurt 1999*
*Wilber, K.: Einfach „Das". Frankfurt 2002*
*Wilber, K.: Ganzheitlich handeln. Freiamt 2001*
*Wilber, K.: Integrale Psychologie. Feiamt 2001*

*Visser, F.: Ken Wilber. Denker aus Passion. Petersberg 2002*
*Werder, L. v.: Lehrbuch der philosophischen Lebenskunst für das 21. Jahrhundert. Berlin 2000, S. 520-538*

# Teil II

# Mein Ich und seine Lebensphilosophie

# Teil II
# Mein Ich und seine Lebensphilosophie

Die eigene Lebensphilosophie entsteht heute als originelle Synthese der verschiedenen Schichten der Lebensphilosophie und der eigenen Lebenserfahrungen überhaupt. Sie muss sich mit der antiken Lehre vom Werden (Heraklit) oder der selbstgesteuerten Selbstschöpfung (Aristoteles) ebenso auseinandersetzen wie mit der klassischen Lebensphilosophie des 19. und 20. Jahrhunderts, die als Bewusstseinsphilosophie des zeitlichen Ichs auftrat. Unerlässlich ist schließlich die Auseinandersetzung mit der gegenwärtigen Lebensphilosophie, die sich zwischen Tiefenökologie und Höhenmystik ansiedelt.

Sehen wir uns nun die Schichten der heutigen eigenen Lebensphilosophie, die zwischen äußerem und innerem Leben unterscheidet, in der nebenstehenden Grafik genauer an. Diese Synthese der eigenen Lebensphilosophie soll im Folgenden entwickelt werden. Dabei kann die eigene Lebensphilosophie des Ichs einmal als **erste Annäherung**, dann **biografisch** und schließlich **systematisch** erarbeitet werden.

1. Wir bieten also zuerst die **erste Annäherung** an das eigene Leben,

2. dann stellen wir uns **im Lichte der großen Lebensphilosophen** den wichtigsten Lebensfragen im eigenen Lebenslauf, die wir in die folgenden 5 Abschnitte gliedern:
   2.1 Meine Lebenserkenntnis
   2.2 Mein Leben
   2.3 Meine Lebenstranszendenz
   2.4 Meine Lebenskunst
   2.5 Mein Lebensgrund

3. Abschließend folgt die **systematische Klärung** Ihrer Lebensphilosophie unter Bezug auf die folgenden 5 Bereiche:
   3.1 Die Lebenserkenntnis
   3.2 Das Leben
   3.3 Die Lebenstranszendenz
   3.4 Die Lebenskunst
   3.5 Der Lebensgrund

## Die eigene Lebensphilosophie als Synthese

| | Äußeres Leben | Inneres Leben |
|---|---|---|
| **1. Antike** | **WERDEN** (Heraklit) | **ENTELECHIE** (Aristoteles) |
| **2. Lebens-philosophie 19./20. Jh.** | **Wille** (Schopenhauer, Nietzsche), **Kreative Evolution** (Bergson) **Zerstörung des Lebens durch Technik** (Klages, Lessing) **Untergang des Lebens an der Natur** (Spengler) **Das Leben als Fall** (Heidegger) | **Lebensüberwindung** (Schopenhauer), **Lebenssteigerung** (Nietzsche) **Lebensverschmelzung** (Bergson) **Regression** (Klages) **Heroismus** (Spengler) **Bewusstsein von Zeit und Endlichkeit** (Heidegger) |
| **3. Gegen-wärtige Lebens-philosophie** | **Selbstorganisation** (Jonas) **Offene Systeme** (Capra) **Gaia-Hypothese** (Lovelock) **Holarchie** (Wilber) | **Neue Metaphysik** (Jonas) **Geburts- und Nahtod-Bewusstsein** (Sloterdijk, Grof, Moody) **Bewusstseinsphasen** (Gebser) **Der „Eine Geschmack“** (Wilber) |
| **4. Synthese** | **LEBEN und LEBENS-TRANSZENDENZ** | **LEBENSGEFÜHL und LEBENSKUNST** |
| | **Lebensgrund** | |

# 1. Erste Annäherung an die eigene Lebensphilosophie

## Lebensbilder

Das Leben, Ihr Leben, bleibt unergründlich. Aber es lässt sich in Bilder vom Leben fassen. In der Lebensphilosophie sind mehrere dieser Lebensbilder entwickelt worden. Wählen Sie sich aus den folgenden Lebensbildern ein Bild aus, und gestalten Sie es mit den vorgeschlagenen Lebensmetaphern kreativ aus (in Bild und Wort):

| Lebensbilder | Lebensmetapher | Eigenes Lebensbild |
|---|---|---|
| „Leben als tiefe Beziehung“ | Ideale Bezugsperson | |
| „Leben als Strom“ | Fluss ohne Ufer | |
| „Leben als Widerspruch“ | Kreisbild mit dialektischen Feldern | |
| „Leben als Evolution“ | Lebensbaum | |
| „Leben als höchste Form der Materie“ | Lebensstufen | |
| „Leben als Weg von der Nacht zum Licht“ | Aufsteigende Leiter | |

(Lit: O. F. Bollnow: Die Lebensphilosophie. Berlin 1958, S. 101-113)

***Übung:***
***Beschreiben Sie eine ausgewählte Person aus Ihrer Familie oder aus der Kulturgeschichte. Schreiben Sie einen Brief an die gewählte Person, in dem Sie Ihre Idee vom Leben beschreiben.***

## Erste Stellungnahme zum Leben: Bejahung oder Verneinung

Bevor man denken kann, bevor die Menschheit denkt, gibt es das Leben. Die Faktizität des Lebens geht jedem Denken voraus. Das ursprünglichste Denken ist die Bejahung oder Verneinung des Lebens. Die Lebensphilosophie spaltet sich in mystische Befürworter oder nihilistische Verneiner des Lebens.

***Übung:***
***Versuchen Sie nun eine Stellungnahme zu dieser Frage. Arbeiten Sie mit der 2-Spalten-Methode und folgendem Arbeitsbogen:***

| Meine Argumente zur Bejahung des Lebens | Meine Argumente zur Verneinung des Lebens |
|---|---|
| | |

## Erste Stellungnahme zu Geburt und Tod als Grunderfahrungen des Lebens

Ins Leben kommen wir durch die Geburt, aus dem Leben scheiden wir durch den Tod. Beide Ereignisse prägen unsere Lebensphilosophie tief.

***Übung:***
***Klären wir unsere Stellung zu Geburt und Tod durch folgenden Arbeitsbogen:***

| | Geburt | Tod |
|---|---|---|
| **Negieren** | | |
| **Integrieren** | | |
| **Transzendieren** | | |

## Mein Lebensplan

Das Leben ist individuell erschlossen durch den Lebensplan. Alle Handlungen, Gefühle und Ziele im Leben sind Teil des Lebensplanes, der sich an der Hierarchie der Gesellschaft orientiert.

***Übung:***
***Erschließen Sie die Richtung und das Ziel Ihres Lebensplanes:***

| **Das Ziel meines Lebens:** | **Zielbild** |
|---|---|
| **Höher steigen** | |
| **Gleich bleiben** | |
| **Weniger werden** | |

## Meine Lebenszukunftswerkstatt

Die Stellung zum Leben wird noch klarer, wenn wir uns unserer Zukunft zuwenden. Besonders Nietzsche hat sich mit der Zukunft der Individuen in Europa befasst, in seinem Geiste folgen dann O. Spengler, L. Klages usw.

***Übung:***
***Wir erhellen unsere Zukunft mit einer vierteiligen Zukunftswerkstatt, die die vier Schritte 1. Vergangenheit, 2. Gegenwart, 3. Zukunft und 4. Umsetzung umfasst. Ergänzen Sie nun in dem folgenden Arbeitsbogen die Sätze zu den einzelnen Schritten:***

| **Schritte** | **Ihre Satzergänzung** |
|---|---|
| 1. **Vergangenheit**: Ich war … | |
| 2. **Gegenwart**: Ich bin … | |
| 3. **Zukunft**: Ich werde sein … | |
| 4. **Umsetzung**: Ich werde 2010 verwirklichen … | |

## Mein philosophisches Genogramm:

Jede Lebensphilosophie ist in gewisser Weise Produkt einer längeren Generationsgeschichte. Die philosophische Entwicklung des Denkens in einer Familie erhellt das Drei-Generationen-Denk-Genogramm: Der Stammbaum und die Tradierung und Umwendung der Lebensphilosophien zwischen Generationen und Geschwistern.

***1. Übung:***
***Entwickeln Sie Ihr Genogramm. Gehen Sie dabei in folgenden Schritten vor. Zeichnen Sie zuerst das Genogramm Ihrer Geschwisterstellung. Brüder werden mit Kästchen und Schwestern mit Kreisen markiert,***

***z.B. vier Geschwister:***

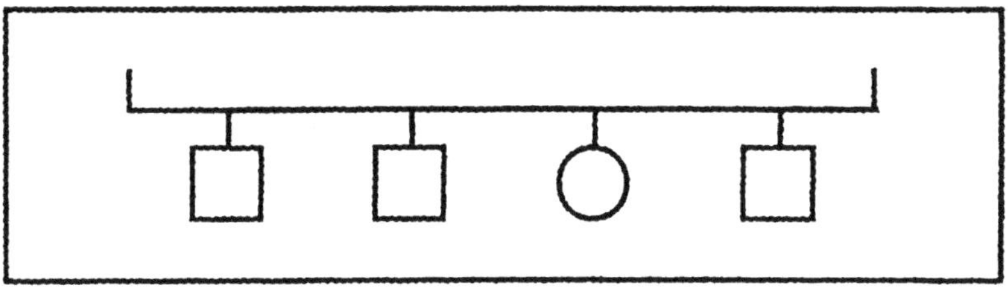

***Charakterisieren Sie nun die Lebensphilosophie der Geschwister und ihre eigene Lebensphilosophie im Hinblick auf die Stellung zum Leben und den jeweils vertretenen Lebensbegriff (Beziehung, Strom, Widerspruch, Evolution, höchste Form der Materie, Weg zum idealen Licht).***

***2. Übung:***
***Zeichnen Sie dann das Genogramm Ihrer Herkunftsfamilie, ergänzen Sie Ihr Genogramm um die Eltern,***

***z.B. vier Kinder Kernfamilie.***

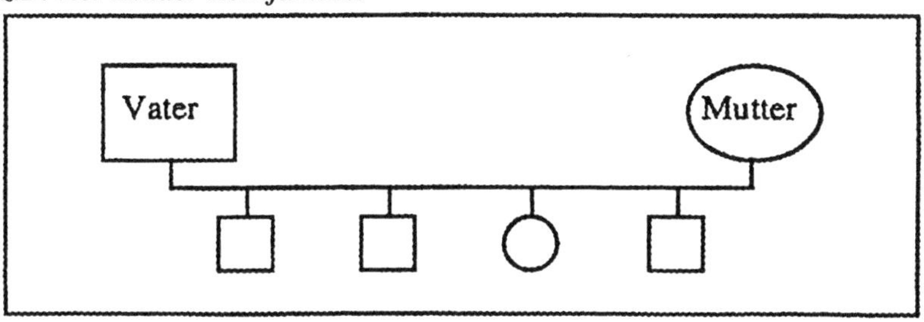

***Charakterisieren Sie nun die Lebensphilosophie der Eltern: die mütterliche und die väterliche Lebensphilosophie. Stellen Sie den Einfluss dieser Lebensphilosophien auf ihre eigene Lebensphilosophie dar. Also: Vom Vater habe ich folgenden Aspekt seines Lebensbildes übernommen ..., von der Mutter folgenden Aspekt ...***

***3. Übung:***
***Zeichnen Sie dann das Kernfamiliendiagramm mit den Großeltern:***

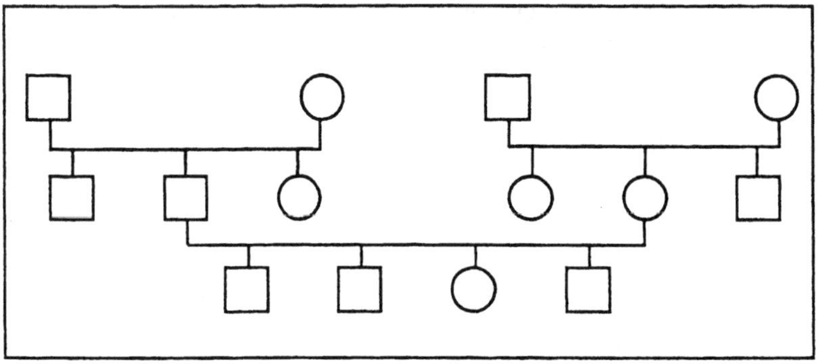

***Charakterisieren Sie die Lebensphilosophie der Großeltern väterlicherseits und mütterlicherseits. Stellen Sie eine Hypothese über den Wandel der Lebensphilosophien in ihrer Familie auf und bestimmen Sie Ihre Stellung in diesem Wandel.***

## Lebensbilanz

Jede Krise im Lebenslauf geht mit einer Lebensbilanz einher. Die Lösung der Krise zeigt sich in der Verbesserung der Haben- gegenüber der Sollseite der Bilanz.

***Übung:***
***Vollziehen Sie eine Lebensbilanz und versuchen Sie, die positive Seite gegenüber der negativen Bilanzseite etwas überwiegen zu lassen. Beschreiben Sie dann die wichtigsten positiven Faktoren in Ihrem Leben. Benutzen Sie dabei folgende Grafik:***

| | **Positives** | **Negatives** |
|---|---|---|
| Erotik | | |
| Beruf/Karriere | | |
| Soziale Lage | | |
| Resultate | | |

(Vgl. M. Müller-Berg: Mein Weg zu mir. Bergisch-Gladbach. 1994, S. 238-240)

## Philosophische Themen meines Lebens

Das Leben wird durch viele kommunikative Themen geprägt. Stellen Sie fest, welche Position Sie zu den zentralen Lebensthemen einnehmen.

***Übung:***
***Klären Sie Ihre Stellung zu einem der folgenden wichtigen Lebensthemen. Schreiben Sie dann einen kleinen Text zu Ihrem wichtigsten Lebensthema. Benutzen Sie dabei die Clustermethode.***

| Themen | Eigene Position |
|---|---|
| Tod | |
| Scxualität | |
| Arbeit | |
| Macht | |
| Aggression | |
| Geld | |
| Kinder | |
| Gott | |
| Krankheit | |
| Das Böse | |
| Politik | |
| Liebe | |
| Kreativität | |

(Vgl. J. v. Scheidt: Der Weg ist das Ziel. München 1989, Bd. 1, S. 25-35)

## Die prägenden Gipfel- und Abgrunderfahrungen im Leben

Jeder Mensch gewinnt seine spezifische Lebensphilosophie auf der Basis von philosophischen Gipfel- und Abgrunderfahrungen. Diesen Gipfel- und Abgrunderfahrungen wollen wir uns nun zuwenden.

Die **Gipfelerfahrung** sieht A. Maslow durch folgende Merkmale gekennzeichnet:

1. Die Gipfel-Glückserfahrung ist selbstvergessen, Ich-los und selbstlos.
2. Diese Erfahrung zeigt den Wert des Lebens an sich.
3. Diese Erfahrung transzendiert Zeit und Raum.
4. Diese Erfahrung wird als gut und wünschenswert erfahren.
5. Diese Erfahrung lässt Ehrfurcht und Scheu vor dem Leben, aber auch das Erlebnis der Auslieferung an etwas Großes entstehen.
6. Diese Erfahrung lässt das Leben als Einheit erscheinen. Alle Dichotomien und Widersprüche des Lebens verschwinden.
7. Diese Erfahrung lässt sich den Einzelnen als übermenschlich erleben.
8. Diese Erfahrung beseitigt alle Ängste des Lebens, auch die vor dem Tod.

(A. Maslow: Psychologie des Seins. Frankfurt 1992, S. 85-107; O. F. Bollnow: Das Wesen der Stimmungen. Frankfurt 1956, S. 83-97)

***Übungen:***

1. ***Stellen Sie nun, um Ihr Bewusstsein für Ihre eigene Glücks- und Lebensphilosophie zu vertiefen, eine Liste der Gipfelerfahrungen in Ihrem Leben zusammen, die die acht Kriterien von A. Maslows erfüllen.***
2. ***Gestalten Sie diese Gipfel-Glückserfahrungen in Form von Bildern.***
3. ***Versuchen Sie abschließend Ihre Gipfelerfahrung philosophisch zu interpretieren und den Zusammenhang Ihrer Gipfelerfahrung mit Ihrer Lebensphilosophie darzustellen.***

Als Anregung können Sie sich an der folgenden **Typologie** von Gipfel-Glückserfahrungen orientieren.

***Übung:***
***Kreuzen Sie nun Ihre wichtigste Gipfel-Glückserfahrung an und finden Sie 10 Worte zu dieser Erfahrung. Verwandeln Sie diese Worte dann in ein Kurzgedicht vom Typ Rubai (1., 2. und 4. Zeile reimt, 3. Zeile reimlos).***

| **Typen von Gipfel-Glückserfahrungen** | **Eigene Erfahrungen** |
|---|---|
| Verschmelzung mit erhabenen Naturbildern, z. B. im Gebirge, am Meer, unter dem nächtlichen Sternenhimmel | |
| Nah-Tod-Erfahrungen mit der Erfahrung der Trennung von Körper und Seele | |
| Meditatives Leer-Werden, das mit Flugempfindungen einhergeht | |
| Stirb- und Werde-Erfahrungen nach schweren Krankheiten | |
| Extreme Denkerlebnisse beim Versuch, das Sein zu denken | |
| Spontane Ekstase | |
| Verschmelzender Orgasmus mit einem Partner | |
| Tief-Traum-Erlebnis mit Schlüsselcharakter | |
| Erste Vision einer wissenschaftlichen oder philosophischen Erkenntnis | |
| Imaginative Rückkehr vor den Ursprung der Welt | |
| Erlebnis des Gefühls der Unsterblichkeit | |

Wenden wir uns nun den **negativen Abgrunderfahrungen** Ihres Lebens zu. Neben den Gipfel-Glückserlebnissen wird die eigene Lebensphilosophie auch von Abgrunderlebnissen geprägt.

**Abgrunderlebnisse haben folgende Merkmale:**
1. Das Abgrunderlebnis kann das Ich größenwahnsinnig machen.
2. Das Abgrunderlebnis stellt eine große Entwertung des Lebens dar.
3. Dieses Erlebnis verdichtet Zeit und Raum.
4. Dieses Erlebnis wird als böse und zerstörerisch erlebt.
5. Dieses Erlebnis löst Angst und Verzweiflung über das Leben aus.
6. Dieses Erlebnis lässt das Leben als wertlos erscheinen.
7. Dieses Erlebnis zeigt den Menschen als Untier.
8. Dieses Erlebnis zeigt alles im Banne des Todes und des Unterganges.

(O. F. Bollnow: Das Wesen der Stimmungen, a.a.O., S. 65ff.)

***Übung:***
***Tragen Sie in die Tabelle auf der folgenden Seite Ihre eigenen Abgrunderfahrungen mit jeweils 10 Worten ein. Verwandeln Sie diese Worte in ein Kurzgedicht Typ ELFchen: 1. Zeile 1 Wort, 2. Zeile 2 Worte, 3. Zeile 3 Worte, 4. Zeile 4 Worte, 5. Zeile ein Wort als Ausruf.***

| **Typen von Abgrunderfahrungen** | **Eigene Erfahrungen** |
| --- | --- |
| Konfrontation mit Naturbildern des Untergangs und der Naturkatastrophen | |
| Nah-Tod-Erfahrung als Konfrontation mit dem Nichts | |
| Meditationserfahrung mit plötzlichem Ich-Verlust | |
| Stirb-Erfahrungen ohne Werde-Aufschwung | |
| Ich-Auflösung beim Denken des Seins | |
| Spontane Tiefendepression | |
| Albtraumerlebnis mit Langzeitwirkung | |
| Chaoserfahrung im wissenschaftlichen und philosophischen Denken | |
| Absturz ins Nichts | |
| Erlebnis des Gefühls der totalen Vernichtung des Körpers | |

## Mein Leben als Abfolge von Gipfel- und Abgrunderlebnissen

***Übung:***

***Kreuzen Sie Ihre Gipfel- und Abgrund-Erlebnisse zum jeweiligen Zeitpunkt Ihres Eintretens im Lebenslauf an. Verbinden Sie die Kreuze zu einer Linie. Geben Sie dieser Linie ein Motto Ihrer Lebensphilosophie.***

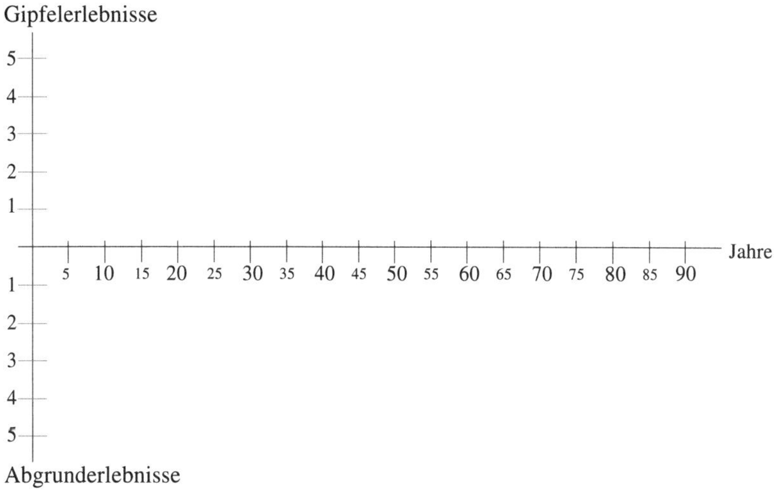


Denn: **Nicht das „Staunen“, sondern die Extrem-Erfahrungen sind der Grund jeder Lebensphilosophie!**

***Übung:***

***Stellen Sie anschließend dar, welchen Stellenwert diese Erlebnisse in Ihrer Lebensphilosophie gewonnen haben. Relativieren Sie dann die Abgrunderlebnisse, indem Sie jedem Abgrunderlebnis ein Glückserlebnis gegenüberstellen.***

***Arbeiten Sie dabei mit folgender Zwei-Spalten-Methode:***

| Meine Abgrunderlebnisse | Meine Glückserlebnisse |
| --- | --- |
| | |

## 2. Meine Lebensphilosophie in meinem Lebenslauf im Lichte großer Lebensphilosophen

Diese Untersuchung wollen wir in 6 Abschnitte teilen:

**2.1 Meine Lebenserkenntnis**
**2.2 Mein Leben**
**2.3 Meine Lebenstranszendenz**
**2.4 Meine Lebenskunst**
**2.5 Mein Lebensgrund**
**2.6 Chronologie meiner Lebensphilosophie**

Aufgegliedert stellen sich diese Abschnitte folgendermaßen dar:

**2.1 Meine Lebenserkenntnis**
- 2.1.1 Mein Leben als Lebenslauf
- 2.1.2 Mein Leben als kreative Evolution
- 2.1.3 Mein Leben als Selbsterfahrung
- 2.1.4 Meine Wendung des Lebens zur Idee oder zum Geld
- 2.1.5 Die Werte meines Lebens
- 2.1.6 Meine Erkenntnismethode des Lebens

**2.2 Mein Leben**
- 2.2.1 Typen meiner Lebensanschauung
- 2.2.2 Die Verkehrung meines Lebens durch Wissenschaft und Technik
- 2.2.3 Die Urbilder meines Lebens
- 2.2.4 Mein abendländisches Leben
- 2.2.5 Die Unterdrückung meines Lebens durch die Masse

**2.3 Meine Lebenstranszendenz**
- 2.3.1 Das Ziel meines Lebens
- 2.3.2 Mein Leben als Autobiografie
- 2.3.3 Mein Leben als Stimmung
- 2.3.4 Der Weg meines Lebens als mystischer Weg
- 2.3.5 Mein Leben und mein Tod

**2.4 Meine Lebenskunst**
- 2.4.1 Meine Methoden der Lebenssteigerung

**2.5 Mein Lebensgrund**
- 2.5.1 Der Ursprung meines Lebens
- 2.5.2 Die Ambivalenz meines Lebens
- 2.5.3 Mein Lebensdrang

**2.6 Chronologie meiner Lebensphilosophie**

# 2. Meine Lebensphilosophie in meinem Lebenslauf im Lichte großer Lebensphilosophen

## 2.1 Meine Lebenserkenntnis

Alle Lebensprobleme treten im Laufe des Lebens auf. Alle philosophischen Lebenserkenntnisse entwickeln sich im Laufe des Lebens.
Deshalb sollten sich im Folgenden alle philosophischen Denkübungen auf die Chronologie Ihrer Biografie beziehen.

### 2.1.1 Mein Leben als Lebenslauf

Für Stanislav Grof tritt das individuelle Leben in den vier Phasen der Geburt in die Welt. Diese Phasen bestimmen alle folgenden wesentlichen Lebenserkenntnisse. Sie prägen die Paradies-Idee im pränatalen Leben, die Erfahrungen der Hölle und des Todes in der Austreibung durch den Geburtskanal und die Erfahrung des Himmels in der Abnabelung.

***Übung:***
***Beschreiben Sie das Paradies, die Hölle, den Tod und den Himmel als Ihre ersten Lebenserfahrungen überhaupt. Beginnen Sie jeweils Ihren Text mit dem Satzanfang:***

| |
|---|
| ***Das Paradies ist …*** |
| ***Die Hölle und der Tod ist …*** |
| ***Der Himmel ist …*** |

Das Leben setzt sich nach Dilthey aus seinen kleinsten Einheiten, den Erlebnissen, zusammen. Das Leben erfährt sich nur aus seiner Geschichte, sagt Dilthey. Er schlägt eine Analyse zur Sinnerhellung des eigenen Lebens in drei Schritten vor, die sich nach der Struktur der Zeit, der das individuelle Leben unterworfen ist, gliedert, nämlich: Vergangenheit, Gegenwart und Zukunft.

- Den **Sinn der Vergangenheit** erfasst die Frage: Welche Bedeutung hat Ihre Vergangenheit für Sie?
- Den **Sinn der Gegenwart** erfasst die Frage: Welchen Wert hat Ihre Gegenwart für Sie?
- Den **Sinn der Zukunft** erfasst die Frage: Welchem Zweck dient Ihre Zukunft?

***Übung:***
***Bitte beantworten Sie diese drei Fragen nach dem Sinn Ihrer Vergangenheit, Ihrer Gegenwart und Ihrer Zukunft jeweils in einem Satz.***

Nach Dilthey lässt sich das eigene Leben weiter mit folgenden **Lebenskategorien** erhellen:

a) Das **Ganze** des eigenen Lebens und seine Teile
b) Der **Zusammenhang** im eigenen Leben
c) Die **Struktur** des Zusammenhangs des eigenen Lebens
d) Die **Bestimmtheit** der Einzelexistenz
e) Die Einzelexistenz in der **Wechselwirkung** mit allen Lebenskräften in Kultur und Geschichte
f) Das Wesen des **Ichs** und seine lebenslange Entwicklung
g) Schaffen und **Kreativität** des Ichs
h) Vorstellungen des Ichs von seiner **Zukunft**

***Übungen:***
***Versuchen Sie eine Erfassung Ihres Lebens mit Diltheys Lebenskategorien:***

***a) Welches sind nun die Abschnitte Ihres Lebens?***
***b) Welcher Zusammenhang besteht zwischen Ihren Lebensabschnitten?***
***c) Welche Struktur weist Ihr ganzes Leben auf?***
***d) Wie verstehen Sie Ihr eigenes Leben?***
***e) Aus welchen kulturellen geschichtlichen Quellen schöpfen Sie Kraft für den Lebenskampf?***
***f) Was ist Ihr Ich? Wie hat es sich im Lebenslauf entwickelt?***
***g) Welche kreativen Seiten, Phasen und Projekte kennzeichnen Ihr Ich in seinem bisherigen Leben?***
***h) Was ist der Zukunftsentwurf Ihres Ichs?***

Oswald Spengler fasst den Lebenslauf als biologisches Geschehen in vier Phasen auf, die auch die Lebensphasen in jeder Kultur sind: Kindheit, Jugend, Reife, Untergang. Arbeiten wir also nun an den Phasen Ihres Lebens.

***Übung:***
***Teilen Sie Ihr Leben in die schon durchlaufenden Lebensphasen ein. Stellen Sie fest, welche Bedeutung Sie der biologischen Determination Ihres Lebens durch die Natur im Laufe Ihrer Lebensphasen beigemessen haben. Benutzen Sie dafür folgende Grafik.***
***Entwickeln Sie dann Ihr Urteil über Ihre Lebensphasen in einem Satz***

| **Phasen** | **Reaktion auf die Naturbestimmung** | **Bedeutung der Naturbestimmung** |
|---|---|---|
| Kindheit | | |
| Jugend | | |
| Reife | | |
| Untergang | | |

## 2.1.2 Mein Leben als kreative Evolution

Leben ist im Ganzen immer Werden, Entwicklung, Veränderung. Diese Idee stammt von Heraklit. Nach Bergson entstammt das Leben dem *„élan vital"*, der Lebenskraft, die unerschöpflich ist. Die Evolution ist für Bergson im Gegensatz zu Spengler, Lessing und Klages, völlig offen. Jede Krise im Evolutionsprozess wurde für Bergson für die Evolution zum Anlass, neue Lebenswege zu finden. Im Kern wird für Bergson das Leben auch in der Lage sein, den Tod zu töten.

***Übung: Eine Meditation***
***Der Kern des „élan vital" kann nur durch Meditation erfahren werden. Schließen Sie die Augen. Konzentrieren Sie sich auf das „ewige Rauschen der Dauer des inneren élan vital" in Ihrer Seele. Beschreiben Sie dieses Rauschen.***

### 2.1.3 Mein Leben als Selbsterfahrung

Bergson sieht im Leben die Chance, „Zugang zum Tiefen-Ich zu gewinnen." Dilthey nennt Leben „Situationserfahrung". Simmel gesteht dem Leben die Erfahrung des „Mehr-als-Leben" zu. Klages erkennt im kosmischen Leben „das Medium der Selbsterfahrung".

***Übung:***
***Als was erfahren Sie sich im Leben? Wählen Sie zwischen***
1. ***Tiefen-Ich***
2. ***Situationsbezug***
3. ***Mehr-als-Leben***
4. ***Kosmisches Leben***

### 2.1.4 Meine Wendung des Lebens zur Idee oder zum Geld

Das Leben ist nach Simmel sowohl „Mehr-Leben" als auch „Mehr-als-Leben". Als Streben nach „Mehr-Leben" entspringt das Leben der Pflanze. Als „Mehr-als-Leben" geht das Leben weit über die Pflanze hinaus. Das Leben entwickelt die Herausbildung von Ideen und Medien, die das einzelne Leben weit überdauern. Das Leben strebt nach Ideen und kulturellen Manifestationen oder nach Geld, wenn es an die bloße Sphäre der Wirtschaft als „Mehr-Leben" fixiert bleibt und nicht zur geistigen Sphäre des „Mehr-als-Leben" vorstößt.

***Übung: Eine Unterscheidung***
***Stellen Sie fest: Wie weit bewegen Sie sich bisher in der Sphäre des „Mehr-Lebens" und des Geldes, und wie weit zielen Sie auf die geistige Sphäre des „Mehr-als-Lebens"?***

### 2.1.5 Die Werte meines Lebens

Nach Heidegger bestimmt Angst, Sorge und Schuld das Leben. Nach Schopenhauer vermittelt das höchste Lebensgefühl der Körper.

***Übung:***
***Welche vitalen Werte streben Sie an?***

### 2.1.6 Meine Erkenntnismethoden des Lebens

Um die eigene Lebensphilosophie noch weiter zu vertiefen, sollten im Weiteren die wichtigsten Methoden der Lebenserkenntnis immer wieder (z.B. im Rahmen eines Tagebuchs) angewandt werden. Die wichtigsten Methoden wollen wir nun üben:

***Übung: Hermeneutik***
***Schreiben Sie mehrfach über Ihr Leben einen Text und bauen Sie jeden neuen Text auf der Interpretation des alten auf.***

***Übung: Intuition***
***Nach Bergson ist im tieferen Ich die Erfahrung der Dauer als Ausdruck des eigenen Lebenswillens möglich. Konzentrieren Sie sich auf die innere Dauer im Hier und Jetzt, so oft wie möglich.***

***Übung: Schauung***
***Ludwig Klages erkennt in der Schauung des Erfahrenen die Urbilder des Lebens. Theodor Lessing beschreibt Schauung folgendermaßen: „Wofern ich nicht gespannt, sondern atmend, im Anschauen verweile, so ist vorhanden die Vision des durch mich hinflutenden Lebens." Durch Meditation können Sie nach Ken Wilber die Urbilder und das Jenseits der Urbilder erfahren. Ein Leitfaden für die Schauung wäre z.B. die Vorstellung der vier Elemente des Lebens: Wasser, Feuer, Erde, Luft oder die Visualisierung und Verschriftlichung des „Einen Geschmacks".***

## 2.2 Mein Leben

### 2.2.1 Typen meiner Lebensanschauung

Nietzsche unterscheidet den apollinischen (geistigen) und dionysischen (rauschhaften) Blick auf das Leben. Dilthey stellt folgende Lebensanschauungstypen fest: Vitalismus, Idealismus und Materialismus. Jean Gebser unterscheidet magisches, mythisches, mentales und integrales Lebensbewusstsein.

***Übung: eine Typisierung***
***Stellen Sie fest, welche Lebensanschauung Sie im Laufe Ihres Lebens schon entwickelt haben. Arbeiten Sie dabei mit folgenden Grafiken:***

## a) nach Nietzsche:

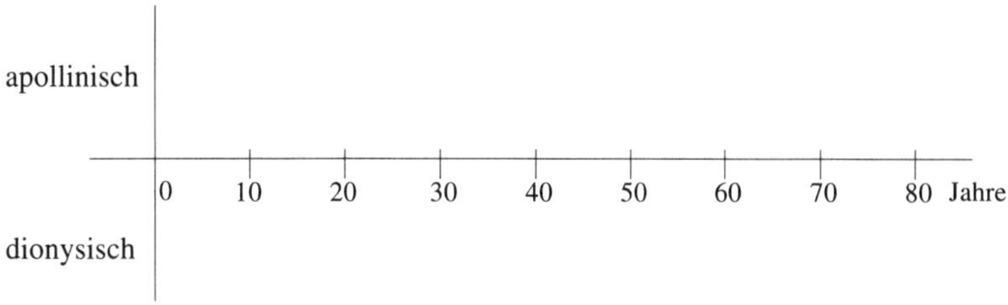


## b) nach Dilthey

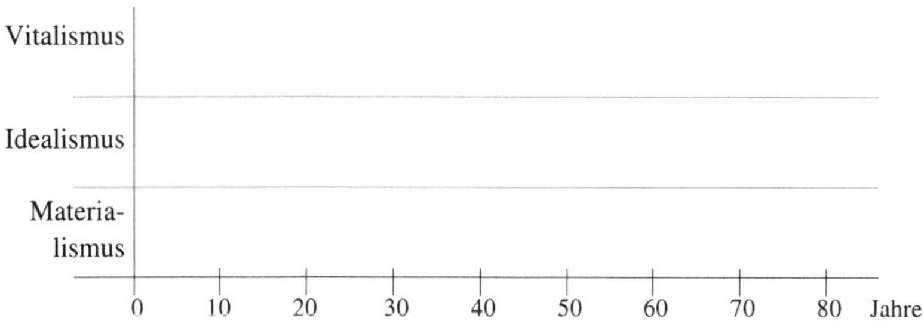


## c) nach Gebser

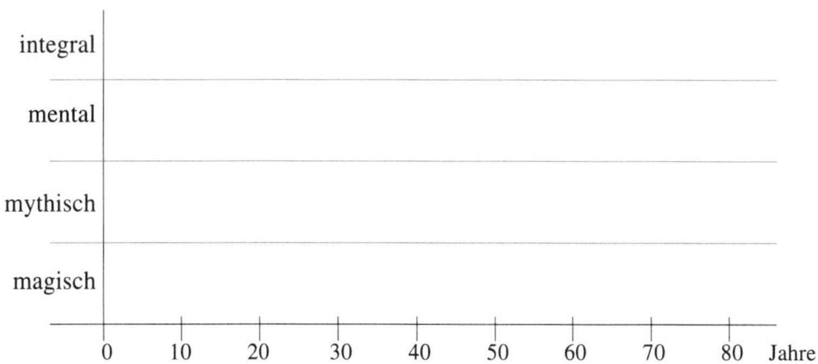


***Markieren Sie pro Lebensjahrzehnt Ihre jeweilige Lebensanschauung in den drei Grafiken und verbinden Sie diese zu Linien. Beschreiben Sie dann Ihre wichtigsten Lebensanschauungstypen in einigen Sätzen pro Typik und erklären Sie den Wechsel Ihrer Lebensanschauungen.***

### 2.2.2 Die Verkehrung meines Lebens durch Wissenschaft und Technik

Ludwig Klages, Theodor Lessing, Oswald Spengler, Ken Wilber und Fritjof Capra sehen die Entwicklung des Lebens durch die Hervorbringung von Technik und Wissenschaft verkehrt und beschädigt. Wissenschaft und Technik zwängen das Leben ein, typisieren und entkreativieren das menschliche Leben. Die Maschinen sind bald intelligenter als die Maschinenbauer. Selbst der Geist wird zum bloßen Rettungsmittel „größenwahnsinnig gewordener Raubaffen". Großen Schaden wird dem Leben auch durch unfähige Politiker zugefügt, die die Lebenschancen in Kriegen und Krisen vergeuden.
Für Hans Jonas ist das Leben in eine Krise der politischen Verantwortungslosigkeit geraten.

***Übung: eine Defizitanalyse***
***Wie weit sehen Sie Ihr Leben durch Technik, Wissenschaft, Politik reduziert, manipuliert, verkürzt oder beschädigt? Benutzen Sie folgende Grafik:***

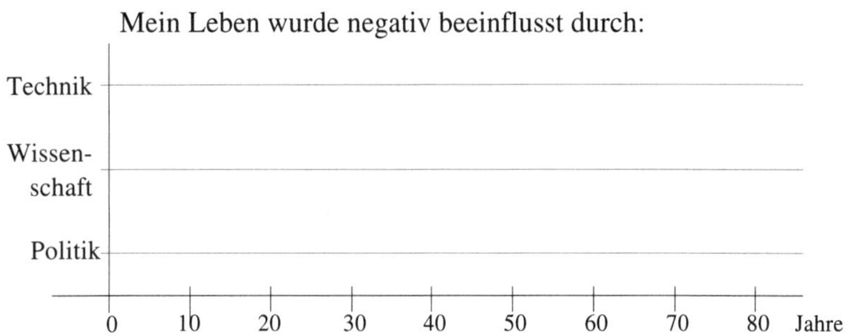


### 2.2.3 Die Urbilder meines Lebens

Ludwig Klages erkennt eine Tiefenschicht im Leben, die sich zugleich als Tiefenschicht im Ich manifestiert. C. G. Jung hat diese Struktur „Bewusstsein" und „kollektives Unbewusstes" genannt. In dieser Tiefenschicht existieren auch die Urbilder vom Leben, die zugleich ihren Ort auch in der Höhenschicht der Psyche haben, wie Ken Wilber festgestellt hat. Diese Urbilder sind von Technik, Wissenschaft und Politik nicht zu zerstören. Sie speisen mit ihrer Energie den Lebenswillen und die Lebenslust. Sie sind durch Intuition und Meditation zugänglich.

***Übung: ein Versuch in Intuition***
***Welche Urbilder der Lebenskraft von der Sonne bis zum Feuer haben Sie schon im Laufe Ihres Lebens erfahren? Benutzen Sie zur Klärung dieser Frage folgende Grafik: Auf die linke Koordinate tragen Sie Ihre Urbilder ein und auf die untere Koordinate tragen Sie dann Ihre Jahre ein, so dass Sie feststellen können, in welchem Lebensjahr Sie welche Urbilder erlebt haben. Über diese Urbilder schreiben Sie dann einen kleinen Text.***

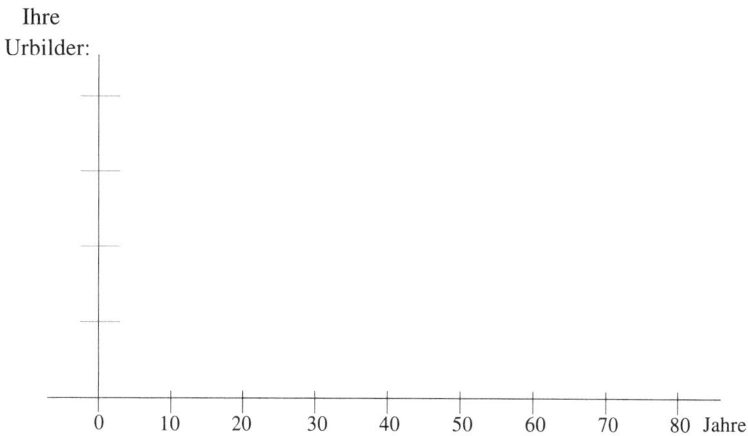


## 2.2.4 Mein abendländisches Leben

Das Abendland, das seit 900 v. Chr. existiert, ist für Spengler in die Phase des Unterganges eingetreten. Da das Abendland die „faustische Seele" hervorgebracht hat, ist in der Phase des Untergangs die „faustische Seele" in jedem Abendländer besonders aktiviert. Diese Aktivierung führt zum verstärkten Überlebensstreben, Verhärtung der Selbstbehauptung, Sehnsucht nach der Erlösung durch die Frau und das beginnende Überschreiten aller Grenzen bisherigen Denkens. Gerade von dieser letzten Dimension sprechen auch Jean Gebser und Ken Wilber.

***Übung: eine Charakterisierung***
***Wie weit entwickeln Sie in Ihrer Lebensführung „faustische" Züge: Strebung, Verhärtung, Selbstbehauptung und Grenzüberschreitung?***

### 2.2.5 Die Unterdrückung meines Lebens durch die Massen

Ken Wilber sieht das moderne Leben im „Tiefland" durch die Herrschaft geistfeindlicher Majoritäten bestimmt. Diese Massengesellschaft pflegt in ihren Medien wie Radio und Fernsehen mit Begeisterung die Lebens- und Seinsvergessenheit. Die Entdeckung des Lebens geschieht erst, wenn wir nach dem eigenen Leben und unserem Leben fragen. Wer aber so fragt, wird sich in den Gegensatz zur Masse setzen. In diesem Gegensatz wird er Widerstand gegen die herrschende Nivellierung und Banalisierung des Lebens leisten müssen.

***Übung: meine Ich-Analyse***
***„Mein Leben ist ein Sich-Finden in der eigenen Welt." Wann haben Sie Ihr Ich in der Welt vorgefunden, und was haben Sie für Konsequenzen aus diesem Fund gezogen? Legen Sie eine Liste der Konsequenzen an.***

## 2.3 Meine Lebenstranszendenz

### 2.3.1 Das Ziel meines Lebens

Ken Wilber und Hans Jonas stellen fest, dass das Leben in seiner Transzendenz nur das Ziel haben kann, Gott, das Absolute, zu vollenden. Nach zwei Weltkriegen, Auschwitz, Gulag usw. zeigt sich für Jonas und Wilber, dass Gott ein Projekt der Zukunft sein muss. Aktuell ist Gott noch zu schwach, um große Selbstzerstörungen des Lebens zu verhindern.

***Übung: meine Zielklärung***
***Was kann das Ziel des Lebens sein? Welchen Beitrag können Sie zur Erlangung dieses Ziels in Ihrem Leben leisten?***

Für Ken Wilber kann das Ziel des Lebens in der meditativen Erreichung des „*Einen Geschmacks*", des nicht-dualen Bewusstseins, gesehen werden.

***Übung:***
***Schreiben Sie einen Text über den unendlichen „Einen Geschmack", in dem Ihr Ich verschwindet.***

## 2.3.2 Mein Leben als Autobiografie

Die beste Fassung und Erschließung des Lebens leistet nach Wilhelm Dilthey die Autobiografie. Sie ist die beste Form der Selbstverständigung des Lebens im Einzelnen über sich selbst. Nach Ken Wilber löst die Autobiografie den Schreiber aus der Masse, stellt ihn sich selbst und seinem Leben gegenüber, schildert jede Erfahrung des „Mehr-als-Lebens", des Gott-Erlebens und des Transzendierens.

***Übung: ein Weg in die Autobiografie***
***Legen Sie eine chronologische Liste aller eigenen Erlebnisse der Flucht aus dem heutigen geistigen Tiefland, der Massendistanzierung, der Selbstbegegnung, der Lebenserfassung, des „Mehr-als-Lebens", des Gotterlebens und des Transzendierens in Stichworten an.***
***Schreiben Sie dann zu jedem Stichwort den dazugehörigen Satz.***
***Sie können auch mit folgender Grafik arbeiten:***

**Meine eigenen Erlebnisse im Laufe meines Lebens:**

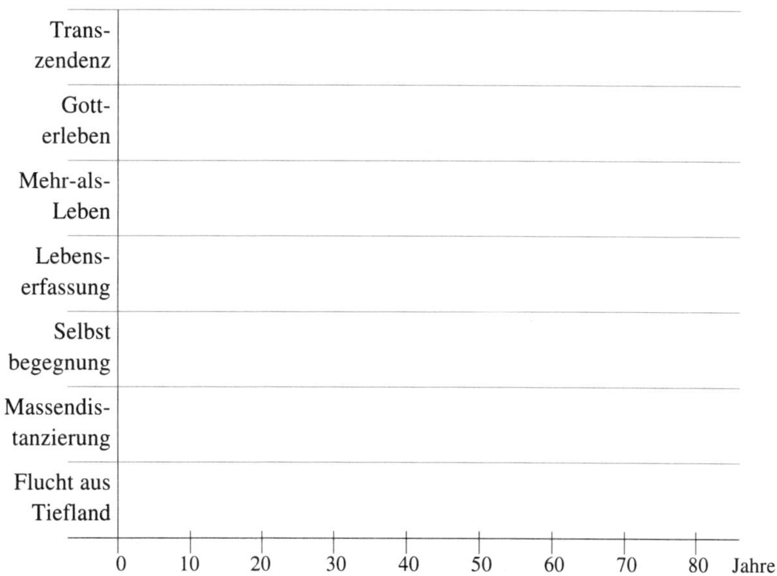

### 2.3.3 Mein Leben als Stimmung

Nach Heidegger lässt sich das Leben am besten in Stimmungen erfassen. Die wichtigsten Stimmungen sind die Angst, die mit der Erfahrung des Nichts einsetzt und das Glück und die Ekstase, die mit dem Leben im Leib entstehen (vgl. A. Schopenhauer). Beide Konfrontierungen begleiten das Leben und zeigen, dass das Leben im Kern mystische Qualität hat. Das Leben ist schrecklich (Schopenhauer) und es ist faszinierend (Nietzsche).

***Übung: eine Stimmungsanalyse***
***Stellen Sie fest, wann Sie in Ihrem Leben in der Angst dem Nichts des Lebens und in der Ekstase dem All des Lebens begegnet sind. Stellen Sie auch fest, welche Konsequenzen Sie aus dieser Begegnung gezogen haben. Schreiben Sie diese Konsequenzen auf. Benutzen Sie dabei folgende Grafik:***

**Meine Reise durch die Stimmungen des Lebens:**

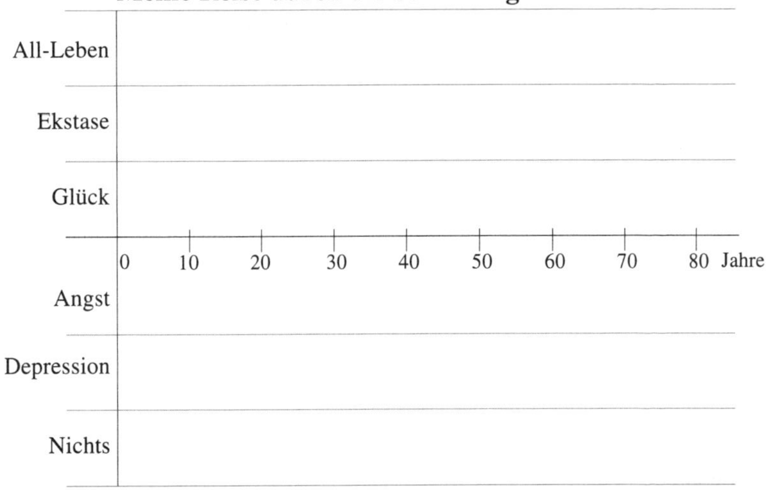


***Beschreiben Sie nun Ihre Lebensreise, wie sie Sie durch die Angst und Ekstase des Lebens geführt hat. Schreiben Sie dann ein Resümee über die Ambivalenzen des Lebens zwischen Nichts und All-Leben.***

### 2.3.4 Der Weg meines Lebens als mystischer Weg

Ludwig Klages sieht in jeder Lebensphilosophie im Kern das mystische Erlebnis verarbeitet: die Erfahrung der Lebensekstase. Das Leben ist also in seiner tiefsten Schicht jenseits jeder Ambivalenz, und die ekstatische Erfahrung ist die Rettung des Ichs im unendlichen Lebensstrom. Hans Jonas erkennt sogar im Lebensgrund den werdenden Gott.

***Übung: eine mystische Aufhellung***
***Stellen Sie sich den unendlichen Lebensstrom vor. Stellen Sie sich vor, wie dieser „Strom ohne Ufer" Sie aufnimmt und für ewig rettet. Beschreiben Sie in einem Märchen (Anfang-Suche-Lösungs-Cluster) das mystische Eintauchen in den Lebensstrom.***

### 2.3.5 Mein Leben und mein Tod

Otto Friedrich Bollnow stellte fest, dass jeder Begriff des Lebens durch den entsprechenden Begriff des Todes definiert wird. Er hat in der Geschichte der Lebensphilosophie folgende 6 Typen des Verhältnisses von Leben und Tod herausgefunden:

- Tod als Grund des Lebens
- Tod als Teil des Lebens
- Tod als Erlösung vom Leben
- Tod als Erweckung zum Mehr-als-Leben
- Tod als täglicher Gestalter des Lebens
- Tod als vom Leben besiegt

***Übung: eine Todesmeditation***
***Stellen Sie fest, welcher Todesphilosophie Sie im Laufe Ihres Lebens angehangen haben. Benutzen Sie dafür folgende Grafik:***

## Meine Todesphilosophie im Laufe meines Lebens:

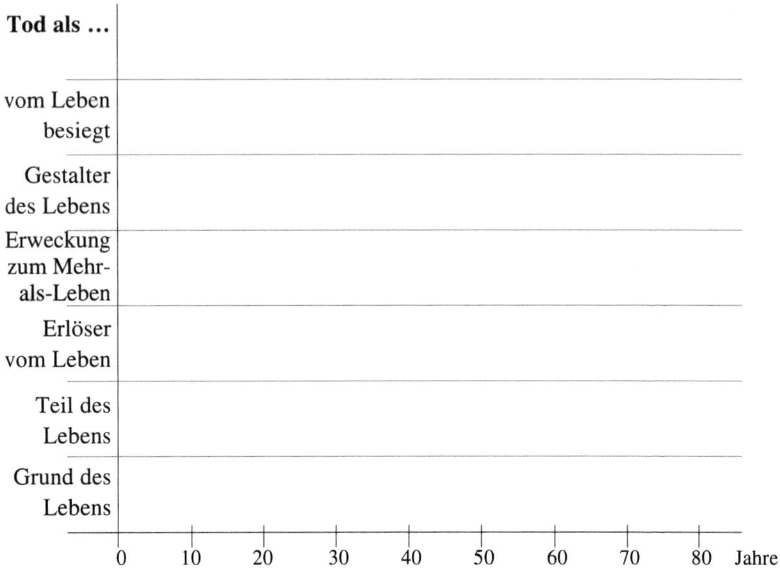

## 2.4. Meine Lebenskunst

### 2.4.1 Meine Methoden der Lebenssteigerung

Wenn das Leben auf Mehr-als-Leben ausgerichtet ist, wie Simmel sagt, dann muss Lebensphilosophie auch über die Methoden der Lebenssteigerung aufklären. Aus der Geschichte der Lebensphilosophie lassen sich zur Lebenssteigerung folgende Methoden entnehmen:

a) Durch Denken, dass sich das Leben leben lässt
b) Durch Kunst, die die Erstarrung des Lebens auflöst
c) Durch Rückwendung zum Ursprung, zur Urpoesie, zu den alten Griechen und anderen Ur-Kulturen und zur Jugend aller Generationen (Sturm und Drang, Expressionistische Jugend, New-Age-Bewegung)
d) Durch Überwindung der Mittelmäßigkeit
e) Durch Durchbrechung der kleinbürgerlichen Moral
f) Durch Bejahung von Abenteuer, Schmerz und Tod
g) Durch Steigerung der Leidenschaft
h) Durch meditative Zentrierung des Lebens auf die Ewigkeit
i) Durch Transzendierung aller Augenblicke
j) Durch den Willen zum Mehr-als-Leben
k) Durch Übernahme der Verantwortung für das Leben

***Übungen:***
***Üben wir nun alle Methoden der Lebenssteigerung***

**a) neues Denken**

Listen Sie alle Abwertungen des Lebens auf. Versuchen Sie einer jeden Abwertung eine Aufwertung entgegenzusetzen. Arbeiten Sie mit zwei Spalten:

| Abwertungen des Lebens | Aufwertungen des Lebens |
|---|---|
| | |

**b) Kunst**

Besonders nahe liegend ist der Zugang zur Kunst durch Kreatives Schreiben der eigenen Kindheitsautobiografie. Schreiben Sie jeden Morgen mit der Methode des „automatischen Schreibens“ der Mystiker und Surrealisten einen kurzen Text zur eigenen Kindheitsautobiografie. Sie werden mit dieser Arbeit neue Aspekte Ihres Lebens kennen lernen, wenn Sie auch Ihre Geburtserfahrungen (S. Grof) mit einbeziehen.

**c) Ursprung**

Die Rückwendung zum Ursprung lässt sich am leichtesten durch das Lesen der ersten Texte der Menschheit (Vorsokratiker, Upanishaden, Konfuzius, Laotse usw.) praktizieren. Lesen Sie aber auch die Ur-Poesie der Ägypter und Sumerer. Suchen Sie sich eine Ur-Kultur, z.B. die Minoer, die alten Ägypter usw. und bahnen Sie sich einen lebensphilosophisch-meditativen Zugang zu diesen Kulturen. Oder erarbeiten Sie sich ein Verständnis der prä- bzw. transpersonalen Jugendbewegungen, z.B. des „Sturm und Drang“, der surrealistischen Bewegung um André Breton oder der New-Age-Bewegung um Ken Wilber. Schreiben Sie über die gewählte Ursprungsbewegung drei Sätze.

**d) die Mittelmäßigkeit**

Schreiben Sie Tageslaufprotokolle, die vier Spalten umfassen: 1. die Zeitfakten, 2. die Erlebnisse, 3. die Gefühle, 4. die Gedanken.
Arbeiten Sie mit folgendem Tageslaufprotokoll:

**Tageslaufprotokoll**

| Zeitfakten | Erlebnisse | Gedanken | Gefühle |
|---|---|---|---|
| 8.00-10.00 Uhr | | | |
| 10.00-12.00 Uhr | | | |
| 12.00-14.00 Uhr | | | |
| usw. | | | |

Schreiben Sie diese Tageslaufprotokolle in allen vier Spalten über eine Woche, jeden Abend vom vorherigen Tag. Stellen Sie fest, was in Ihrem Tageslauf erstarrt, routinisiert, unlebendig und tot ist. Entwickeln Sie dann schrittweise Versuche, Ihren Tageslauf zu verändern.

**e) Moral**

Benutzen Sie die Zwei-Spalten-Methode: Schreiben Sie alle Sprichworte der Moral, die Sie von Ihren Eltern gelernt haben, in eine Spalte. Schreiben Sie dann in eine zweite Spalte eigene moralische Grundsätze, denen Sie folgen.

| Elterliche Moralsprüche | eigene moralische Grundsätze |
|---|---|
| | |

Stellen Sie fest, wie weit Sie die Elternmoral schon überwunden haben, und welche Spielräume zur Erweiterung des moralischen Handelns sich Ihnen schon eröffnet haben.

**f) Bejahung**

Versuchen Sie alle Grenzerfahrungen Ihres Lebens im Bereich Abenteuer, Schmerz, Nah-Tod aufzulisten. Arbeiten Sie mit drei Spalten:

| Abenteuer | Schmerz | Nah-Tod |
|---|---|---|
| | | |

Füllen Sie diese drei Spalten aus und überlegen Sie dann, wo, wann und wie Sie die Liste erweitern können und werden.

**g) Leidenschaft**

Erproben Sie alle Methoden der Liebessteigerung, die die Lebensphilosophie entwickelt hat. Erproben Sie z.B. nach S. Grof das Lieben mit Begleitung Ihrer Lieblingsmusik.

**h) Ewigkeit**

Erproben Sie alle mystischen Wege, die die Lebensphilosophie in Ihrer Geschichte entdeckt hat. Berücksichtigen Sie dabei die Lehre von Ken Wilber, dass alle höheren Stufen des Lebensbewusstseins durch die Bewältigung infantiler Barrieren errungen werden müssen. Legen Sie zwei Spalten an: in die linke Spalte tragen Sie alle Ewigkeitserfahrungen ein, in die rechte Spalte alle Barrieren, die Sie gegenüber den Ewigkeitserfahrungen haben.

| Ewigkeitserfahrungen | Barrieren |
|---|---|
| | |

**i) Augenblick**

Nutzen Sie jeden Tag für eine kleine Ekstase. Nehmen Sie dafür folgende Alltagschancen von fünf Minuten Dauer war: eine Begegnung, eine Lesung, eine Meditation, eine künstlerische Aktivität, ein Gebet, eine Erinnerung an eine Lusterfahrung, eine Visualisierung einer Szene aus einer Ur-Kultur, Musik hören, Stille einhalten für fünf Minuten, entspannen, einen Brief schreiben, einen wichtigen Anruf tätigen, ein tiefes Gespräch führen, die Natur betrachten, ein Tier beobachten, mit einem Kind spielen, ein Bild betrachten oder eine Eintragung in Ihr philosophisches Tagebuch machen.

# 2.5. Mein Lebensgrund

## 2.5.1 Der Ursprung meines Lebens

Das Leben zeigt sich ursprünglich in jedem erwachsenen Menschen als Lebensgefühl. „Jeder Mensch verfügt über ein inneres geistiges Leben" (Schlegel). Dieses innere Leben weiß das Ich aus einer allmächtigen Lebenskraft gespeist: Das höchste Leben, das die Kraft des Lebens aus sich selber hat. Der Ursprung des Lebens hat immer pantheistische Farbe und verweist immer auf das fötale Leben im Uterus (Sloterdijk, Grof) oder das transpersonale Sein am Ende der Evolution (Wilber).

***Übung: eine Vergewisserung***
***Fragen Sie sich: Was weiß ich über mein inneres geistiges Leben, und auf welchen Ursprung führe ich dieses innere geistige Leben zurück?***
Beschreiben Sie zuerst Ihr Lebensgefühl. Stellen Sie sich dann den Ursprung des Lebens vor, das aus sich selber lebt. Bilden Sie ein Lebenssymbol.

## 2.5.2 Die Ambivalenz meines Lebens

Über das Leben wird höchst kontrovers gedacht. Schopenhauer und Lessing sehen im Leben das Beste, es möglichst bald aufzuheben. Nietzsche und Ken Wilber argumentieren optimistisch. Leben ist Steigerung des Lebens, es ist Erreichung des dionysischen Lebensgefühls oder des „Einen Geschmacks".

***Übung: eine Klärung***
***Stellen Sie fest, wo Sie in Ihrem Lebenslauf zur Lebensverneinung und wann Sie zur Lebensbejahung geneigt haben. Orientieren Sie sich dabei an folgender Grafik:***

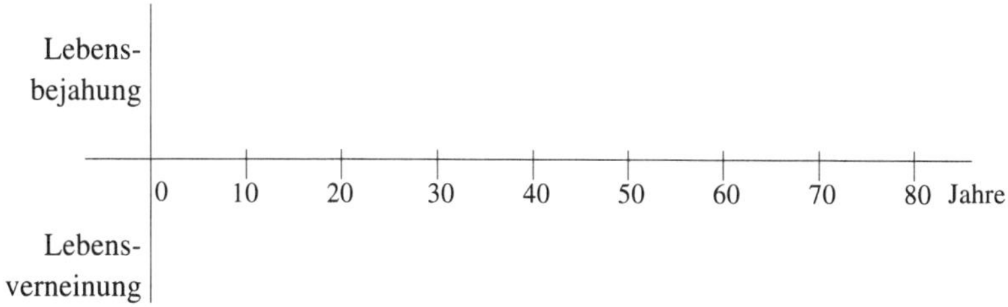


***Kreuzen Sie die Jahre an, in denen Sie das eine oder andere Gefühl besonders dominiert hat, verbinden Sie die Kreuze mit einer Linie und interpretieren Sie dann diese Linie.***

### 2.5.3 Mein Lebensdrang

Leben findet sich einfach vor. Es erkennt sich als vom *élan vital* (Bergson) oder vom Lebenswillen (Schopenhauer) bestimmt. Der Lebensdrang ist eher als Ihr Nachdenken über ihn. Ihr Bewusstsein ist immer später als Ihr Leben.

***Übung:***
***Legen Sie eine Liste der Sehnsüchte und Strebungen Ihres Lebens an, die jedem Ihrer Gedanken vorhergehen. Benutzen Sie für die Klärung dieser Sehnsüchte eine Analyse Ihrer Tagträume.***

## 2.6 Chronologie meiner Lebensphilosophie

Die eigene Lebensphilosophie lässt sich als denkender Kommentar zum eigenen Leben fassen. Versuchen Sie nun die wichtigsten Erkenntnisse über das Leben aus der Geschichte Ihres Denkens in Jugend, Erwachsenen- und Rentenalter in den 5 vorherigen Abschnitten zusammenzufassen.
Benutzen Sie für Ihre Erkenntnisse folgendes Raster:

**Die Entwicklung meiner Lebensphilosophie in meinem Lebenslauf**

| Alter | Meine Lebenser-kenntnis | Mein Leben | Meine Lebens-transzendenz | Meine Lebens-kunst | Mein Lebens-grund |
|---|---|---|---|---|---|
| Jugend | | | | | |
| Erwachsenen-alter | | | | | |
| Rentenalter | | | | | |

# 3. Systematische Darstellung der eigenen Lebensphilosophie

Diese systematische Klärung teilt sich in folgende schon bekannte Abschnitte:

**3.1 Die Lebenserkenntnis**
**3.2 Das Leben**
**3.3 Die Lebenstranszendenz**
**3.4 Die Lebenskunst**
**3.5 Der Lebensurgrund**
**3.6 Systematische Zusammenfassung meiner Lebensphilosophie**

Aufgegliedert stellen sich diese Abschnitte folgendermaßen dar:

**3.1 Die Lebenserkenntnis**
- 3.1.1 Erkenntnis des Lebens
- 3.1.2 Das Ich des Lebens
- 3.1.3 Zeit des Lebens
- 3.1.4 Das Wesen der Stimmungen
- 3.1.5 Das unbewusste Leben
- 3.1.6 Der Körper

**3.2. Das Leben**
- 3.2.1 Ökonomie und Technik
- 3.2.2 Arbeit
- 3.2.3 Evolution des Lebens
- 3.2.4 Das Leben auf der Erde

**3.3. Die Lebenstranszendenz**
- 3.3.1 Metaphysik
- 3.3.2 Tod und Leben
- 3.3.3 Kosmologie des Lebens

**3.4. Die Lebenskunst**
- 3.4.1 Ethik des Lebens
- 3.4.2 Lebensstrategien

**3.5. Der Lebensurgrund**

**3.6. Systematische Zusammenfassung meiner Lebensphilosophie**

Die **Systematik der Darstellung der eigenen Lebensphilosophie** und die eigene Synthese aller bisher angeeigneten Lebensphilosophien orientieren sich an den Quadranten der Lebensphilosophie, wie wir sie in der Geschichte der Lebensphilosophie immer wieder bei jedem Philosophen benutzt haben. Darum wird sich unsere systematische Darstellung unserer Lebensphilosophie wie im vorherigen Abschnitt auch in die Teile Lebenserkenntnis, Lebensorientierung, Lebenstranszendenz, Lebenskunst und Lebensurgrund gliedern. Dabei stoßen wir aber auf nun neue Aspekte unserer Lebensphilosophie, die zwar aus unserem persönlichen Leben entsprungen sind, aber nun allgemeiner gefasst werden können. Diese eigene Lebensphilosophie hat den Zweck nicht in Formeln zu erstarren, sondern unser Leben zu bereichern, zu vertiefen, zu erklären und in der Tiefe des Lebens selbst zu verankern.

***Übung zu den Fragebögen:***
***Fassen Sie zu jedem der nun folgenden 23 Fragebögen Ihre Erkenntnisse in einem Schlusssatz zusammen, den Sie am Ende jedes Abschnittes in die dafür vorgesehene Tabelle eintragen können.***
***Nach jedem Abschnitt werden diese Sätze zu einem kleinen Text zusammengefasst. So erfassen Sie Abschnitt für Abschnitt Ihre eigene Lebensphilosophie.***

## 3.1. Die Lebenserkenntnis

### 3.1.1 Erkenntnis des Lebens

Das Gefühl, das Erleben, die Intuition, die Meditation erscheinen als die angemessenen Erkenntnisweisen der Lebenserfahrung. Deshalb steht die lebensphilosophische Erkenntnis oft unter dem Vorwurf des Irrationalismus (vgl. G. Lukacs: Zerstörung der Vernunft. Neuwied 1962). Das Denken erscheint der Lebensphilosophie immer nur als Werkzeug des Lebens. Verstand, Wissenschaft und Kultur werden Mittel, um das Leben zu erhalten. Die Aufgabe des Verstandes ist eher die der technischen Lebensbewältigung, nicht die eines tieferen Lebensverständnisses. So ergibt sich als Hauptmethode des Lebensverständnisses primär die Interpretation des Lebens aus sich selbst. Dabei ist die Hermeneutik für die Interpretation der kulturellen und geistigen Lebensquellen von innen zuständig. Die Biologie dagegen versucht naturwissenschaftlich immer das Leben von außen zu erklären. Stellen wir uns nun den Fragen zu unseren eigenen Erkenntnisbemühungen unseres eigenen Lebens.

| 1. Fragebogen: Erkenntnistheorie meines Lebens | |
|---|---|
| **Fragen** | **Meine Antworten** |
| Ist mein Leben das letzte, nach dem ich nicht wieder zurückgehen kann? | |
| Kann ich mein Leben aus meinem Erleben verstehen? | |
| Gibt es für mein Leben einen gesicherten Ausgangspunkt? | |
| Welche Quellentexte produziert mein Leben, aus denen ich es verstehen kann? | |
| Wie erlebe ich mich? Was erkenne ich aus diesem Leben? | |
| Gibt mir mein Denken oder mein Fühlen Auskunft über mein Leben? | |
| **Schlusssatz:** | |

### 3.1.2 Das Leben des Ichs

Das Ich wird als Schöpfer seines Lebens verstanden. Die Produktionen des Ichs verselbstständigen sich gegenüber dem Ich und wirken auf es wieder zurück. Aber: Bei der Selbstgestaltung scheint das Ich völlig offen. Es gibt immer wieder Versuche, das Wesen des Ichs festzulegen, im Vergleich zum Tier oder als Teil der Natur oder als Ebenbild Gottes, als Handarbeiter, als Aufrechtgehender, als Wesen, das weinen und lachen kann, als Geistwesen. Der Streit bleibt dennoch offen. Stellen wir uns nun den Fragen zu unserem eigenen Lebens-Ich:

| **2. Fragebogen: Das Ich meines Lebens** | |
|---|---|
| **Fragen** | **Meine Antworten** |
| Welche Aktivitäten meines Ichs im Bereich Religion, Kunst, Wissenschaft, Arbeit geben Auskunft über mein Ich? | |
| Besitze ich als Leben eine Quelle, aus der mir immer Neues und Schöpferisches zufällt? | |
| Erlebe ich mich als offenes Ich, das die Macht hat, sich selbst zu schaffen? | |
| Habe ich neben einem Ur-Vertrauen zum Leben auch ein Ur-Verständnis meines Lebens? Wie sieht dieses aus? | |
| Welche Störungen in meinem Ich haben mich über mein Wesen als Mensch aufgeklärt? | |
| **Schlusssatz:** | |

| 3. Fragebogen: Die Entwicklung meines Ichs | |
|---|---|
| **Phasen** | **Meine Erinnerungen** |
| **1. Die präpersonale Phase (0-6 Jahre):**<br>1. Sensomotorik | |
| 2. Emotion | |
| 3. Symbole und Begriff | |
| **2. Die personale Phase (7-60 Jahre):**<br>4. Denken | |
| 5. Ideen | |
| 6. Vernetzte Logik | |
| **3. Die transpersonale Phase (60-80 Jahre):**<br>7. Transpersonales Denken | |
| 8. Spirituelles Denken | |
| 9. Kausales Ursprungsdenken | |
| 10. Nicht-duales Denken | |
| **Schlusssatz:** | |

### 3.1.3 Zeit des Lebens

Leben ist Werden und Bewegung, ein ständiger Fluss. Die Idee des Heraklit vom Leben als „ewigen Strom“ liegt jeder Lebensphilosophie zugrunde. Das Leben entspringt aus sich selber. Deshalb gibt es im allgemeinen Leben auch keine Ursprungssubstanz, noch ein außerhalb des Werdens liegendes Ziel. Das Werden der Zeit ist unschuldig, jenseits der Moral. Die Zeit ist als menschliches Leben kein Ding, sondern ein Drama. Das Werden des Lebens enthüllt sich in der Zeit, nicht im Raum. Das Werden ist nicht umkehrbar. Sieht man von allen Inhalten ab, dann ist Leben Zeit verbringen und gestalten. Man kann sich erinnern, vergessen und man kann das Leben antizipieren. Aber Leben erscheint letztlich als vergänglich. Stellen wir uns im 4. Fragebogen den Fragen zur Zeit des eigenen Lebens.

### 3.1.4 Das Wesen der Stimmungen

Jede Stimmung liefert ihren Beitrag zur Erkenntnis des Lebens. Der Mensch verengt seine Lebenserkenntnis, wenn er sich auf eine möglichst neutrale Lebensstimmung zurückzieht. Er gewinnt zum anderen die tiefsten Einblicke in das Leben und in seine letzten Geheimnisse, wenn er sich auch extreme Stimmungen über das Leben offen hält. Die Stimmungen wechseln. Es gibt keinen kontinuierlichen Erlebnisstrom des Lebens im Leben. Die Angst und der Rausch sind besondere Stimmungen im Extremen, die das Wesen des Lebens erschließen. Die glückliche wie die ängstliche Stimmung können inhaltlich neue Erkenntnisse über das Leben liefern (O. F. Bollnow: Das Wesen der Stimmungen. Frankfurt 1956, S. 126).

Stellen wir uns im 5. Fragebogen unseren Stimmungen, um weitere Aufschlüsse über unser Leben zu erhalten.

| 4. Fragebogen: Zeit meines Lebens | |
|---|---|
| **Fragen** | **Meine Antworten** |
| Welche Bedeutung hat das Werden für mein Leben? | |
| Streben Sie in Ihrem Leben nach Selbsttranszendenz (Selbstübersteigung, -überwindung)? | |
| Streben Sie nach mehr Geld oder nach Mehr-als-Geld in Ihrem Leben? | |
| Kennt Ihr Leben Stufen, Wendepunkte, Auf- und Abstiege? Beschreiben Sie die Änderungen Ihres Lebensweges. | |
| Welches Ziel und welchen Ursprung hat Ihr Leben? | |
| Wie sieht Ihr Lebensstil aus? | |
| **Schlusssatz:** | |

| 5. Fragebogen: Extreme Stimmungen meines Lebens | |
|---|---|
| **Fragen** | **Meine Antworten** |
| Erlebe ich in meiner Angst die Angst vor dem Nichts? | |
| Verliere ich in meiner Angst alle Lebensbezüge zur Welt? | |
| Spüre ich in meiner Angst die Unheimlichkeit und Ungeborgenheit meines Lebens? | |
| Erlebe ich auf dem Grund meiner Angst die Erweckung meines Selbst? | |
| Kenne ich Zustände von Rausch und Seligkeit? | |
| Erlebe ich im Rausch die Einbindung in eine Gemeinschaft? In die Natur? In den Kosmos? In Gott? | |
| Verschmelze ich im Rausch mit der Natur? | |
| Ahne ich im Rausch die Existenz des Ur-Einen? | |
| Überschreite ich im Rausch die Grenzen meines Ichs? | |
| Verschwinden für mich im Rausch Raum und Zeit? | |
| Verstehe ich im Rausch das Leben, ohne etwas darüber sagen zu können? | |
| **Schlusssatz:** | |

### 3.1.5 Das unbewusste Leben

Das Leben entspringt dem Unbewussten. Das Unbewusste erweist sich als die „Unergründlichkeit des Lebens“. Aus diesem Unbewussten taucht das Leben auf und in das Unbewusste kehrt es dann auch zurück, wobei darüber gestritten wird, ob das Leben nicht vielleicht aus dem Überbewusstsein stammt und in das Überbewusstsein zurückkehrt. Besonders dann, wenn das Leben schöpferisch ist, schöpft es immer aus dem Unbewussten oder Überbewussten. Die wesentlichen Erlebnisse mit den unbewussten Leben erleben wir auch als Körpererfahrung bei der Geburt, beim Sterben oder beim Vorlauf zum Tode. Stellen wir uns deshalb jetzt unseren Gedanken, mit denen wir auf die Fakten Geburt und Tod reagieren:

| **6. Fragebogen: Mein unbewusstes Leben** | |
|---|---|
| **Kenne ich Erinnerungsspuren an meine Geburt?** | **Meine Antworten** |
| 1. Uterus-Paradies:<br>Habe ich All-Einheitsgefühle? | |
| 2. Beginn der Austreibung:<br>Kenne ich warnende Gefühle vor tödlichen Gefahren? | |
| 3. Im Geburtskanal:<br>Erlebe ich die Gefühle der totalen Lebensbedrohung und Lebensbefreiung? | |
| 4. Abnabelung:<br>Kenne ich Gefühle der Wiedergeburt und der Erlösung? | |
| **Schlusssatz:** | |

| 7. Fragebogen: Mein unbewusstes Leben | |
|---|---|
| **Erlebe ich Vorläufe zu meinem Tod?** | **Meine Antworten** |
| Verleugne ich meinen Tod? | |
| Habe ich einen Hass auf den Tod? | |
| Kenne ich den Hass auf die ganze Welt? | |
| Erlebe ich die Zustimmung zu meinem Tod? | |
| **Schlusssatz:** | |

| 8. Fragebogen: Mein unbewusstes Leben | |
|---|---|
| **Habe ich übersinnliche Fähigkeiten?** | **Meine Antworten** |
| Kann ich Gedanken lesen? | |
| Habe ich Erfahrungen mit Telefon-Telepathie? | |
| Mit wem habe ich telepathische Erfahrungen gemacht? | |
| Kann ich hellsehen? | |
| Habe ich Vorahnungen? | |
| Wurde ich schon mal von hinten angestarrt, so dass ich mich umdrehen musste? | |
| Habe ich paranormale Fähigkeiten bei Tieren erlebt? | |
| **Schlusssatz:** | |

### 3.1.6 Der Körper

Das menschliche Leben ist Leben im Körper. An die Zyklen des Lebens ist auch der menschliche Körper gebunden. So durchläuft er Kindheit, Jugend, Erwachsenenzeit und Alter. Aus der eigenen Organminderwertigkeit ergeben sich ebenso wichtige Lebenserkenntnisse, wie aus den Organhochwertigkeiten. Das Lieben und das Lachen sind hervorragende Ereignisse, in denen der Körper in die Nähe von Entspannung und Glück kommt. Diese Erlebnisse sind oft Anstoß zum Nachdenken. Spuren des Lachens und Liebens lassen sich in jeder Lebensphilosophie finden. Stellen wir uns deshalb den Fragen nach unserer Liebes- und Lachphilosophie.

| **9. Fragebogen: Das Lachen und Lieben meines Körpers** | |
|---|---|
| **Fragen** | **Meine Antworten** |
| Was reizt mich am Leben zum Lachen? | |
| Kann ich über vieles im Leben lachen? | |
| Mit wem habe ich am liebsten zusammen gelacht? | |
| Was passiert mit meinem Bewusstsein beim Lachen? | |
| Habe ich mich mal fast „totgelacht“? | |
| **Schlusssatz:** | |

| 10. Fragebogen: Mein Lieben und Leben | |
|---|---|
| **Fragen** | **Meine Antworten** |
| Ist mein Leben durch Lieben geprägt? | |
| Was waren meine schönsten Liebeserlebnisse? | |
| Habe ich die Verschmelzung meines Ichs mit einem geliebten Du oft erfahren? | |
| Welche Rolle spielte der Orgasmus in meinen Lieben? | |
| Was hat der Orgasmus mir über mein Leben verraten? | |
| **Schlusssatz:** | |

## 1. Teil meiner Lebensphilosophie: die Lebenserkenntnis

Bitte fassen Sie nun Ihre jeweiligen Schlusssätze zu den 10 Fragebögen aus Abschnitt 3.1 in einem eigenen kleinen Text zusammen.
Sie erfassen damit den Abschnitt 1 Ihrer eigenen Lebensphilosophie.

| **Die Lebenserkenntnisse in meiner Lebensphilosophie** | |
|---|---|
| **Fragebogen Nr.** | **Mein jeweiliger Schlusssatz** |
| **1.** | |
| **2.** | |
| **3.** | |
| **4.** | |
| **5.** | |
| **6.** | |
| **7.** | |
| **8.** | |
| **9.** | |
| **10.** | |

## 3.2. Das Leben

### 3.2.1 Ökonomie und Technik im Leben

Das Leben schafft mit dem Menschen objektive Gebilde, die das Leben zutiefst bestimmen. Zu diesen Gebilden gehören neben Kultur und Sprache, besonders Ökonomie und Technik. Die Ökonomie in Form des Kapitals und des Geldes hat sich gegenüber dem Leben verselbstständigt und degradiert das Leben zu Charaktermasken des Tausches und des Geldfetischs. Die Technik kolonialisiert die Alltagswelt bis hin zu denkenden Maschinen (Computer) und macht den Menschen zum Sklaven undurchschauter Programme. Die Medientechnik erfasst sein Bewusstsein. Die Gentechnik geht zur zweiten Schöpfung des Menschen über, nach einem besseren Programm als das der bisherigen Evolution. Stellen wir uns also den Fragen nach unserem Denken über Ökonomie und Technik in unserem Leben.

| **11. Fragebogen: Ökonomie und Technik in meinem Leben** | |
|---|---|
| **Fragen** | **Meine Antworten** |
| Kenne ich die Macht des Geldes über mein Leben? | |
| Wie weit ist mein Lebensstil von der Gier, der Leugnung oder der Ablehnung des Geldes geprägt? | |
| Ist in Wirklichkeit für mich das Geld heute Gott? | |
| Bestimmen Maschinen mein Leben? | |
| Erscheint mir das Leben als Maschine? | |
| Zerstören Medien, Computer und Gentechnik mein Leben? | |
| **Schlusssatz:** | |

### 3.2.2 Arbeit

Wesentlicher Bestandteil des Lebens ist die Arbeit. Schon Spengler sah in der Globalisierung der Arbeit die Gefahr von Arbeitslosigkeit und Sinnverlust. Klären wir die Bedeutung der Arbeit für unser Leben.

| **12. Fragebogen: Die Arbeit meines Lebens** | |
|---|---|
| **Fragen** | **Meine Antworten** |
| Hat die Arbeit mein Leben entfremdet und ausgebeutet? | |
| Hat mir die Arbeit meine Lebenszeit gestohlen? | |
| Hat die Arbeit mich gezwungen, mich selbst zu verwirklichen? | |
| Unterliege ich bei der Arbeit fremden Mächten? | |
| Kann ich mir mein Leben ohne Arbeit vorstellen? | |
| | |
| **Schlusssatz:** | |

### 3.2.3 Evolution des Lebens

Der Neodarwinismus zeigt, es gibt kein Ziel der Evolution. Für die Evolutionstheorie ist der Mensch „ein Zigeuner am Rande des Universums“. Die Natur scheint sich um den Menschen nicht zu kümmern. Allenfalls wird der Mensch als Spitze des Tierreichs gesehen. Aber da der Strom des Lebens nirgends durchbrochen wurde, sind alle Wesen miteinander verwandt (R. Kater: Was ist Leben? Darmstadt 2003, S. 82). Stellen wir uns also den Fragen nach unserer Lebensphilosophie der Evolution

| **13. Fragebogen: Die Evolution des Lebens und mein Leben** | |
|---|---|
| **Fragen** | **Meine Antworten** |
| **Wie stelle ich mir den Ursprung der Evolution des Lebens vor?**<br>• Morphogenetisches Ur-Feld | |
| • Ur-Monade? | |
| • Ur-Holon? | |
| • Ur-Atom? | |
| • Ur-Knall? | |
| **Wie verstehe ich die Entwicklung der Evolution?**<br>• Zufall? | |
| • élan vital? | |
| • gnadenlose Auslese? | |
| • Schicksal? | |
| • Gaia? | |
| **Was ist das Ziel der Evolution?**<br>• Ziellos? | |
| • Gott? | |
| • Untergang? | |
| **Schlusssatz:** | |

### 3.2.4 Das Leben auf der Erde

Der Mensch macht sich sein Leben auf der Erde, indem er durch Arbeit die Erde ausbeutet und ständig verändert. Dieser Bearbeitungsprozess der Erde verändert das Leben. Die Ökologie der Erde wird verwandelt, verwüstet. Die Arten sterben aus. Der Mensch gräbt die Wurzeln aus, aus denen er lebt. Die Rohstoffe und Energien werden knapp. Die Überbevölkerung auf der Erde wird bald erreicht sein. Es gibt eine Ahnung, dass die Erde für immer unsere Heimat bleiben muss. Der Mars und andere Planeten und der Mond bleiben bisher unbewohnbar. Können wir eine bessere Erde schaffen? Stellen wir uns nun unseren Gedanken zum Leben auf der Erde.

| 14. Fragebogen: Die Erde und mein Leben | |
|---|---|
| **Fragen** | **Meine Antworten** |
| Was bedeutet die Erde für mich? | |
| Wie lange können die Lebensressourcen den Menschen noch erhalten? | |
| Wie ist die Überbevölkerung zu stoppen? | |
| Was ist heimatlich an unserer Erde? | |
| Ist die Erde der einzige bewohnbare Planet in unserer Galaxis? | |
| Bestimmt Gaia das Leben auf der Erde? | |
| **Schlusssatz:** | |

## 2. Teil meiner Lebensphilosophie: Das Leben

Bitte schreiben Sie jetzt den 2. Abschnitt Ihrer Lebensphilosophie, indem Sie die Schlusssätze zu den 4 Fragebögen aus Abschnitt 3.2 noch einmal zusammenstellen und überarbeiten

| Das Leben in meiner Lebensphilosophie | |
|---|---|
| **Fragebogen Nr.** | **Mein jeweiliger Schlusssatz** |
| **11.** | |
| **12.** | |
| **13.** | |
| **14.** | |

## 3.3. Die Lebenstranszendenz

### 3.3.1 Metaphysik des Lebens

Das Leben erscheint meist pantheistisch. Es ist eine Macht, die schwer zu durchschauen ist. Der Mensch erscheint nur immer als Teil des übermächtigen Lebens. Der Einzelne hat oft das Gefühl, im All-Leben rauschhaft unterzugehen. Dabei entwickelt er dann eine optimistische Metaphysik, wie sie bei Nietzsche, Bergson und Wilber zu finden ist. Aber es zeigt sich oft auch das Grauenhafte und Erschreckende des Lebens. Es scheint ein Unheil im Wesen des Lebens zu liegen, ein Widerspruch im „Herzen der Welt“ (Nietzsche, Schopenhauer, Lessing). Die Geschichte des Lebens kann deshalb auch als Untergang erscheinen. Damit tritt auch eine pessimistische Metaphysik des Lebens in Erscheinung (Spengler, Klages, Heidegger, der frühe Jonas). Stellen wir uns nun den Fragen nach unserer eigenen Metaphysik des Lebens.

| 15. Fragebogen: Die Erde und mein Leben | |
|---|---|
| **Fragen** | **Meine Antworten** |
| Fühle ich mich im Leben einer dunklen, überwältigenden Macht unterworfen, die mir rätselhaft ist? | |
| Kenne ich den Rausch der Erfahrung, über mich hinaus zu wachsen und mich als Teil des übermächtigen Lebens zu erfahren? | |
| Fühle ich mich eins mit dem Herzschlag des allgemeinen Lebens? | |
| Erlebe ich die Grausamkeit, Erbarmungslosigkeit und das Erschreckende des Lebens? | |
| Endet für mich das Leben in der Vergottung oder im Nichts? | |
| **Schlusssatz:** | |

### 3.3.2 Tod und Leben

Der Tod erscheint als Vorbedingung des Lebens. Aus dem Tod kommt das Leben und es kehrt in ihn zurück. Aber es gibt auch die Idee, dass das Leben am Ende den Tod besiegt. Aber im ewigen Werden von Leben und Sterben erhält sich der ewige Strom eines unsterblichen Lebens. Der Tod ist also mit dem Leben eng verbunden. Wie wir das Leben verstehen, so verstehen wir den Tod. In jedem Augenblick des Lebens sind wir solche, die sterben werden. Das Ende ist sicher, unsicher ist der Zeitpunkt. Das Überdauern des Einzelnen in seinen geistigen Aspekten wird in der Lebensphilosophie oft als Seelen- oder Körperwanderung gedeutet (Simmel bzw. Nietzsche). Allerdings hat sich durch die Erforschung der Geburt (Grof) und des Nah-Todes (Moody) unser Blick auf Leben und Tod erweitert. Stellen wir uns nun den Fragen nach unserer Geburts- und Todes-Philosophie

| **16. Fragebogen: Mein Leben und mein Tod** | |
|---|---|
| **Fragen** | **Meine Antworten** |
| Erlebe ich alle Lebenshöhepunkte in nächster Nähe zum Tode? | |
| Bedeutet mein Tod ein ständiger Ansporn mehr zu leben? | |
| Scheine ich bei jedem Lebensakt zugleich zu sterben? | |
| Ist der Tod in jedem Augenblick schon Teil meines Lebens? | |
| Macht mir der unsichere Zeitpunkt des Eintretens meines Todes Sorge? | |
| Gibt es für mich ein Leben, das wie bei Nah-Tod-Erfahrungen über den Tod hinausreicht? | |
| **Schlusssatz:** | |

| 17. Fragebogen: Geburt und Nach-Tod | |
|---|---|
| **Fragen** | **Meine Antworten** |
| Bin ich bei meiner Geburt schon gestorben und wiedergeboren worden? | |
| Erlebte ich das Trauma der Geburt? | |
| Habe ich schon Nah-Tod-Erfahrungen gehabt? | |
| Erlebte ich Exkorporierungen? | |
| Reiste ich durch das All, durch den Tunnel, in das Licht? | |
| Habe ich diese Nah-Tod-Erfahrungen immer geheim gehalten? | |
| **Schlusssatz:** | |

### 3.3 Kosmologie des Lebens

Die moderne Kosmologie untersucht die Ursachen und die Ausdehnung des Lebens im Weltall. Dabei wird über die Anwesenheit von Lebenskeimen beim Urknall ebenso spekuliert wie über die ferne Zukunft des Lebens im All. Die Gestaltung des Lebens in Parallel-Universen, die Panspermie der Verbreitung des Lebens im All, die Existenz intelligenten Lebens auf anderen Sternen eröffnet neue Einsichten ins Leben (M. Rees: Das Rätsel unseres Universums. München 2003). Stellen wir uns also den Fragen nach unserer kosmischen Lebensphilosophie.

| 18. Fragebogen: Der Kosmos und mein Leben | |
|---|---|
| **Fragen** | **Meine Antworten** |
| Wie sehe ich die Stellung meines Lebens im Kosmos? | |
| Fühle ich mich mit der kosmischen Gaia verbunden oder ist Leben und Materie völlig getrennt? | |
| Ist der Auf- und Untergang des Kosmos prägend für mein Lebensgefühl? | |
| Hat mich der Kosmos vergessen am Rande einer kleinen Galaxie? | |
| Fühle ich, dass ich in aller Ewigkeit mit dem Kosmos verbunden bleibe oder ist die Natur meinem Leben gegenüber völlig gleichgültig? | |
| **Schlusssatz:** | |

### 3. Teil meiner Lebensphilosophie: die Lebenstranszendenz

Durch die Zusammenfassung und Überarbeitung Ihrer Schlusssätze zu den 4 Lebensfragebögen aus Abschnitt 3.3 können Sie nun den 3. Abschnitt Ihrer Lebensphilosophie schreiben.

| Die Lebenstranszendenz in meiner Lebensphilosophie | |
|---|---|
| **Fragebogen Nr.** | **Mein jeweiliger Schlusssatz** |
| **15.** | |
| **16.** | |
| **17.** | |
| **18.** | |

## 3.4 Die Lebenskunst

### 3.4.1 Ethik des Lebens

Das Leben wendet sich oft gegen die herrschende Moral und Ethik. Es versucht sich ständig zu verändern, was ihm auch meistens gelingt. So herrscht im Leben prinzipiell ein moralischer Relativismus. Die Moral ist oft zu einem lebensfeindlichen Prinzip geworden und wird deshalb bekämpft. Moral ist Mittelmaß, Massenware, Leben ist Individualität, individuelles Gesetz und Existenz. Dabei ist die Idee des Lebens, sich selbst immer mehr zu steigern, selbst ein moralischer Wert. Das Leben muss sich aus der Maschinerie von Gesellschaft und Materie befreien und immer wieder erneuern. Leben ist immer Leben in höchster Potenz. Das beinhaltet die Akzeptanz von Schmerz und Gefahr und von Leiden an den Grenzen der Moral. Gerade die dauernde Leidenschaft ist der Kern des Lebens. Stellen wir uns nun den Fragen nach der Ethik unseres Lebens.

| **19. Fragebogen: Ethik meines Lebens** | |
|---|---|
| **Fragen** | **Meine Antworten** |
| Wage ich mich an die Überschreitung der Moral, um mehr zu leben? | |
| Bekämpfe ich bei mir jeden Drang zur Mittelmäßigkeit? | |
| Bejahe ich Tod, Schmerz, Verfall und Alter? | |
| Dränge ich zu jeder Steigerung der Leidenschaft und der Liebe zu Mehr-Leben und Mehr-als-Leben? | |
| Ist für mich die Zentrierung auf die volle Erfahrung der Lebensenergie wichtiger als Moral und Konvention? | |
| Denke ich, dass Lebenskunst immer praktisch und politisch links stehen muss? | |
| **Schlusssatz:** | |

### 3.4.2 Lebensstrategien

Das Leben konkretisiert sich in jedem Individualisten in einer bestimmten Form des „individuellen Gesetzes“ (Simmel). Allerdings lassen sich diese Lebensstrategien auch typisieren. Dabei wird auch das Individuelle durch den Typus vertieft. Der 1. Teil unseres Buches stellt die Lebensphilosophen und -philosophinnen auch als Typen vor. Ihre eigene Lebensphilosophie gewinnt abschließend im 2. Teil unseres Buches prägnantere Züge, wenn sie eine eigene Zuordnung Ihrer Lebensphilosophie zu den typischen Lebensstrategien vollziehen.

***Übungen zu den Lebenstypen in den zwei folgenden Fragebögen :***

***Wählen Sie die (im folgenden 20. Fragebogen aufgelisteten) Lebenstypen, die Ihrer Lebensphilosophie am nächsten stehen. Natürlich sind hier auch Typmischungen möglich.***

***Nachdem Sie jetzt Ihre Wahl angekreuzt haben, wenden Sie sich nun dem zweiten (21.) Fragebogen zu, in dem der einzelne Typus noch mal genauer erklärt wird, und überprüfen Sie Ihre Wahl, indem Sie auch die gewählte Lebensstrategie mit den für Sie verbindlichen Lebensgrundsätzen ausstatten und damit Ihrer Lebensphilosophie ein genaueres Profil geben.***

***Formulieren Sie die Lebensgrundsätze Ihrer favorisierten Lebensstrategie noch einmal aus. Stützen Sie sich dabei auf Ihre Bearbeitung des 1. Teils und des 2. Teils dieses Buches.***

| |
|---|
| **Schlusssatz zum 20. Fragebogen:** |
| **Schlusssatz zum 21. Fragebogen:** |

| **20. Fragebogen: Die Lebenstypen und meine Wahl** | |
|---|---|
| **Lebensstrategie** | **Meine Wahl** |
| Krieger | |
| Beobachter | |
| Romantiker | |
| Stoiker | |
| Übermensch | |
| Rätselrater | |
| Vitalist | |
| Geldfetischist/Geldentlarver | |
| Rebell | |
| Ökologe | |
| Entschlossener | |
| Existenzialist | |
| Erforscher der Welt-Seele | |
| Liebhaber der Erde | |
| Liebhaber der Schöße | |
| Transpersonalist | |
| Magier | |
| Taoist | |
| Gnostiker | |
| Zweiter Schöpfer | |
| Globalist | |
| **Schlusssatz:** | |

| 21. Fragebogen: Die Lebenstypen und meine Wahl | |
|---|---|
| **Die Lebenstypen** | **Meine Wahl** |
| Krieger: Im Leben geht es um Macht oder Ohnmacht. Entweder man ist Hammer oder Amboss. | |
| Beobachter: Das Leben wird analysiert. Man bleibt auf Distanz. Erkennen des Lebens reicht. | |
| Romantiker: Das Leben wird in allen Tiefen und Höhen genossen. Es ist verzaubert. Man ist der Held, der den Zauber lüftet. | |
| Stoiker: Das Leben ist Leiden. Es lohnt sich nicht. Aber es ist nicht zu ändern. So wird man hart. | |
| Übermensch: Die Masse der Menschen verschlafen das Leben. Man strebt nach einem höheren Menschentyp, der hellwach ist. | |
| Rätselrater: Das Leben bleibt rätselhaft. Mit vielen Methoden versucht man hinter das Geheimnis zu kommen. | |
| Vitalist: Das Leben ist Trieb, Drang, Lust. Grenzenlose Lust ist das Ziel, dabei wird jede Grenze überschritten. | |
| Geldfetischist / Entlarver des Geldes: Das Leben wird zum Sklaven des Geldes. Aus dem Würgegriff des Geldes gilt es sich zu befreien. | |
| Rebell: Das Leben rechtfertigt jeden heroischen Aufstand gegen zerstörende und niederhaltende Mächte. Man hat keine Chance, aber man versucht alles. | |
| Ökologe: Das Leben wird in seiner Umwelt und seinen Grundlagen in Frage gestellt. Der Ökologe sieht die Zerstörung der Netzwerke und schlägt Alarm. | |

| Fortsetzung: Die Lebenstypen und meine Wahl | |
|---|---|
| **Die Lebenstypen** | **Meine Wahl** |
| Entschlossener: Vieles im Leben ist völlige Routine, alles ist Norm. Man lebt von der Stange. Da gilt es sich zu sich selbst zu entschließen. | |
| Existenzialist: Alles verfließt. Nur was man selbst erwählt, bleibt so für immer. | |
| Erforscher der Welt-Seele: Wer das Leben verstehen will, muss über die Materie hinaus denken. Er landet bei der Weltseele. | |
| Liebhaber der Erde: Die Erde ist unsere Heimat. Dieser Heimat gilt unser Leben. | |
| Liebhaber der Schöße: Wir stammen aus dem Urschoß der Welt. Wir lieben die Schöße der Mütter. | |
| Transpersonalist: Im „Tiefland" wird alles banal, trivial und albern. Deshalb ist es notwendig, Transzendenz und den „*Einen Geschmack*" zu erlangen. | |
| Magier: Der Kosmos eröffnet eine Fülle von Lebenschancen. Sie müssen nur genutzt werden. | |
| Taoist: Es gibt ein Lebensgesetz. Das ist zu finden und zu befolgen. | |
| Gnostiker: Das Leben ist die Hölle. Der Weg aus dieser Hölle ist das Entscheidende. | |
| Zweiter Schöpfer: die erste Lebensschöpfung war mangelhaft. Heute geht es um einen zweiten Wurf durch den Menschen selbst. | |
| Globalist: Global denken und lokal das Ich behaupten, das ist die Hauptaufgabe. | |

## 4. Teil meiner Lebensphilosophie: die Lebenskunst

Fassen Sie nun die wichtigsten Schlusssätze zu den 3 Fragebögen aus Abschnitt 3.4 zusammen zu einem Text.

| **Die Lebenskunst in meiner Lebensphilosophie** | |
|---|---|
| **Fragebogen Nr.** | **Mein jeweiliger Schlusssatz** |
| **19.** | |
| **20.** | |
| **21.** | |

## 3.5 Der Lebensurgrund

Der Lebensurgrund erweist sich häufig als pan-theistisch oder pan-dämonisch. Er ist wirksam, auch wenn das Denken sich seiner gar nicht bewusst ist. Der Lebensurgrund zeigt sich als Rätsel und dunkler Gegenstand der Philosophie, zugleich aber auch als Bestandteil des eigenen Lebens. So ist die Erkenntnis des Urgrundes zugleich erschütternd und rauschhaft. Gipfel- und Abgrundserfahrungen liegen also hier nahe beieinander. Abgrunds- und Glücksbilder tun sich hier auf. Der Lebensgrund erweist sich jenseits der Widersprüche von Tod und Leben. Es entsteht schließlich auch das Bild des werdenden Gottes.

Wenden wir uns nun dem Fragebogen zum Urgrund des Lebens zu.

| 22. Fragebogen: Der Urgrund meines Lebens | |
|---|---|
| **Fragen** | **Meine Antworten** |
| Ist der Urgrund des Lebens für mich pan-theistisch oder pan-dämonisch zu interpretieren? | |
| Wie weit verdränge ich das Denken an den Urgrund und wie weit verfalle ich der Lebensvergessenheit? | |
| Bricht der Urgrund mit Gipfel- und Abgrundserfahrungen in mein Leben ein? | |
| Erfahre ich den Urgrund als Jenseits des Widerspruchs von Tod und Leben? | |
| Ist der Urgrund schließlich als werdender Gott, als Lebensnetz, als Gaia, als Aufhebung im Geist zu verstehen? | |
| **Schlusssatz:** | |

| 23. Fragebogen: Die Geschichte meiner Urgrundphilosophie | |
|---|---|
| **Phasen** | **Erinnerungen / Bilder / Assoziationen** |
| **Präpersonale Phase: 0-6 Jahre**<br>a) Verschmolzenheit | |
| b) Differenz: Ich – Mutter | |
| c) Differenz: Ich – Nicht-Ich | |
| **Personale Phase: 7-60 Jahre**<br>d) Gottesglaube | |
| e) Materialistischer Glaube | |
| f) Humanistische Ideen | |
| **Transpersonale Phase: 60-80 Jahre**<br>g) Gottähnlichkeit | |
| h) Vereinigung mit dem Göttlichen | |
| i) All-Identität: Ein Geschmack | |
| **Schlusssatz:** | |

## 5. Teil meiner Lebensphilosophie: der Lebensurgrund

Fassen Sie nun die Schlusssätze zu den beiden Fragebögen aus Abschnitt 3.5 zu einem kleinen Text zusammen.

| Der Lebensgrund in meiner Lebensphilosophie | |
|---|---|
| **Fragebogen Nr.** | **Mein jeweiliger Schlusssatz** |
| **22.** | |
| **23.** | |

## 3.6 Systematische Zusammenfassung meiner Lebensphilosophie

Versuchen Sie abschließend Ihre Lebensphilosophie in einem Text-Mandala zusammenzubringen. Benutzen Sie dafür das folgende Denkschema, das Sie mit Ihren Schlüsselsätzen zu den vorherigen 5 Abschnitten des Lebensbildes ausfüllen.

### Meine Lebensphilosophie

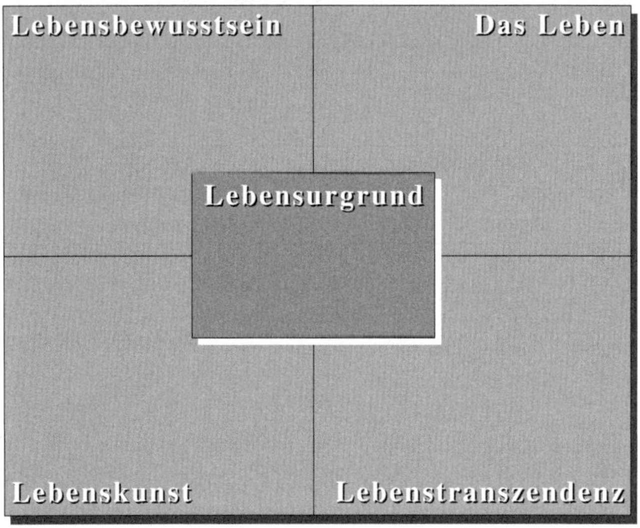


Wenn Ihnen noch einige Fragen zum Leben offen geblieben sind, und das wird sicher der Fall sein, so können Sie sich jetzt noch mal dem Lesekurs zur Lebensphilosophie für Individualisten zuwenden.

# Lesekurs zur Lebensphilosophie für Individualisten

Die Lebensphilosophie kann auch in einem Lesekurs vertieft werden. Hier ein Vorschlag mit dem Lesemodell PQ4R.

Das Basislesemodell philosophischer Texte, nämlich PQ4R, gilt als die beste Methode, die eigene natürliche Lebensphilosophie lesend zu erweitern. Dabei ist die PQ4R-Methode besonders fruchtbar in der Durchführung von Lesegruppen (vgl. zum PQ4R-Modell: J. R. Anderson: Kognitive Psychologie. Heidelberg 1991, S. 183).

**Das Lesemodell PQ4R in einer Lesegruppe philosophischer Texte:**

1. Schritt: **P = Preview** (Vorschau): Dozent/in stellt den Philosophen und seinen Schlüsseltext vor. Er wählt einen Teil des Textes aus, der in zwei Stunden in den folgenden 4 Schritten bearbeitet werden kann.

2. Schritt: **Q = Question** (Fragen): Dozent/in stellt die Fragen zu den Abschnitten des Schlüsseltextes dar.

3. Schritt: **$R^1$ = Read** (Lesen): Teilnehmer/innen der Lesegruppe lesen den Text und beantworten die gestellten Fragen.

4. Schritt: **$R^2$ = Reflect** (Nachdenken und Verknüpfen): Teilnehmer/innen der Lesegruppe suchen Beispiele für die Ideen des gelesenen Textes. Diese Ideen sollten dann in Beziehung gesetzt werden zu dem eigenen Vorwissen, d.h. der eigenen natürlichen Lebensphilosophie.

5. Schritt: **$R^3$ = Recite** (Zusammenfassung): Dozent/in fordert die Teilnehmer/innen auf, ihre Lesefrüchte schriftlich zusammenzufassen.

6. Schritt: **$R^4$ = Review** (Kontrolle): Dozent/in fordert die Teilnehmer/innen auf, ihren Text über ihre Lesefrüchte in der Lesegruppe vorzustellen. Die Teilnehmer/innen sollen ihre Leseergebnisse mit den Ergebnissen der anderen Gruppenmitglieder vergleichen. Dabei erweitert sich ihre natürliche Lebensphilosophie um die neuen Lese- und Hörergebnisse.

Und nun zu unserem Lesekurs in 18 Sitzungen:

# Lesekurs: Sitzung 1 - 9

| Sitzung | Buchtitel |
|---|---|
| 1. Sitzung:<br>Leben als Bewegung | **Aristoteles:** De anima. Hamburg 1995 |
| 2. Sitzung:<br>Die klassische Lebensphilosophie | **Albert, K.:** Lebensphilosophie. Freiburg 1995 |
| 3. Sitzung:<br>Marxistische Kritik der klassischen Lebensphilosophie | **Lukacs, G.:** Die Zerstörung der Vernunft. Neuwied 1962 |
| 4. Sitzung:<br>Die romantische Lebensphilosophie | **Schlegel, F.:** Lucinde. Ein Roman. Frankfurt 1985 |
| 5. Sitzung:<br>Die pessimistische Lebensphilosophie | **Schopenhauer, A.:** Die Welt als Wille und Vorstellung. Zürich 1988 |
| 6. Sitzung:<br>Die optimistische Lebensphilosophie | **Nietzsche, F.:** Also sprach Zarathustra. In: Ders.: Werke in 3 Bänden. München 1960, Bd. 2 |
| 7. Sitzung:<br>Die geisteswissenschaftliche Lebensphilosophie | **Dilthey, W.:** Philosophie des Lebens. Stuttgart 1961 |
| 8. Sitzung:<br>Die vitalistische Lebensphilosophie | **Bergson, H.:** Schöpferische Entwicklung. Zürich 1964 |
| 9. Sitzung:<br>Leben und Geld | **Simmel, G.:** Philosophie des Geldes. Frankfurt 1989 |

# Lesekurs: Sitzung 10 - 18

| Sitzung | Buchtitel |
|---|---|
| 10. Sitzung: Leben und Technik | **Spengler, O.:** Der Mensch und die Technik. München 1931 |
| 11. Sitzung: Die existentialistische Lebensphilosophie | **Heidegger, M.:** Einführung in die phänomenologische Forschung. Frankfurt 1994 (Ges. Werke, Bd. 61) |
| 12. Sitzung: Die biologische Lebensphilosophie | **Jonas, H.:** Das Prinzip Leben. Frankfurt 1987 |
| 13. Sitzung: Die bewusstseinsgeschichtliche Lebensphilosophie | **Gebser, J.:** Ursprung und Gegenwart. Schaffhausen 1986 |
| 14. Sitzung: Die ökologische Lebensphilosophie | **Lovelock, J. E.:** Unsere Erde wird überleben. München 1984 |
| 15. Sitzung: Leben als Netzwerk | **Capra, F.:** Lebensnetz. Bern 1996 |
| 16. Sitzung: Kosmisches Leben 1 | **Sheldrake, R.:** Das schöpferische Universum. München 2002 |
| 17. Sitzung: Kosmisches Leben 2 | **Grof, S.:** Kosmos und Psyche. Frankfurt 1997 |
| 18. Sitzung: Kosmisches Leben 3 | **Wilber, K.:** Eine kurze Geschichte des Kosmos. Frankfurt 1997 |

# Literaturverzeichnis

## Literatur zur Lebensphilosophie


*Adler, A.: Der Sinn des Lebens. Frankfurt 1978*

*Albert, K.. Lebensphilosophie. Freiburg 1995*

*Bollnow, O. F.: Lebensphilosophie. Berlin 1958*

*De Duve, C.: Aus Staub geboren. Leben als kosmische Zwangsläufigkeit. Reinbek 1997*

*Diels, H.: Die Fragmente der Vorsokratiker. Reinbek 1957*

*Eldredge, N.: Wendezeit des Lebens. Katastrophen in Erdgeschichte und Evolution. Frankfurt 1997*

*Eucken, R.: Mensch und Welt. Eine Philosophie des Lebens. ???? 1920²*

*Fellmann, F.: Lebensphilosophie. Reinbek 1993*

*Jain, E.: Das Prinzip Leben. Frankfurt 1993*

*Junker, T.: Geschichte der Biologie. München 2004*

*Kather, R.: Was ist Leben? Philosophische Positionen und Perspektiven. Darmstadt 2003*

*Kutschera, U.: Evolutionsbiologie. Eine allgemeine Einführung. Berlin 2001*

*Lersch, Ph.: Lebensphilosophie der Gegenwart. Berlin 1932*

*Lieber, H. J.: Kulturkritik und Lebensphilosophie. Darmstadt 1974*

*Lovejoy, A. O.: Die große Kette der Wesen. Geschichte eines Gedankens. Frankfurt 1993*

*Lübbe, H.: Politische Philosophie in Deutschland. Basel 1963*

*Lukacs, G.: Die Zerstörung der Vernunft. Neuwied 1962*

*Messer, A.: Lebensphilosophie. Leipzig 1931*

*Misch, G.: Lebensphilosophie und Phaenomenologie. Darmstadt 1967*

*Mohler, A.: Die konservative Revolution in Deutschland 1918-1932. Darmstadt 1989, Bd. 1-2*

*Pflug, G.: Lebensphilosophie. In: Historisches Wörterbuch der Philosophie. Basel 1980, Bd. 5, Sp. 135-140*

*Rickert, H.: Die Philosophie des Lebens. Tübingen 1920*

*Schnädelbach, H.: Philosophie in Deutschland 1831-1933. Frankfurt 1983*

*Solomon, R.: Gefühle und der Sinn des Lebens. Frankfurt 2000*

*Sontheimer, K.: Antidemokratisches Denken in der Weimarer Republik. München 1962*

*Spranger, E.: Lebensformen. Heidelberg 1972*

*Wilson, E. O.: Die Zukunft des Lebens. Berlin 2002*

*Wuketis, F. M.: Evolution. Die Entwicklung des Lebens. München 2000*

## Literatur zur kosmischen Lebensphilosophie

*Adams, F.: Leben im Universum. München 2004*

*Couper, H., Henbest, N.: Sind wir allein im All? Auf der Suche nach außerirdischem Leben. München 1998*

*Davoust, E.: Signale ohne Antwort? Die Suche nach außerirdischem Leben. München 1997*

*Drake, F., Sobel, D.: Signale anderer Welten. Die wissenschaftliche Suche nach außerirdischer Intelligenz. München 1997*

*Eugster, J.: Die Forschung nach außerirdischem Leben. Zürich. 1969*

*Hoerner, S. v.: Sind wir allein? Seti und das Leben im All. München 2003*

*Hoyle, F., Wickramasinghe, C.: Evolution aus dem Weltall. Berlin 1983*

*Hoyle, F., Wickramasinghe, C.: Leben aus dem All. Frankfurt 2000*

*Leben im All. In: Spektrum der Wissenschaft. 2002, Heft 2*

*Lesch, H., Müller, J.: Big Bang, zweiter Akt. Auf den Spuren des Lebens im All. München 2005*

*Reitz, M.: Leben jenseits der Lichtjahre. Frankfurt 1998*

*Shostock, S.: Nachbarn im All. Frankfurt 1999*

*Velikovskys, J.: Welten im Zusammenstoß. Berlin 1976*

*Walter, U.: Zivilisationen im All. Sind wir allein im Universum? Heidelberg 1999*

*Weiden, S. v. d.: Die Suche nach Leben im All. München 1998*

## Publikationen von Lutz von Werder im Schibri-Verlag

*Selber denken – Die Café-, Radio- und Salonzeitung der philosophischen Lebenskunst*

*Das große philosophische Gelächter. 2004*
*Philosophie für Verliebte. 2003*
*Das philosophische Radio III: Wege zum Glück im nahen und fernen Orient. 2002*
*Das philosophische Radio II: Auf der Suche nach einer philosophischen Lebenskunst. 2001*
*Einführung in die philosophische Lebenskunst Asiens: Chinesische, indische und arabische Wege zum Glück. 2001*
*Das philosophische Radio. 2000*
*Lehrbuch der philosophischen Lebenskunst für das 21. Jahrhundert. 2000*
*Einführung in die philosophische Lebenskunst. 2000*
*Das philosophische Café. 1998*
*Ängstige Dich nicht – schreibe. 1998-*
*Verzweifle nicht - suche! 1997*
*Beklage dich nicht – philosophiere. 2005[2]*
*Kreative Einführung in Grundkonzepte der Psychotherapie. 1998*
*Erinnern, Wiederholen, Durcharbeiten. 1996 (2. Auflage voraussichtl. 2006)*

*Creative Thinking – Die Ideenfabrik. Die effektivsten Methoden großer Denker für Schule, Hochschule und Beruf. 2003*
*Lehrbuch des kreativen Schreibens. 2001[4]*
*Einführung in das Kreative Schreiben. 2003[2]*
*Lehrbuch des wissenschaftlichen Schreibens. 1993*
*Kreative Literaturgeschichte. 1992*
*Erfolg im Beruf durch kreatives Schreiben. 1995*
*Kreatives Schreiben in den Wissenschaften. 1995[2]*
*Wissenschaftliche Texte kreativ lesen. 1994*
*Brainwriting & Co. 2002*
*Das kreative Schreiben von wissenschaftlichen Hausarbeiten und Referaten. 2000*
*Kreatives Schreiben von Diplom- und Doktorarbeiten. 2000[3]*
*Grundkurs des wissenschaftlichen Schreibens. 1995*
*Grundkurs des wissenschaftlichen Lesens. 1995*
*Grundkurs des beruflichen Schreibens. 1995*
*Der integrative Ansatz im Kreativen Schreiben. 2000[3]*
*Übungen zur klientenzentrierten Gesprächsführung. 1998[2]*
*Umrisse einer Berliner Fachhochschuldidaktik. 1994*
*Rhetorik des wissenschaftlichen Redens und Schreibens. 1995*
*Übungen zur Psychoanalyse. 1996*
*Lernsoftware THOT 2002: Wissenschaftliches Schreiben und Lesen. Ein multimediales Lernprogramm*